Karl-Heinz Saurwein
Ökonomie und soziologische Theoriekonstruktion

Beiträge zur sozialwissenschaftlichen Forschung

Band 109

Westdeutscher Verlag

Karl-Heinz Saurwein

Ökonomie und soziologische Theoriekonstruktion

Zur Bedeutung ökonomischer Theorieelemente in der Sozialtheorie Talcott Parsons'

Westdeutscher Verlag

Der Westdeutsche Verlag ist ein Unternehmen der Verlagsgruppe Bertelsmann.

Umschlaggestaltung: Hanswerner Klein, Opladen

ISSN 0175-615-X

ISBN 978-3-531-12024-9 ISBN 978-3-322-88880-8 (eBook)
DOI 10.1007/978-3-322-88880-8

Inhaltsverzeichnis

Vorwort*

In den Jahren 1934/5 veröffentlichte Talcott Parsons einen zweiteiligen Aufsatz mit dem Titel "Sociological Elements in Economic Thought" in einer ökonomischen Fachzeitschrift. Dieser Aufsatz ist Teil einer Reihe von Frühschriften, die auf den ersten Blick als Beiträge zur ökonomischen Theoriegeschichte erscheinen. Sie sind jedoch vielmehr Vorarbeiten zur Entwicklung eines komplexen Theorieprogramms für die Soziologie, das für das analytische Niveau und die Reichweite soziologischer Theoriekonstruktion neue Maßstäbe gesetzt hat. Dazu bot die ökonomische Theorie zentrale methodologische, konzeptionelle und thematische Anknüpfungspunkte. Dieser Ausgangspunkt scheint heute, betrachtet man die Rezeption des Theoriewerks, nahezu in Vergessenheit geraten.

Während eine Auseinandersetzung mit den Arbeiten Parsons' in der Ökonomie praktisch nicht stattfindet, erweist sich die soziologische Theoriediskussion auf Paradigmenstreitigkeiten fixiert. Theoretische Auseinandersetzungen bestehen in erster Linie im Austausch von handlichen Etiketten für konkurrierende Theorien. Parsons' Werk wird zumeist unter dem Etikett "Strukturfunktionalismus" oder "Systemfunktionalismus" als ein Paradigma neben anderen behandelt. Wer sich nicht den Loyalitätszwängen soziologischer Schulen fügen will, mag aus dem Theorienpluralismus jene wohlmeinende Indifferenz schöpfen, die inhaltliche Auseinandersetzungen vermeidet und eher um die Chancengleichheit der Bekanntmachung neuer Vorschläge besorgt ist. Wenn allerdings jede Theorie der ungeteilten Aufmerksamkeit wert erscheint, dann konkurrieren Theorien lediglich mit dem Zeitaufwand, den sie für ihre Aneignung beanspruchen. In einer solchen Konkurrenz steht Parsons' Theorieprogramm schlecht da; es sei denn, man reduziert die Theorie auf ein handliches Format mit hohem Wiedererkennungswert.

Die besondere Bedeutung Parsons' liegt m.E. nicht in der Begründung einer soziologischen Schule oder eines neuen Paradigmas, sondern in seinem Versuch, die traditionellen Grenzen zwischen verschiedenen Theorielinien und Disziplinen für den theoretischen Diskurs zu öffnen.

---

* Dieses Buch ist eine gekürzte und an einigen Stellen überarbeitete Fassung meiner Dissertation, die im Frühjahr 1984 der Philosophischen Fakultät der Universität Düsseldorf unter dem Titel "Das ökonomische Element in der soziologischen Theorie Talcott Parsons" vorgelegt wurde.

Diese Arbeit möchte an die zentrale Bedeutung, die das ökonomische Denken für die Entwicklung und Systematik der soziologischen Theoriekonstruktion hat, erinnern. Allein dies macht es reizvoll, Parsons' ursprüngliche Fragestellung umzukehren und nach den "ökonomischen Elementen" in der soziologischen Theorie zu fragen. Die Aufgabe wäre indes weit weniger interessant, ginge es nur um die Reminiszenz an die Entstehungsgeschichte eines theoretischen Programms. Es geht vielmehr darum, die systematischen Anknüpfungspunkte aufzuzeigen, durch die die Sozialtheorie Parsons' einen kontinuierlichen Diskurs zwischen ökonomischer und soziologischer Theorie begründet. Als Bezugsrahmen für eine systematische Diskussion bietet sich die Analyse von Strukturen und Prozessen des sozialen Austauschs an. Hier liegt offensichtlich der zentrale Schnittbereich zwischen ökonomischer und soziologischer Theorie. Will man die Sozialtheorie Parsons' als eine Theorie des sozialen Austauschs rekonstruieren, dann muß man sich von den geläufigen Etikettierungen, mit der die Theorie Parsons' belegt wird, lösen. Nur so bietet sich die Chance, die spezifische Problemorientiertheit der theoretischen Entscheidungen deutlich zu machen. Parsons' konzeptionelle und modelltheoretische Übersetzungen seines Programms enthalten vorläufige und sicherlich kritisierbare Antworten auf Fragen und Problemdefinitionen, die jedoch nicht ohne das Risiko eines theoretischen Stillstandes übergangen werden können.

Mein Dank gilt insbesondere Richard Münch, der mich in meinem Vorhaben bestärkte und auf dessen Unterstützung ich auch in schwierigen Phasen meiner Arbeit rechnen konnte. Leonard Lowinski, der die Dissertationsfassung als Koreferent begutachtete, gab mir konstruktive Hinweise, die mir die schwierige Entscheidung über die Kürzung und Überarbeitung einiger Passagen erleichterte. Danken möchte ich auch vor allem Bernard Miebach, Paul Compes und Elisabeth Krekel-Eiben, die mir in zahlreichen Diskussionen die Gelegenheit gaben, meine Argumente kritisch zu prüfen und zahlreiche Anregungen aufzunehmen. Astrid Theus kommt in erster Linie das Verdienst zu, das Manuskript auf Disketten gebannt und zu einer druckfähigen Vorlage gebracht zu haben. Ihre tatkräftige Unterstützung bei der mühevollen Korrekturarbeit hat mich wahrscheinlich vor dem vorzeitigen Ergrauen bewahrt. Diese Arbeit wäre ohne die Geduld und die Ermutigung durch meine Frau Dagmar nicht zustandegekommen. Ihre schonungslose Kritik der soziologischen Theoriesprache werde ich nicht gemildert haben; aber sie hat mich davor bewahrt, mich für einen unverbesserlichen Theoretiker zu halten.

Einleitung

Das Werk TALCOTT PARSONS' gehört ohne Zweifel in die Reihe der "modernen Klassiker" des soziologischen Denkens. Die Entwicklung seines theoretischen Programms ist wie kein anderes auf die Synthese unterschiedlicher Theorielinien und auf einen interdisziplinären Diskurs angelegt. Betrachtet man die Diskussionen, die dieses Werk ausgelöst hat, dann wird gerade dieses Bemühen um Synthese weitgehend ignoriert. Erst in neuerer Zeit hat sich eine Rezeption entwickelt, die sich durch eine differenzierte und zugleich unbefangene Haltung gegenüber PARSONS auszeichnet.[1] Soll dieses wiedererwachende Interesse an PARSONS für die systematische Theorieentwicklung in der Soziologie fruchtbar gemacht werden, dann wird man mehr als bisher[2] der Tatsache Rechnung tragen müssen, daß das Theorieprogramm PARSONS' ohne die Auseinandersetzung mit ökonomischen Denktraditionen nicht rekonstruierbar ist.[3] PARSONS selbst verwies immer wieder auf die besondere Bedeutung der ökonomischen Theorie für eine systematische Theorieentwicklung in der Soziologie im allgemeinen[4] und für seine eigene intellektuelle Biographie im besonderen.[5]

Diese Studie will daran erinnern, daß die theoretischen Grundüberlegungen in der Soziologie und Ökonomie, ungeachtet aller methodisch-technischen Spezialisierungen, nicht einfach voneinander abgekoppelt werden können. Es soll an der Sozialtheorie PARSONS' deutlich werden, in welcher Weise ökonomische Theorieelemente den Denkstil, die konzeptionelle Anlage und spezielle theoretische Problemlösungen beeinflußt haben. Es geht mir dabei nicht um die Behauptung, PARSONS' Gesamtwerk sei auf eine wie immer geartete ökonomische Interpretationsfolie aufzuspannen. Dies würde weder der Komplexität des Theorieprogramms gerecht, noch wäre hiervon kaum mehr zu erwarten, als den vielen Interpretationsvarianten, die ständig auf der Suche nach dem "eigentlichen" Kern des Gesamtwerkes sind, eine weitere hinzuzufügen. Der Leitgedanke dieser Arbeit ist, daß sich PARSONS' Verhältnis zur Ökonomie als ein prinzipiell unabgeschlossener und durchaus spannungsreicher Diskurs rekonstruieren läßt, der für die paradigmatische Diskussion innerhalb und außerhalb der Soziologie von exemplarischer Bedeutung ist. Das werkgeschichtliche Interesse bleibt jedoch dem Interesse an der Systematik dieses Diskurses untergeordnet. Es geht vor allem darum, die theoretisch-konzeptionellen Entscheidungen deutlich zu machen, die der Aufnahme und theoretischen Assimilation ökonomischer Theorieelemente zugrundeliegen.

Dieser Ansatzpunkt verweist methodologische Erörterungen über den Status und die Integration von Ökonomie und Soziologie in den Hintergrund. Diese Problemverschiebung spiegelt die Überzeugung, daß derartige Erörterungen erfahrungsgemäß dazu tendieren, die inhaltliche Ebene aus dem Blick zu verlieren und die theoretische Diskussion durch Rekurs auf unvereinbare methodologische Prinzipien zu ritualisieren.[6]

PARSONS' Sozialtheorie bietet sich nicht nur an, weil sie eine bisher nicht erreichte Breite sozialwissenschaftlicher Denktraditionen aufnimmt, sondern weil sie in spezifischer Weise geeignet erscheint, die Ambivalenzen und Chancen des Verhältnisses zwischen ökonomischen und soziologischen Realitätsperspektiven deutlich zu machen. Die theoretischen Kontroversen zwischen Ökonomie und Soziologie, sofern sie überhaupt stattfanden, führten meist zu einer Polarisierung des Diskurses: Eine sinnvolle Kommunikation schien nur möglich zu sein, wenn sich die Ökonomie entweder radikal soziologisiert[7] oder die soziologische Theorie ökonomisiert". In den letzten Jahren ist das Verhältnis von Ökonomie und Soziologie vor allem durch das "ökonomische Theorieprogramm" in der Soziologie[8] bzw. durch die "Neue Politische Ökonomie[9] aufgegriffen worden.

Was PARSONS' Werk vor diesem Hintergrund besonders interessant macht, läßt sich auf einer logischen, einer objekttheoretischen und einer methodischen Ebene betrachten. Logisch zeichnet sich PARSONS' Ansatz dadurch aus, daß er den Generalitätsansprüchen eines "ökonomischen Programms" ebenso widersteht wie der simplen Forderung nach einer Soziologisierung der ökonomischen Theorie. Auf der theoretischen Ebene entzieht er sich der gängigen Unterscheidung zwischen einer individualistisch-ökonomischen Austauschtheorie auf der einen und einem kollektivistisch-soziologischen Systemfunktionalismus auf der anderen Seite. Methodisch unterscheidet sich die Art und Weise wie PARSONS ökonomische Theorieelemente aufgreift, grundlegend von der Erweiterungsstrategie, wie sie z.B. DOWNS in seiner ökonomischen Theorie der Demokratie entwickelt hat. PARSONS' Strategie zeichnet sich zum einen durch eine spezifische Selektivität des Zugriffs auf ökonomische Theorieelemente aus und zum anderen durch eine Art der Generalisierung, die auf der Abstraktion und Respezifizierung von ursprünglichen Bedeutungsgehalten theoretischer Begriffe beruht.

Wir haben damit den thematischen Rahmen abgegrenzt, in dem die zentralen Aufgaben und Leitfragen unserer Analyse formuliert werden können:

Es soll gezeigt werden, wie eng die Entwicklung des soziologischen Theorieprogramms mit der Rezeption ökonomischer Theorielinien verzahnt ist. Die Darstellung wird dabei den Zusammenhang zwischen der ökonomiekritischen Rezeption und der analytischen Standortbestimmung der Soziologie herzustellen haben. Hieraus läßt sich PARSONS' grundlegende Position zu einem ökonomischen Theorieprogramm in der Soziologie bzw. zu einer Soziologisierung ökonomischer Analyse rekonstruieren.

Unter theoriesystematischem Blickwinkel stellt die Analyse sozialer Austauschbeziehungen den zentralen Schnittbereich zwischen ökonomischer und soziologischer Theorie dar. Es soll gezeigt werden, daß PARSONS über eine komplexe Theorie des sozialen Austauschs verfügt. Die Besonderheit dieses Ansatzes liegt in dem Versuch, interaktionistische und strukturalistische Theorielinien zu verknüpfen. Auch hier bewegt sich PARSONS quer zu den gängigen Gegenüberstellungen in der soziologischen Theoriediskussion.

Die Rekonstruktion einer Theorie des sozialen Austauschs kann als Bezugsrahmen für die Frage nach der Übernahme und Assimilation ökonomischer Theorieelemente dienen. Im Mittelpunkt der Analyse steht die Frage nach der Generalisierung ökonomischer Theorieelemente. Dabei wird zu fragen sein, auf welche Theorieelemente zurückgegriffen wird und wie diese in den jeweiligen theoretischen Kontext integriert werden. Aus diesen Problemstellungen läßt sich der Arbeitsplan der Untersuchung entwickeln.

Im <u>ersten</u> Abschnitt geht es um die Frage nach dem Verhältnis von Soziologie und Ökonomie als theoretische Systeme. Die Analyse wird jedoch nicht auf einer rein <u>methodologischen</u> Ebene geführt, bei der es primär um die Abklärung wissenschaftstheoretischer Grundpositionen geht. Vielmehr soll der Zusammenhang zwischen der kritischen Rezeption ökonomischer Theorietraditionen und der Formulierung der eigenen soziologischen Sichtweise über verschiedene Stationen der Theorieentwicklung (vgl. 1-3 Kapitel) bei PARSONS beleuchtet werden. Diese Auseinandersetzung ist für die weitere Darstellung in verschiedener Weise relevant. Zum einen verweist die Rekonstruktion der Ökonomiekritik auf die Möglichkeiten und Grenzen eines theoretischen Austauschs zwischen Ökonomie und Soziologie; zum anderen bildet die theoretische Standortbestimmung der Soziologie den Hintergrund für die Formulierung eines austauschtheoretischen Programms.

Dieses ist Gegenstand des zweiten Abschnitts. Zentriert man, wie PARSONS dies tut, die generelle soziologische Sichtweise um das sogenannte Ordnungsproblem, so stellt sich für eine Theorie des sozialen Austauschs vor allem die Frage, wie man die Wechselbeziehungen zwischen Interessensverflechtung, normativ reguliertem Beziehungszusammenhang und kulturell-symbolischem Bedeutungszusammenhang konzeptionell umsetzen kann. In drei Kapiteln werden verschiedene austauschtheoretische Ansätze rekonstruiert: die elementare Interaktionstheorie, das gesellschaftliche Interchangemodell und die Theorie der sozialen Interaktionsmedien. Diese Theoriekomplexe unterscheiden sich sowohl durch die Blickrichtung, aus der sozialer Austausch analysiert wird als auch durch die Konstruktion der konzeptionellen Entwürfe. Methodisch gehen wir dabei so vor, daß wir jeweils unterschiedliche Abstraktionsstufen der theoretischen Konstruktion betrachten und - im Anschluß daran - die analytische Reichweite des jeweiligen Theoriekomplexes ausloten.

Im dritten Abschnitt werden wir diese zuvor rekonstruierten Theoriekomplexe als Rahmen verwenden, um das Problem der Generalisierung ökonomischer Theorieelemente differenziert angehen zu können. Die Unterscheidung zwischen interaktivem und gesellschaftlichem Austausch verweist auf die Unterscheidung zwischen mikroökonomischer Tauschanalyse und makroökonomischer Kreislaufanalyse (III., Kap. 1-2). Kongruent dazu ist auch die Verankerung der sozialen Medientheorie und der ökonomischen Geldtheorie als intermediäre Theoriekomplexe, die beide Ebenen miteinander verbinden (vgl. III., Kap. 3). Zentrales Bezugsproblem unserer Analyse ist die Frage nach der Aufnahme kategorialer und typologischer Theorieelemente in den jeweiligen theoretischen Kontext. Dabei ist nicht nur zu fragen, auf welche Elemente PARSONS zurückgreift, sondern auch in welcher Weise diese Elemente "verarbeitet" werden. Implizit ist damit das Problem angesprochen, ob und inwieweit die sozialtheoretische Analyse hierdurch eine spezifische, theoretisch vermeidbare Selektivität ("ökonomischer Bias") erhält. Wir werden dieses Problem vor allem im Zusammenhang mit der Generalisierung des ökonomischen Geldmodells innerhalb der sozialen Medientheorie ausführlich erörtern (vgl. III., Kap. 3).

Die Vorgehensweise läßt sich so umreißen: In einem ersten Schritt sollen einige generelle sozialtheoretische Implikationen der ökonomischen Analyse erörtert werden. Das Generalisierungs -und Biasproblem wird dann in einem zweiten Schritt zunächst aus der Sicht unterschiedlicher Rezeptionsbeiträge entwickelt. Diese Diskussionen bilden dann den Ausgangspunkt der weiteren Darstellung, in der sowohl die Stimmigkeit der Rezeption als auch PARSONS' Lösungsversuche einer kritischen Analyse unterzogen werden. Der Arbeitsplan unserer Untersuchung ist in Abb. 1 dargelegt.

Problemstellung	Arbeitsprogramm/ Abschnitt, Kapitel	Perspektive der Intepretation
Das Ökonomie -/ Soziologie Problem und die Entwicklung des sozialtheoretischen Programms	Definition des soziologischen Tatbestandes, Kritik des ökonomischen Theorieprogramms (werkgeschichtliche Aspekte): - frühe Handlungstheorie (I., Kapitel 1) - Strukturfunktionale Phase (I., Kapitel 2) - Systemfunktionale Phase (I., Kapitel 3)	Verknüpfung normativer und konditionaler Elemente als generelles Problem - Abgrenzung - Ergänzung - Austausch
Das Problem des normativ regulierten Austauschs	Ansatzpunkte u. Struktur der Austauschtheorie: - Interaktionstheorie (II., Kapitel 1) - Interchangetheorie (II., Kapitel 2) - Medientheorie (II., Kapitel 3)	Verknüpfung von strukturtheoretischen u. interaktionistischen Ansätzen; Verbindung von Mikro - Makroanalyse
Das Problem der Generalisierung des ökonomischen Modells	Identifikation u. Integration ökonomischer Theorieelemente in der Austauschtheorie: - Mikroökonomie und Interaktionstheorie (III., Kapitel 1) - Makroökonomie und Interchangetheorie (III., Kapitel 2) - Geldtheorie und Medientheorie (III., Kapitel 3)	Generalisierung durch Abstraktion; formale u. substantielle Kongruenzen; Ökonomismus der Medientheorie

I. DAS VERHÄLTNIS VON ÖKONOMIE UND SOZIOLOGIE ALS BEZUGSRAHMEN SOZIOLOGISCHER THEORIEKONSTRUKTION

Problemstellung

Konflikte und Spannungen zwischen etablierten Disziplinen und solchen, die ihre akademische Anerkennung noch erreichen wollten, sind in der Wissenschaftsgeschichte nicht Neues. Und doch sind die Kontroversen zwischen den bereits etablierten Ökonomen und den "Neulingen" der Soziologie immer grundsätzlicher im Inhalt und bissiger in der Form geführt worden als Debatten mit anderen sozialwissenschaftlichen Disziplinen. Dennoch erhielt die Soziologie vielfach durch Ökonomen Unterstützung, die die ökonomische Theorie näher an die empirische Realität zu bringen suchten und mehr und mehr zu einer Gesellschaftsanalyse fanden. Es war sogar oft so, daß sich die akademische Soziologie innerhalb der ökonomischen Fachbereiche entwikkelte.[1] Daß PARSONS' Karriere in einem ökonomischen Fachbereich ihren Anfang nahm, bevor er sich der Soziologie zuwandte, paßt in dieses Bild. Dieser Umstand mag auch verständlich machen, warum PARSONS dem Verhältnis von Ökonomie und Soziologie soviel Bedeutung zumaß.[2] PARSONS teilte in gewissem Maße das Problem derjenigen Ökonomen, die ihre Lehre auf eine breitere Basis - sei diese nun historisch, gesellschaftstheoretisch oder psychologisch - stellen wollten. Einerseits zeigte sich die Ökonomie in ihrem Anwendungsbereich begrenzt, andererseits durfte die Erweiterung des Interesses nicht auf Kosten der theoretischen Kohärenz gehen. Hierin liegt eine Ambivalenz, die sich auch bei PARSONS aufzeigen läßt: Die negative Seite besteht einerseits in der ideologischen Herausforderung der 'Laissez-faire' Grundhaltung der klassischen Nationalökonomie und andererseits in der theoretischen Herausforderung einer ökonomischen Theorie, soweit sie sich als eine allgemeine Theorie menschlichen Handelns empfiehlt.[3] Die Abwehr dieser Ansprüche kennzeichnet durchgängig PARSONS' Haltung zur ökonomischen Theorie.[4] Die positive Seite dieser Ambivalenz liegt vor allem im Respekt vor dem analytischen Niveau und dem hohem Grad an Kodifikation des ökonomischen Wissens, das die Ökonomie vor jeder soziologischen Theorie auszeichnete. Hieraus wird das Bemühen PARSONS' verständlich, der Soziologie einen gleichwertigen methodologischen Status zukommen zu lassen und ihr Aufgabengebiet in Abgrenzung zur Ökonomie zu bestimmen. Die "kritische" Seite ist sowohl Voraussetzung als auch Konsequenz der Versuche, eine Standortbestimmung vorzunehmen, um die sich soziologische Theoriebildung zentrieren kann. Wir werden daher nicht nur zu prüfen haben, gegen welche Denkansätze PARSONS argumentiert, sondern vor allem, welche Kritik er an diesen Ansätzen zuläßt. Und wir werden nicht nur zu fragen haben, wie der "soziologische Tatbestand" definiert wird, sondern welche Abgrenzung des ökonomischen Objektbereichs damit implizit verbunden ist.

Aufgabe der drei folgenden Kapitel wird es sein, diese Zusammenhänge über verschiedene Stationen der Theorieentwicklung zu betrachten. Damit soll weder eine abschließende noch eine allein mögliche Beschreibung der Werkgeschichte gegeben werden. Vielmehr kennzeichnen diese Stationen verschiedene Phasen der Werkentwicklung, in denen das Verhältnis von Ökonomie und Soziologie explizit aufgegriffen und in je unterschiedlicher Weise thematisiert wird. Die hierbei entwickelten Argumente umreißen ein Grundmuster der theoretischen Auseinandersetzung, welches PARSONS in späteren Arbeiten immer wieder aufgreift.

In Kapitel 1 betrachten wir die frühe handlungstheoretische Phase, in der PARSONS sein theoretisches Programm entwickelt. Dieses findet seine prägnanteste Formulierung in dem Werk **"The Structure of Social Action"** (1937). Für die Entwicklung seines voluntaristischen Bezugsrahmens ist gerade die Auseinandersetzung mit der ökonomisch-utilitaristischen Theorietraditionen von zentraler Bedeutung. Das zweite Kapitel bezieht sich auf die sogenannte struktur-funktionale Phase. Zu dieser gehören z.B. die Arbeiten **"The Social System"** und **"Toward a General Theory of Action"** (beide 1951). Die Perspektive, die PARSONS hier anlegt, könnte man auch als verfeinerten Institutionalismus bezeichnen: zum einen, weil sich PARSONS institutionalistische Argumente gegen die ökonomische Theorie zu eigen macht; zum anderen, weil er die Soziologie als Theorie sozialer Institutionen i.S. DURKHEIMS verstanden wissen will. Die sogenannte systemfunktionale Phase bildet den Bezugsrahmen des dritten Kapitels. Hier sind vor allem die **"Working Papers"** und **"Economy and Society"** als die Arbeiten zu nennen, die eine theoretische Basis für eine Vielzahl späterer Entwicklungen bilden.[5] Diese Phase markiert einerseits einen gewissen Abschluß der Versuche, das Verhältnis von Ökonomie und Soziologie grundsätzlich zu bestimmen. Andererseits ist es der Beginn von vielfältigen Bemühungen, ökonomische Theorieelemente für die soziologische Theorie konzeptionell fruchtbar zu machen. Die Rekonstruktion dieser verschiedenen Phasen bezieht sich weniger auf eine ideologiekritische Auseinandersetzung, sondern primär auf die theoretische Begründung eines handlungs- und sozialtheoretischen Bezugsrahmens.

1. Die frühe handlungstheoretische Perspektive

1.1 Die Ansatzpunkte der Ökonomismuskritik

Die Entwicklung einer voluntaristischen Handlungstheorie, wie sie PARSONS in seinem ersten Hauptwerk **"The Structure of Social Action"** angelegt hat, beruht auf dem Nachweis einer Konvergenz zwischen positivistischen und idealistischen Denkströmungen. Diese Konvergenz läßt sich analytisch durch ein generelles Handlungsschema verdeutlichen, welches in der Lage ist, die Einheit und Unterschiedlichkeit der theoretischen Beiträge im Rahmen einer voluntaristischen Interpretation deutlich zu machen.[6] Das theoretische Anschauungsmaterial für diese Konvergenzthese gewinnt PARSONS primär aus der Diskussion um den Gegenstand der Ökonomie und der Bestimmung des besonderen Verhältnisses zwischen Ökonomie und Soziologie. Dies kommt vor allem in den Frühschriften zum Ausdruck, die bereits im Kern die später entwickelte Konvergenzthese enthalten.[7] Der zentrale Anknüpfungspunkt der Auseinandersetzung bildet die radikale Ökonomiekritik durch die marxistische politische Ökonomie, den amerikanischen Institutionalismus und die neuere historische Schule in Deutschland. Was diese so unterschiedlichen Denkansätze verband, war nicht nur die radikale Kritik der herrschenden Theorie, sondern auch die Forderung nach einer Neubestimmung der methodologischen, theoretischen und empirischen Begründungsansprüche der Ökonomie. Diese revisionistische Kritik verstand sich nicht einfach nur als Ergänzung der herrschenden Lehre, sondern wollte zugleich die Ökonomie auf eine andere theoretische Basis stellen.

So betonte der Institutionalismus die grundlegende Bedeutung von Prozessen der Habitualisierung und verfestigter Verhaltensregelmäßigkeiten im ökonomischen Bereich. Die institutionelle Verankerung ökonomischen Handelns wurde dabei primär auf grundlegende psychologische Antriebe bzw. anthropologische Konstanten zurückgeführt.[8] Demgegenüber hob die historische Schule[9] in Deutschland die entwicklungsgeschichtliche Besonderheit konkreter Wirtschaftsweisen und deren kulturelle Bedingtheit hervor. Diese kulturtheoretische und evolutionäre Betrachtungsweise kommt vor allem in dem Versuch zum Ausdruck, den wirtschaftlichen "Geist" einer Epoche, die Besonderheiten des Wirtschaftsstils und die ökonomische Entwicklung als Abfolge von Wirtschaftsstufen zu charakterisieren.[10] Die historische Bedingtheit ökonomischer Phänomene spielt auch in der Marxschen Kritik an der herrschenden Lehre der Nationalökonomie eine wichtige Rolle.[11] Jedoch geht es MARX nicht um die

Analyse von Wirtschaftsgesinnungen, sondern um die Analyse der Bedingungen, durch die sich ökonomische Interessen zu Klasseninteressen formieren und in Widerspruch zueinander geraten. MARX rekurriert dabei auf die Kategorien der englischen Nationalökonomen, nur mit dem bedeutenden Unterschied, daß er ein völlig anderes Szenario der bürgerlichen Gesellschaft als einer Assoziation von Individuen entwirft: An die Stelle der Interessenharmonie tritt das Konzept des Klassenkonflikts, den Selbstheilungskräften des Marktes wird das Modell einer selbstzerstörerischen Eigendynamik des kapitalistischen Systems gegenübergestellt, und an die Stelle des Staates als Verwalter und Garant eines gesellschaftlichen Ordnungsrahmens tritt der Partikularismus der herrschenden Interessen an effektiver Kapitalverwertung.[12]

Dieser Diskussionshintergrund macht verständlich, warum sich PARSONS' Interesse auf die impliziten soziologischen Elemente in ökonomischen Theorien im allgemeinen und der Kapitalismusanalyse im besonderen konzentriert.[13] Neben dieser, aus der ökonomischen Diskussion selbst erwachsenden Hinwendung zur soziologischen Theorie, lassen sich Theorielinien aufgreifen, die von einem genuinen soziologischen Standort formuliert sind. Gemeint ist hier in erster Linie die Soziologie Durkheims, dessen soziologische Sicht eine Umkehrung der Fragestellung zuläßt: Was kann die Berücksichtigung nicht-ökonomischer Elemente zum Verständnis konkreter ökonomischer Aktivitäten beitragen?[14]

1.1.1 Die Abwege der Heterodoxie

So verschieden die theoretische Begründung der revisionistischen Kritik auch ausfiel, so war ihr doch die Abneigung gegen die Ahistorizität, den theoretischen Formalismus und Mangel an Realismus in der herrschenden klassischen und neoklassischen Ökonomie gemeinsam. Soweit die ökonomische Analyse überhaupt brauchbar schien, so beschränkte sich ihre Anwendbarkeit auf einige Bereiche der modernen kapitalistischen Gesellschaft. Zur wirtschaftshistorischen oder kulturvergleichenden Forschung, so lautete die Diagnose, vermag die analytische Ökonomie nichts beizutragen. Diese empirisch-historischen Defizite wurden in erster Linie auf die Eigenart ökonomischer Theoriebildung selbst zurückgeführt.[15]

PARSONS' Ansatz zeichnet sich nun zunächst dadurch aus, daß er zwar die Grundintention der Kritik, nämlich die Abwehr eines theoretischen Imperialismus, teilt, aber das gewählte Mittel, die rein empirische Kritik, für inadäquat hält.[16] Die Inadäquanz dieser Kritik besteht darin, daß die Aufgabe der Theorie letztlich auf die Formulierung empirischer Verallgemeinerungen reduziert wird. Der Nachweis der begrenzten empirischen Gültigkeit ökonomischer Hypothesen darf nicht zu dem Schluß führen, daß diese Defizite nur durch ein erweitertes Forschungsprogramm zu vermeiden sind, in dem möglichst alle irgendwie relevanten Faktoren berücksichtigt werden. Eine solche Faktortheorie mit enzyklopädischem Anspruch ist nicht nur unrealistisch, weil sie in eine Eskalation ihrer eigenen Vollständigkeitsansprüche gerät, sondern sie macht zugleich eine überzeugende <u>theoretische</u> Kritik der Ökonomie unmöglich. Auf dieser Basis läßt sich weder die Ökonomie noch die Soziologie als eigenständiges theoretisches System begründen.[17]

In diesem Zusammenhang ist PARSONS' Auseinandersetzung mit dem Soziologisierungsprogramm SOMBARTS interessant.[18] Seine Behauptung, SOMBART sei nicht an der Konstruktion einer generellen, sondern nur an historischer Theorie interessiert, läßt sich nicht durchgängig aufrechterhalten. SOMBART entwickelt durchaus einen generellen, überzeitlichen Bezugsrahmen, aber die inhaltliche Spezifikation der Kategorien beruht im wesentlichen auf der Verknüpfung von historischen und essentialistischen Interpretationen.[19] SOMBART geht es vor allem darum, Idealtypen zu bilden, die die "Essenz" einer Epoche auf "den Begriff" bringen. Auf der empirischen Ebene wird dann die konkrete Ausformung wirtschaftlicher Aktivitäten als Manifestation eines "objektiven Geistes" betrachtet. So gesehen ist jedwedes ökonomische Handeln von den Prinzipien des kulturellen Systems gesteuert.

Für PARSONS besteht der grundsätzliche Irrtum dieser und der anderen revisionistischen Varianten darin, daß sie den Eigenwert analytischer Theoriebildung nicht genügend in Rechnung stellen. PARSONS verweist auf die methodologische Unterscheidung zwischen <u>analytischen</u> <u>und</u> <u>empirischen Systemen</u> bzw. zwischen <u>Elementenanalyse</u> und <u>Einheitenanalyse</u>.[20] Eine analytisch verfahrende Theoriebildung sieht ihre zentrale Aufgabe darin, konkrete Einheiten (d.h Akteure, bestimmte Aktivitäten, Interaktionen, Ereignisse, Kontexte) als Kombination theoretisch definierter Elemente und Relationen zu rekonstruieren. Theoriebildung besteht darin, zu einem möglichst kohärenten und konsistenten System von allgemeinen Aussagen über nur analytisch separierbare Elemente und ihrer Relationen zueinander zu kommen. Aus dieser Sicht muß dann auch die Kritik des ökonomischen Theorieprogramms primär an der theoretischen Grundkonzeption ansetzen.

1.1.2 Die Kritik des utilitaristischen Handlungskonzepts

Ausgangspunkt der kritischen Auseinandersetzung ist daher nicht die Qualität einzelner empirischer Hypothesen, sondern die Frage nach dem generellen theoretischen Handlungs- und Sozialmodell, welches dem ökonomischen Theorieprogramm zugrundeliegt. Der generalisierbare handlungstheoretische Kern besteht in dem Konzept des zweckorientierten Handelns individueller Akteure. Die Interpretation dieses Konzepts steht in der Tradition der utilitaristischen Sozialphilosophie, die in ein positivistisches Theoriemodell eingefaßt ist.[21]

Das Modell des zweckorientierten Handelns beruht auf einem einfachen Ziel-Mittel-Schema. PARSONS will nun zeigen, daß die utilitaristische Interpretation dieses Schemas eine bestimmte Reduktion des logisch-theoretischen und empirisch relevanten Bedeutungsspielraums vornimmt. Die kritischen Punkte dieser Interpretation liegen in der Verbindung zwischen dem ökonomischen Rationalitätspostulat ("rationales Maximierungsverhalten") und der Annahme der Zufälligkeit der Ziele. Das sogenannte utilitaristische Dilemma besteht darin, daß, sobald man die Annahme zufälliger Ziele aufgibt, dem analytischen Element des Ziels kein unabhängiger Status mehr zukommt.[22] Da innerhalb einer positivistischen Grundorientierung die Rationalität eines Akteurs nur aus der "objektiven" Sicht eines wissenschaftlichen Beobachters beurteilt werden kann, müssen Abweichungen entweder als Zufall, Ignoranz oder Irrtum diagnostiziert werden. Damit wird aber zugleich auch der Status der "ökonomischen Gesetze" prekär: Entweder werden sie als Effekte der Verkettung von Ziel-Mittel Interdependenzen einer Vielzahl von Akteuren aufgefaßt, oder sie müssen als quasi-naturgesetzliche Determinanten exogen eingeführt werden.[23] Hierin liegt eine grundlegende Inkonsistenz begründet. Das subjektive Zielelement wird entweder durch einen konsequenten Rationalismus oder durch einen radikalen anti-intellektuellen Determinismus aufgelöst.[24] PARSONS geht es jedoch nicht nur um die methodologische Instabilität, die durch Verbindung eines intentionalen Handlungsschemas mit einem positivistischen Erklärungsmodell entsteht. Es geht PARSONS vor allem darum, die konzeptionelle Verengung des ökonomischen Ziel-Mittel Schemas aufzuzeigen. Zentrales Thema dieser Auseinandersetzung ist das sogenannte Rationalitätsproblem. Die Annahme von der Zufälligkeit bzw. der Gegebenheit individueller Ziele ist nun nicht nur empirisch fragwürdig, sondern sie ist inkonsistent zum Postulat der ökonomischen Rationalität: Jede Anwendung von rationalen Standards setzt einen multiplen und konsistent geordneten Zielkontext voraus.[25] Aber auch der Inhalt dieser Ziele ist für die Analyse von Bedeutung. So stehen sogenannte "letzte" Ziele (z.B. die Suche nach Erlösung) in einer anderen Relation zu der Situation und den Mitteln eines Akteurs als die Verfolgung konkreter Ziele. Im ersten Fall handelt es sich um eine symbolische Ziel-Mittel Beziehung, deren zentrale Funktion darin besteht, bestimmten Werthaltungen Ausdruck zu verleihen.[26] Abweichungen von derart normativ definierten Zielen sind nicht als Irrtum oder Ignoranz zu deuten, sondern als mehr oder weniger bewußter Regelverstoß.[27]

In PARETOS Handlungsschema mit der Unterscheidung zwischen logischem und nichtlogischem Handeln sind normative Elemente Bestandteil der Klasse der nichtlogischen Handlungen. Sie werden jedoch nur als Residualkategorie behandelt und werden ohne expliziten Bezug zur Klasse der logischen Handlungen eingeführt. Für die Theoriekonstruktion ist dies jedoch von Bedeutung. Es geht nämlich nicht nur um die empirische Behauptung, daß wirtschaftliche Aktivitäten von nichtrationalen Faktoren beeinflußt werden, sondern um das theoretische Problem, wie diese Faktoren in der theoretischen Element- und Relationsanalyse berücksichtigt werden können. Die ökonomische Sichtweise fokussiert ihre Analyse auf ein individuelles Entscheidungsproblem zwischen Zielen und Mitteln.[28] Aber selbst wenn man nur dieses intrinsische Ziel-Mittel-Schema betrachtet, so lassen sich verschiedene Handlungsbezüge des zweckrationalen Handelns aufzeigen.

PARSONS unterscheidet zwischen einer technologischen, einer ökonomischen und einer politischen Bedeutung des Rationalitätsbegriffs. Während bei einer technologischen Ziel-Mittel Beziehung noch von **einem** Akteur ausgegangen werden kann, der die Verwendung seiner Mittel im Hinblick auf ein Ziel effektiviert, so verweist der Begriff der ökonomischen Rationalität auf ein komplexeres Handlungsszenario: Betrachtet wird eine Mehrzahl von Handlungseinheiten, die in einer Situation agieren, in der es um die Allokation von Mitteln zu einer Mehrzahl von alternativen Zielen geht.[29] Betrachtet man ökonomische Rationalität als eine grundlegende Handlungsdisposition, dann gerät die ökonomische Theorie in ein Altruismus-Egoismus

Dilemma. Wenn jedes rationale Verfolgen von Eigeninteressen als Ausdruck hedonistisch-egoistischer Grundstrebungen gedeutet wird, dann wird altruistisches Verhalten entweder zu einer Residualkategorie oder aber selbst auf egoistische Grundmotive (z.B. "die Freude an der Freude anderer") zurückgeführt. Im ersten Fall muß eine Erklärung außerhalb des ökonomischen Erklärungsmodells gesucht werden, im zweiten Fall wird die Unterscheidung selbst sinnlos, weil es per Definition gar kein altruistisches Handeln geben kann. Der Grund für das Dilemma liegt in der Charakterisierung von "Egoismus" und "Altruismus" als Beschreibung konkreter, gegensätzlicher Eigenschaften individueller Akteure. Diese verengte Sichtweise kann analytisch von zwei Seiten her "aufgebrochen" werden: Die Orientierung an ökonomischen Rationalitätsstandards enthält eine interindividuelle normative Komponente, soweit sie sich z.B. auf den "richtigen" Umgang mit knappen Mitteln, kollektiven Zielen oder "Gütern" bezieht. Aus der Sicht des einzelnen Akteurs bedeutet die systematische Suche nach Informationen, die Berücksichtigung der Normen "nützlicher" Produktion und Konsumtion eine Verschiebung von Bedürfnisbefriedigung und eine Disziplinierung von Affekten.[30]

Das spezifisch <u>politische</u> Element rationalen Handelns besteht darin, daß die Verfügung über Mittel zur Kontrolle der Ziele anderer genutzt werden kann. Damit rückt neben das Problem der rationalen Mittelwahl das Problem der <u>kollektiven</u> Handlungskoordination. Die besondere theoretische Bedeutung dieses Problems liegt in der Rolle des Zwangs, der zur Kontrolle der Ziele anderer mobilisiert werden kann. Der Regulierung der Machtbeziehungen innerhalb oder zwischen Kollektiven kommt daher besondere Bedeutung zu.

1.1.3 Das Ordnungsproblem und die Grenzen der ökonomischen Sozialtheorie

Das Problem der kollektiven Handlungskoordination ist in seiner politischen Bedeutung in klassischer Weise bei HOBBES formuliert. Das hier angesprochene Ordnungsproblem, genauer: der Bedingungen, unter denen soziale Ordnung möglich erscheint, greift PARSONS auf, um zu zeigen, daß eine ökonomisch-utilitaristische Sozialtheorie diesem Problem <u>theoretisch</u> nicht gerecht werden kann. PARSONS diskutiert zunächst die verschiedenen Lösungsversuche innerhalb dieser Denktradition, wie sie bei HOBBES und LOCKE bis hin zu den klassischen Nationalökonomen thematisiert wurden. HOBBES stellte bekanntlich das <u>Sicherheitsproblem</u> in den Mittelpunkt. Dies entsteht aus der allgegenwärtigen Gefahr der gewaltsamen Aneignung von Arbeit und Eigentum. Der Kampf aller gegen alle wird sowohl durch die Konkurrenz um materiellen Gewinn und Reputation als auch durch ein übertriebenes Sicherheitsbedürfnis genährt.[31] Die HOBBES'sche Lösung besteht in der Übertragung von Handlungssouveränität auf eine Zentralgewalt, die die physischen Gewaltmittel monopolisiert hat. Die rein politische Lösung des Problems ist jedoch theoretisch und empirisch unbefriedigend. Theoretisch, weil die Herausbildung einer Zentralgewalt innerhalb des atomistischen Gesellschaftsmodells nur exogen eingeführt werden kann. Geht man von einem strikt utilitaristischen Handlungskalkül aus, dann gibt es keinen allgemein wirksamen Mechanismus, der die Akteure zur Einnahme eines kollektiv-rationalen Standpunktes motivieren könnte.[32] Unter empirischem Aspekt ist diese Lösung unrealistisch, weil die Monopolisierung der Gewaltmittel allein, selbst wenn sie zustandekommen sollte, inhärent instabil ist, solange die Ausübung dieser Macht nur auf die Androhung und Anwendung von Gewalt beruht.[33]

Auch LOCKE kann das von HOBBES aufgeworfene Problem von Macht und Gewalt nur durch Rückgriff auf eine vorgängige Interessenharmonie der Akteure umgehen. Der Hinweis auf die Wechselseitigkeit des Vorteils beim Tausch ist schon bei den klassischen Ökonomen, vor allem bei SMITH und RICARDO, zum Bestandteil ihrer ökonomischen Analysen geworden. Für LOCKE ist nicht in erster Linie das von HOBBES aufgeworfene Sicherheitsproblem entscheidend, sondern er thematisiert stärker das Problem der <u>Gleichheit</u> des Zugangs zu bzw. der Verfügung über Ressourcen als Voraussetzung eines wechselseitig vorteilhaften Austauschs. Hinzu kommt die Existenz von Regeln des gerechten Tausches, deren Wirksamkeit eine Motivationsgrundlage für die Aufnahme von Tauschbeziehungen bietet. Diese Regeln können allerdings nur wirksam sein, wenn die Akteure das Vertrauen haben können, daß auf Gewaltanwendung oder die rücksichtslose Ausbeutung von Chancen verzichtet wird. Auch LOCKE kann dem utilitaristischen Dilemma nicht entgehen: Die Annahme einer natürlichen Interessensidentität wird auch hier von "außen" an das utilitaristische System herangetragen. In diesem Fall steht es sogar in einem direkten Widerspruch zu der Vorstellung, daß die Interessen und Ziele der Akteure zufällig und unverbunden aufeinandertreffen. Die bei LOCKE, SMITH und RICARDO formulierte Tauschlösung des Ordnungsproblems gibt überdies keine Antwort auf die Frage, wie innerhalb des utilitaristischen Bezugsrahmens die Existenz einer <u>normativen</u> Ordnung begründet werden kann, die die <u>kollektiven</u> Machtbeziehungen reguliert und die Akteure zur Akzeptanz allgemeiner Tauschregeln motiviert.[34] Diese Argumente schließen nicht die empirische Möglichkeit aus, daß z.B. eine Koordination des Handelns durch wechselseitige Angebote erfolgen kann. Aber dies wird nur möglich, wenn die Akteure auf die Geltung eines normativen Rahmens vertrauen können, der selbst nicht zum Gegenstand individueller Nutzenabwägung gemacht wird.[35]

Die Bedeutung, die PARSONS dem normativen Element beimißt, wird vielfach mißverstanden. PARSONS schlägt keine "normative" Lösung des Ordnungsproblems in dem Sinne vor, daß behauptet wird, eine soziale Ordnung werde allein durch die Konformität mit Werten und Normen gewährleistet.[36] Der Hinweis, daß eine befriedigende Lösung des Ordnungsproblems nur gelingt, wenn normative Elemente im theoretischen Bezugsrahmen Berücksichtigung finden, hat nichts mit der empirischen Annahme eines vermeintlichen Normkonsens zu tun. Tatsächlich, und hier haben die Kritiker recht, gibt PARSONS keine Erklärung über die Entstehung von gemeinsam geteilten Normen in einer bestimmten Ordnung. Nur, um dieses Problem geht es gar nicht. Er will zunächst demonstrieren, daß innerhalb des utilitaristischen Bezugsrahmens das Phänomen einer normativ regulierten Ordnung nicht begründet werden kann, weil die normative Verbundenheit der Ziele zwischen Akteuren logisch ausgeschlossen wird. Damit erweist sich dieser Bezugsrahmen als zu eng, um zu einer generellen, in sich konsistenten Deutung des Ordnungsproblems zu kommen. Die Frage nach den empirischen Bedingungen des Entstehens, des Fortbestandes oder des Wandels normativer Strukturen ist freilich nicht schon dadurch beantwortet, daß man auf der Ebene der Elementanalyse normative Faktoren definiert. Es ist empirisch keineswegs ausgemacht, daß normative Steuerungsmechanismen nicht versagen können oder ihr Fehlen zu einem Ordnungszustand führt, der auf einer rein "faktischen" Ordnungsstruktur beruht. PARSONS behauptet empirisch nur, daß eine soziale Ordnung auf Dauer ohne das effektive Funktionieren normativer Strukturen nicht stabil sein kann.[37] Das effektive Funktionieren normativer Steuerung ist jedoch selbst ein erklärungsbedürftiger Tatbestand, wobei PARSONS ohne weiteres einräumen kann, daß die Vereinbarkeit von wünschbaren Zielen mit den zweckrationalen Interessen an gewünschten Resultaten **eine** wichtige Voraussetzung hierzu bietet.

Die Besonderheit der PARSONS'schen Position wird deutlicher, wenn man sie mit dem kulturtheoretischen Ansatz bei SOMBART kontrastiert. Für SOMBART bezeichnet der Begriff des Wirtschaftsystems eine "geistige" Einheit von Wirtschaftsgesinnung ("subjektiver Geist"), Wirtschaftsordnung und Technik.[38] Der "objektive" Geist, SOMBART spricht auch vom "objektivierten

Geist", bezeichnet eine historisch bedingte Eigenart dieser kulturellen Einheit, in der sich die gemeinsam geteilten Wert-Form- und Gesinnungsprinzipien widerspiegeln. Das kulturell-normative Element des allgemeinen Handlungsschemas wird also hier explizit berücksichtigt. Soweit nun eine "Sinnadäquanz" zwischen dem konkreten Handeln und den Produkten dieses Handelns zu den vom Forscher definierten objektiven Sinngehalten gemeinsamer Werte hergestellt werden kann, läßt sich Form und Inhalt der konkreten Erscheinung als "Objektivation" fassen.[39] Aus dieser Sicht läßt sich das nutzenrationale Verhalten ökonomischer Akteure nur als Niederschlag des "kapitalistischen Geistes" verstehen oder, sofern man eine nichtkapitalistische Epoche betrachtet, als individuelle Abweichung oder Objektivation eines "personalen" Geistes.[40] Theorietechnisch wird damit das Element utilitaristischer Zweckrationalität entweder vollständig subsumiert oder aber als "psychologische" Residualkategorie ("personaler Geist") behandelt. Für PARSONS hingegen ist das normative Element keine Frage der "Wesenserfassung", sondern lediglich eine Konsequenz aus der empirischen Annahme, daß Handeln normativ orientiert ist.[41]

Die "Objektivierung" kulturell-normativer Elemente ist daher keine wie immer auch geartete Folge der Gestaltungskraft eines historischen Stilprinzips, sondern ein realer Prozeß, in dem sowohl normative als auch nichtnormative Elemente eine Rolle spielen. Konsens und Konformität sind daher keine vorgegebenen Eigenschaften bestimmter sozialer Systeme, sondern ebenso wie Konflikt und Abweichung mögliche Konsequenzen einer bestimmten Relation von normativen und instrumentellen Elementen in konkreten Strukturen und Handlungsorientierungen.

Die Frage nach dem Charakter der Normbindung bzw. nach der Verhaltenswirksamkeit von Normen läßt sich nicht auf die Alternative zwischen "kategorischer Verpflichtung" einerseits und "opportunistischer", d.h. rein zweckdienlicher Normeinhaltung andererseits bringen.[42] Gerade diese dualistische Konstruktion spiegelt die im utilitaristischen Denken vollzogene Trennung zwischen den moralisch guten und den individuellen Wünschen wider.[43] Für PARSONS bedeutet die normative Steuerung des Handelns, daß sowohl die unbedingte Verpflichtung als auch die Rückbindung dieser Verpflichtung an die Möglichkeit individueller Selbstverwirklichung zum Tragen kommt.[44] Normverpflichtung enthält daher stets ein Element der Selbstverpflichtung in bezug auf das, was als Wünschenswert gilt. Eine solche Selbstverpflichtung begrenzt in konkreten Situationen zwar die Ausschöpfung möglicher Chancen auf die, die das Individuum als legitim anerkennt. Aber dies bedeutet nicht, daß Verpflichtungen unabhängig von der Erfahrung von veränderten Handlungsbedingungen oder Handlungsfolgen eingegangen werden. Andernfalls wären soziale Lernprozesse theoretisch nicht rekonstruierbar. Es geht auch nicht um die Behauptung, daß diese Selbstverpflichtung identisch mit dem sein muß, was in einem sozialen System insgesamt als wünschenswert definiert und durch Sanktionsinstanzen geschützt ist. Andernfalls wären Wertkonflikte oder Wertveränderungen nur als Folge exogener Bedingungen zu erklären. Das normative Element kann nur dann einen analytisch unabhängigen Status innerhalb eines generalisierten Ziel-Mittel-Schemas beanspruchen, wenn es nicht nur als äußere Bedingung, sondern als integraler Bestandteil des Wertsystems eines Akteurs betrachtet wird.[45] Innerhalb des personalen Entscheidungssystems ordnet es die Interdependenzen, die sich aus den konkreten, situationsbezogenen Zielen und Präferenzen ergeben. Daß die normative Geordnetheit von Zielen in der utilitaristischen Interpretation des allgemeinen Handlungsschemas nicht berücksichtigt wird, beantwortet natürlich noch nicht die Frage, durch welche theoretische Konstruktion dem "normativen Element" adäquat Rechnung getragen werden kann. Hierin sieht PARSONS die zentrale Aufgabe soziologischer Theoriebildung. **The Structure of Social Action** enthält kein kohärentes System von soziologischen Kategorien oder Hypothesen, die auf eine empirische Ordnungstheorie hinauslaufen; vielmehr wird ein theoretisches Programm formuliert, das die Prämissen einer möglichen Ordnungstheorie expliziert.

1.2 Die Eigenständigkeit soziologischer Theorie

Die Frage nach dem Stellenwert der soziologischen Theorie läßt sich sowohl von der methodologischen als auch von der theoretisch-konzeptionellen Seite betrachten. Der methodologischen Grundkonzeption des analytischen Realismus liegt die Unterscheidung zwischen empirischen and analytischen Systemen zugrunde. Theoretisch läßt sich an die Frage nach der impliziten Handlungs- und Sozialtheorie anknüpfen. Dem oben skizzierten Ordnungsproblem kommt dabei eine wichtige heuristische Funktion bei der Abgrenzung beider Disziplinen zu. Wenn die utilitaristische Interpretation des Handlungsschemas dem Problem der Ordnung weder in der "politischen" Version bei HOBBES oder LOCKE noch in der "ökonomischen" Austauschversion bei SMITH und RICARDO gerecht werden kann, dann stellt sich damit zugleich die Frage nach dem genuinen Beitrag der Soziologie.

1.2.1 Das antireduktionistische Programm

Mit der Kritik der ökonomischen Heterodoxie hat PARSONS die zentralen methodologischen Voraussetzungen an die soziologische Theoriebildung formuliert: Erstens, Soziologie und Ökonomie können ihren Gegenstandsbereich nicht als diskrete Klasse von empirisch gegebenen Variablen oder Variablenzusammenhängen begreifen. Zweitens, soziologische wie ökonomische Theoriebildung i.e.S. kann sich nicht in der Konstruktion von Hypothesenmodellen erschöpfen, die sich nur durch die Auswahl und die Zahl der relevanten Kausalfaktoren unterscheiden. Es gibt keine "soziologischen" oder "ökonomischen" Variablen, die sich dem Beobachter aufdrängen oder sich aus tieferer Einsicht in die Eigenart ihres "realen" Wesens erschließen.

Es ist daher auch verfehlt, ökonomischen Theorien vorzuwerfen, nur ökonomische Faktoren zu berücksichtigen. So läßt sich bspw. SMITHS Theorie der moralischen Gefühle nicht einfach von seiner Untersuchung über den "Wohlstand der Nationen" abkoppeln.[46] Auch bei RICARDO spielen soziologische Faktoren wie z.B. "Gewohnheiten und Gebräuche" bei der Gestaltung wirtschaftlicher Aktivitäten eine Rolle. Das Problem besteht nicht darin, solche oder ähnliche Einflußgrößen empirisch zu konstatieren, sondern sie konsistent in einen analytischen Bezugsrahmen zu integrieren.

Soweit ein solches System eine zwar begrenzte, aber in sich geschlossene und konsistente Realitätsperspektive entwickelt, läßt sich von einem unabhängigen Theoriesystem sprechen. Als Kriterium der Unabhängigkeit bezeichnet PARSONS die Nichtübersetzbarkeit der theoretischen Kategorien in ein anderes theoretisches System.[47] Theorie wird hier als ein Sprachsystem aufgefaßt, welches keine empirischen Beschreibungen oder Verallgemeinerungen enthält, sondern eine bestimmte Sicht auf mögliche Tatsachen erlaubt. Sie deckt mögliche Implikationen der empirisch-analytischen Kategorien auf und lenkt den Blick auf Zusammenhänge, die der empirischen Beobachtung zunächst verdeckt blieben. Die Gültigkeit der Theoriekonstruktion hängt nicht direkt davon ab, ob sie zu empirisch bestätigten Verallgemeinerungen oder "richtigen" Prognosen führt, sondern ob sie zu einem möglichst konsistenten und kohärenten kognitiven Ordnungsraster gelangt. Der instrumentelle Wert einer "reinen" Theorie besteht darin, die empirische Beobachtung auf bestimmte erklärungsbedürftige, signifikante Aspekte der Realität zu lenken und die Relation zwischen Objekten in dem theoretischen Bezugsrahmen zu <u>verstehen</u>.[48] Verstehen bedeutet hier nicht psychologische Introspektion oder Beschreibung einer kulturellen Lebenswelt aus der Binnenperspektive der Akteure, sondern Konstruktion eines theoretischen Sinnzusammenhangs.[49] Soziologische Theoriebildung i.d.S. arbeitet notwendig mit ahistorischen, analytischen Kategorien. Der Soziologie kommt insoweit ein ähnlicher methodologischer Status wie der Ökonomie als einer analytischen Disziplin zu.

Wenn aber der Unabhängigkeitsanspruch nicht auf einer empirischen Gegenstandsabgrenzung begründet wird, stellt sich die Frage, wodurch sich die Eigenständigkeit und Begrenztheit der analytischen Sichtweise auszeichnen läßt. Wenn die verschiedenen Realitätsperspektiven mehr als nur verschiedene Blickwinkel sein sollen, von denen aus die "soziale Realität" interpretiert wird, dann muß sich ihre Beziehung zueinander in einem gemeinsamen Bezugssystem definieren lassen. Dies impliziert freilich, daß die Nichtreduzierbarkeit der theoretischen Systeme keine vollständige, sondern nur eine relative Autonomie im Hinblick auf einen übergeordneten analytischen Rahmen beinhalten kann. PARSONS steht damit vor einem doppelten Problem: Er muß nicht nur die spezifische Blickrichtung der Soziologie in einem solchen Rahmen definieren, sondern damit zugleich auch eine Abgrenzung zur spezifisch ökonomischen Problemstellung vornehmen.

1.2.2 Soziologie als Theorie der Wertintegration

Gemeinsamer Bezugspunkt von Ökonomie und Soziologie ist nach PARSONS die Analyse von Handlungssystemen, die er gegenüber "Natur" einerseits und "Kultur" andererseits abgrenzt.[50] Der allgemeine Bezugsrahmen zur Erfassung von Strukturen und Prozessen des Handelns läßt sich durch das intentionale Schema mit den Kategorien Ziel, Mittel, Selektionsstandards und Bedingungen beschreiben.[51] Das sogenannte Ordnungsproblem war nicht nur eine Art theoretischer Test, mit der die Begrenztheit einer utilitaristischen Sozialtheorie demonstriert werden sollte, es umschreibt zugleich das paradigmatische Leitproblem der soziologischen Theoriebildung. Der spezifisch soziologische Beitrag zur Ordnungsproblematik liegt in der Analyse von Strukturen und Prozessen der Wertintegration.[52] Der Begriff der Wertintegration bringt eine generalisierte Form der sozialen Organisation von Handlungssystemen zum Ausdruck, durch die die Interdependenzen von individuellen und kollektiven Interessen selbst geordnet werden. PARSONS entwickelt hier die Idee unterschiedlicher Emergenzstufen von Handlungssystemen. In diesem Zusammenhang wird die Unterscheidung von Zweck-Mittel-Relationen in einen technologischen, ökonomischen und politischen Aspekt relevant. Hierbei wird das implizite Handlungsszenario komplexer, d.h. es mußten mehrere Akteure, mehrere Ziel- und Mittel-Verknüpfungen eingeführt werden.

Das Emergenzargument ist freilich sehr zweischneidig. Emergenz hat für PARSONS keine ontologische, sondern eine strikt empirische Bedeutung, die sich durch das Modell der unabhängigen Varianzerzeugung beschreiben läßt.[53] Danach wäre ökonomische Rationalität eine emergente Eigenschaft, weil hierbei auf die Relation zwischen knappen Mitteln und einer Vielzahl verschiedener Ziele verwiesen wird.[54] Dies hat aber mit einer Emergenz im empirischen Sinn nichts zu tun, sondern ist eine Konsequenz aus der Explikation des Begriffs selbst. PARSONS hat noch kein generelles Konzept, um das Problem unterschiedlicher Ebenen der Integration zu erfassen. Diese Lücke wird später mit dem Konzept der kybernetischen Kontrollhierarchie gefüllt werden.[55] Freilich lassen sich empirische Hintergrundannahmen ausmachen, durch die die Notwendigkeit einer normativen Integration veranschaulicht wird. Zum einen bedarf die Tatsache der potentiellen Gewaltausübung einer relativ dauerhaften Regulierung der Machtbeziehungen; zum anderen muß theoretisch der Tatsache Rechnung getragen werden, daß die Interdependenz der Ziele zwischen einer Mehrzahl der Akteure nicht einfach zufällig ist, sondern eine normative Geordnetheit aufweist.[56] Im ersten Fall wird das normative Element **negativ** durch das Argument eingeführt, daß die Ausübung von Macht selbst bestimmten Regeln unterworfen sein muß, die alle anerkennen. Im zweiten Fall wird **positiv** von der Feststellung ausgegangen, daß normative Strukturmuster existieren, durch die Ziele eine bestimmte Bedeutung und Gewichtung erfahren. Wertintegration als analytisches Konzept sagt noch nichts über die mögliche "kausale" Bedeutung von normativen Strukturen in konkreten Sozialsystemen aus. Ebensowenig läßt sich das "normative Element" mit der empirischen Annahme eines herrschenden Konsens' oder strikter Normkonformität gleichsetzen.

Es läßt sich jedoch eine Verschiebung der Argumentation bei der Einführung der normativen Elemente im allgemeinen Handlungsschema erkennen: In den "Frühschriften" werden die "Wertelemente" aus einer Erweiterung und Differenzierung der Zielkomponente des "intrinsischen Ziel-Mittel-Schemas" begründet.[57] Im Handlungsschema mit den Komponenten Ziel, Mittel, Norm und Situation ist das normative Element definitorisch Bestandteil des Schemas und nicht aus der Zielkomponente "abgeleitet". Unklar ist daher, wie nun "letzte Werte" in Relation zu den "normativen Elementen" stehen. "Letzte Werte" konstituieren einen kulturellen Bedeutungszusammenhang für die Akteure, während Normen als Selektionsstandards für die Auswahl von Zielen in einer gegebenen Situation fungieren. Sie konstituieren einen sozialen Beziehungszusammenhang, in dem Prioritäten zwischen individuellen und kollektiven Zielen normativ verankert sind. Diesem Unterschied trägt PARSONS konzeptionell noch nicht genügend Rechnung.

1.2.3 Der ökonomische und der soziologische Tatbestand

Sieht man von dieser ungenügenden Differenzierung zwischen dem Wert und dem Normelement ab, dann läßt sich doch eine Modifikation gegenüber der soziologischen Sichtweise bei DURKHEIM feststellen. Der soziologische Tatbestand bei DURKHEIM fokussiert die Analyse in der Terminologie der Handlungstheorie auf den Normkomplex. Normative Strukturen werden vor allem dadurch handlungswirksam, daß sie den Akteuren als eine von "außen" auferlegte Verpflichtung erscheinen. PARSONS versucht hier einem Soziologismusvorwurf zu entgehen, indem er den Blick auf die Frage lenkt, wie und wodurch normative Elemente sowohl in eine Sozialstruktur als auch in die Struktur der Persönlichkeit integriert werden. Damit wird der Strukturbegriff nicht ausschließlich normativ definiert und normative Steuerung nicht nur als äußere Einwirkung auf das Handeln gedeutet. Die soziologische Sichtweise ist also nicht auf das "normative Element" an sich fixiert, sondern auf eine bestimmte (sprich: integrative) Relation von normativen und nichtnormativen Elementen.

In ähnlicher Weise geht PARSONS auch bei der Bestimmung der ökonomischen Problemstellung vor. Er stützt sich dabei auf die klassische Definition von ROBBINS[58] und auf PARETOS Handlungsschema. Hieraus ergibt sich eine doppelte Begrenzung des ökonomischen Gegenstandsbereichs: Ökonomisches Handeln gehört - in PARETOS Terminologie - zur Klasse der logischen Handlungen. Logische Handlungen zeichnen sich nach PARETO dadurch aus, daß eine Handlung sowohl aus der Sicht eines objektiven Beobachters als auch aus der subjektiven Sicht des Akteurs "logisch" mit einem unmittelbaren Zweck verknüpft bzw. rekonstruiert werden kann. Die Zielkomponente wird hier in bezug auf prinzipiell beliebige Ziele der individuellen Akteure beschränkt. Eine Beschränkung der Zielkomponente erfolgt dadurch, daß nur Ziel-Mittel-Relationen betrachtet werden, die "realistisch" sind, d.h. solche, die in eine Wechselbeziehung von Ursache und Effekt gebracht werden können.[59] Diese "intrinsische" Ziel-Mittel-Beziehung wird weiter auf die Allokation (im Unterschied zur technologischen oder politischen Ziel-Mittel-Beziehung) von knappen Mitteln auf alternative Ziele bezogen. Die ökonomische Sichtweise zeichnet sich also dadurch aus, daß sie die Handlungsziele als prinzipiell wählbar auffaßt und im Hinblick auf den instrumentellen Wert für den individuellen Akteur betrachtet.

Das soziologische Handlungskonzept macht die Grenzen dieser Sichtweise an zwei Punkten deutlich: Die Wählbarkeit der Ziele und Mittel wird erstens nicht nur durch "natürliche" oder technologische Bedingungen begrenzt, sondern auch durch ihren kulturell definierten Eigenwert und die soziale Akzeptanz der Ziele und Mittel. Zweitens lassen sich die Interdependenzen zwischen den Zielen einer Mehrzahl von Akteuren auf die Struktur der Ziele selbst und die kollektive Organisation der Ziele und Akteure beziehen. Kollektive Ziele drücken eine normativ geordnete Interdependenz individueller Ziele aus und sind nicht einfach eine zufällige Ansammlung von individuellen Wünschen. PARSONS knüpft an PARETOS Unterscheidung zwischen dem Nutzen eines Kollektivs und dem Nutzen für ein Kollektiv an.[60] Sofern sich eine Änderung der Handlungsbedingungen für eine Mehrzahl von Akteuren in gleicher Weise auf die subjektive Zielerreichung auswirkt, läßt sich die ökonomische Analyse ohne Schwierigkeiten anwenden. Sobald dies jedoch nicht der Fall ist und die vergleichende Bewertung der individuellen Ziele nach ihrer sozialen Vordringlichkeit oder der gerechten Verteilung von Nutzen und Kosten erfolgt, muß auf nichtökonomische Überlegungen zurückgegriffen werden.[61]

1.3 Zusammenfassung: Das Problem der Abgrenzung

Die Abgrenzung zwischen Ökonomie und Soziologie macht zweierlei deutlich: PARSONS akzeptiert weitgehend die Selbstbeschreibungen der ökonomischen Theorie. Die "reine" Ökonomik soll, so wie sie ist, in den Handlungsbezugsrahmen eingepaßt werden. Die soziologische Theorie kann eine analoge Abgrenzung erfahren, wenn man nur das Potential des erweiterten und differenzierten Ziel-Mittel-Schemas nutzt. Diese unterschiedlichen theoretischen Standorte haben ihren Schnittbereich dort, wo normative Selektionsstandards und die kollektive Interdependenz von Zielen die Bedingungen und/oder die Zielsetzungen der individuellen Akteure tangieren. Das Verständnis von Soziologie als Analyse von normativen Integrationsprozessen ist vorerst Programm, das auf seine konzeptionelle Einlösung wartet. In gewissem Sinn bleibt PARSONS in dem Dualismus von PARETOS Handlungsschema gefangen: Kulturelle und normative Elemente sind analytisch differenzierbare Bestandteile der "nichtlogischen Handlungen". Diese hören damit auf, lediglich eine Residualkategorie der "logischen" Handlungen zu sein. Innerhalb dieses Bezugsrahmens kommt PARSONS jedoch theoretisch nicht über ein bloßes Nebeneinander von normativen und zweckrationalen Elementen hinaus. Das ökonomische Handlungsmodell an sich bleibt unproblematisiert. Von dem integrativen Blickwinkel der soziologischen Theorie kann nämlich der zentrale Selektionsstandard "ökonomische Rationalität" nicht lediglich als ein entscheidungslogisches Prinzip betrachtet werden, das von "außen", d.h. von dem wissenschaftlichen Beobachter, angelegt wird. Ökonomische Rationalität kann im Handlungsschema PARSONS' nur in der Logik seiner kulturellen und normativen Bedeutung rekonstruiert werden. Dieser Ansatz aber unterläuft PARETOS Unterscheidung bzw. den entscheidungslogischen Handlungsansatz der Neoklassik. Daß PARSONS die Implikationen seines Ansatzes nicht konsequent weiterverfolgt, hat sicherlich mit dem Respekt vor der Geschlossenheit der ökonomischen Theorie zu tun. Dies spiegelt zugleich die konzeptionelle Unsicherheit im Hinblick auf die Unterscheidung zwischen kulturellen Objektorientierungen ("Werte") und normativen Handlungsorientierungen wider.

Ökonomische Rationalität i.S. der Orientierung an kognitiven Standards eines wissenschaftlichen Beobachters ist von der sozial normativen Bedeutung des Begriffs zu unterscheiden. Innerhalb von sozialen Interaktionszusammenhängen kann ökonomische Rationalität nicht bedeuten, daß der Akteur sein Handeln wie ein wissenschaftlicher Beobachter betrachten kann. Ökonomisch rationale Entscheidungen fallen stets unter der Bedingung der Knappheit von Zeit, Mitteln und Information. Demgegenüber ist die Orientierung des wissenschaftlichen Beobachters darauf angelegt, durch immer neue Informationen die logische Konsistenz oder die empirische Validität der zunächst als wahr angenommenen Handlungsbeschreibung zu überprüfen. Wissenschaftliche Objektivitätsstandards liefern nicht notwendig eindeutige und selbstevidente Kriterien für die Beurteilung eines konkreten Entscheidungsproblems. Soweit sie eindeutige Kriterien liefern, folgt daraus nicht notwendig eine allgemeine Akzeptanz über die Nützlichkeit ihrer Anwendung. Sie erzeugen, wie z.B. MOSCOVICI gezeigt hat, einen hohen

Konformitätsdruck, der u.U. polarisierend wirken kann.[62] Vom rational handelnden Akteur aus gesehen, muß sowohl die Informationssuche selbst als auch die Ermittlung des Konsenses über das, was als "wahr" gilt, begrenzt werden, um entscheidungsfähig zu bleiben.[63]

Auch die kritische Abgrenzung zum ökonomischen Theorieprogramm gerät mehr zum Versuch, durch die Ökonomie zu einer präziseren theoretischen Standortbestimmung für die Soziologie zu gelangen. Dies zeigt sich zum einen an dem positiven Nachweis der impliziten soziologischen Annahmen im ökonomischen Denken und zum anderen in der Kritik des ökonomischen Revisionismus. Zwar bleibt die Kritik von dem Motiv getragen, den Allgemeinheitsanspruch der orthodoxen Ökonomie abzuwehren, doch bleibt die Auseinandersetzung eigentümlich ambivalent. Einerseits entwikkelt PARSONS ein antireduktionistisches Programm, welches Ökonomie und Soziologie einen analogen methodologischen Status zuweist. Andererseits verortet er die Soziologie auf einer höheren "Emergenzstufe" des Handelns. Damit wird die Soziologie nicht nur zu einem theoretischen System, welches andere (sprich: wertintegrative) Komponenten analysiert, sondern welches notwendig eine größere analytische Reichweite besitzt. Hier ließe sich ein Soziologisierungsprogramm anschließen, eine Vorstellung, die PARSONS auf methodologischer Ebene ablehnt.

Methodologisch betont PARSONS den Eigenwert abstrakter analytischer Theoriekonstruktion gegenüber einer empirisch bezogenen Einheitenanalyse, die mit Klassifikationen, historischen Idealtypen und empirischen Verallgemeinerungen arbeitet. Soziologische und ökonomische Theorie sind Systeme, die aus analytischen, nicht aufeinander reduzierbaren Kategorien und "Gesetzen" bestehen. Diese Gemeinsamkeit ist jedoch nicht gleichzusetzen mit der Anwendung von bestimmten theorietechnischen Instrumentarien.

Die Unabhängigkeit von Soziologie und Ökonomie läßt sich theoretisch durch die unterschiedliche Realitätsperspektive innerhalb eines gemeinsamen handlungstheoretischen Bezugsrahmens bestimmen. Dieser handlungstheoretische Bezugsrahmen knüpft zwar an das formal-logische Modell der rationalen Wahlhandlung an, behandelt es jedoch als eine "spezifische" Interpretation der Komponenten des allgemeinen Handlungsschemas. Hieraus ergibt sich notwendig, daß die theoretische Autonomie von Ökonomie und Soziologie nur relativ in Bezug auf diesen Bezugsrahmen sein kann.

Damit grenzt sich PARSONS gegenüber zwei Argumentationsstrategien ab, durch die eine autonome Ökonomie oft begründet wird: So vertritt z.B. BECKER die These, daß das ökonomische Handlungsschema bereits ausreichend sei, um ein theoretisches Verständnis aller menschlichen Handlungen zu entwickeln.[64] Ein anderes Argument lautet, daß dem ökonomischen Handlungsmodell eine Gültigkeit a priori zukomme und daher nicht durch Erfahrung scheitern könne.[65] Das erste Argument verstrickt sich in das o.g. utilitaristische Dilemma. Im zweiten Fall ist zwar zu konzedieren, daß analytische und empirische Systeme nicht unmittelbar aufeinander bezogen werden können; daraus folgt jedoch nicht, daß eine empirische Überprüfung von theoretischen Aussagen überflüssig oder unmöglich ist. Vielmehr kann die Beschreibung eines empirischen Objektes als eine bestimmte Ausprägung von analytisch definierten Merkmalen aufgefaßt werden. Die dazu notwendigen theoretischen Spezifikationen der generellen Variablen werden damit der empirischen Kontrolle zumindest indirekt zugänglich.

Aus dieser Sicht wird auch die Gegenüberstellung zwischen einem formalen und einem substantiellen Ökonomiebegriff sinnlos, eine Gegenüberstellung, die die Theoriediskussion in der ökonomischen Anthropologie lange beherrscht hat.[66] Die substantielle Ökonomieauffassung geht von einer empirisch allgemeinen Beschreibung des sachlichen Zusammenhangs jedweden Wirtschaftens als Prozeß der Daseinsvorsorge und der materiellen Bedürfnisbefriedigung aus.[67] Der entscheidende Nachteil dieses Vorgehens liegt in der Reduktion von Theorie auf empirische Verallgemeinerungen. Konzeptionell gesehen, könnte man von einem "institutionalistischen Dilemma" sprechen: Bezieht man den Ökonomiebegriff auf die Versorgung mit materiellen Dingen, dann wird der empirische Bereich unangemessen eingeschränkt, weil Dienste, Information oder andere "smybolische Güter" wie Kunstwerke, religiöse Güter etc. ausgeschlossen werden. Bezieht man alle möglichen Güter ein, die unmittelbar oder mittelbar die **Funktion** von Bedürfnisbefriedigung erfüllen, dann muß die ökonomische Theorie an den eigenen enzyklopädischen Ansprüchen scheitern. Es ist erstaunlich, wie wenig PARSONS' differenzierte Grundposition, die bereits seit 1937 vorlag, in der neueren Debatte zwischen Substantivisten und Formalisten zur Kenntnis genommen wurde.

2. Die strukturfunktionale Perspektive

2.1 Soziologie als Rahmen der ökonomischen Analyse

Die erste Formulierung eines methodologischen und theoretischen Programms macht das Bemühen um eine eigene Standortbestimmung durch wechselseitige Abgrenzung deutlich: Die Abgrenzung gegenüber einer inadäquaten Ökonomiekritik sollte zugleich die Voraussetzung einer Theoriekritik klären, die den Eigenwert theoretischer Abstraktion nicht leugnet, sondern ihre Konstruktionsentscheidungen explizit macht. Die Bestimmung eines genuinen soziologischen Standortes bleibt eng verknüpft mit der Abgrenzung des ökonomischen Tatbestandes. Die Betonung der normativen Elemente im Handlungsschema erscheint als positive Füllung der Residualkategorien, die das ökonomische System zur soziologischen Interpretation "freigibt". Die weitere Ausarbeitung des voluntaristischen Theorieprogramms bezieht sich sowohl auf die konzeptionelle Umsetzung des paradigmatischen Konzepts der 'Wertintegration' als auch auf die Relation von Soziologie und Ökonomie als theoretische Systeme. Auch hier ist von einer Reziprozität des theoretischen Diskurses auszugehen: Die theoretische Spezifikation des ursprünglichen Programms stellt die Theoriekonstruktion vor neue Fragen, die u.U. zu neuen konzeptionellen Entscheidungen führen. Ebenso stellt sich das Problem der Abgrenzung des ökonomischen Tatbestandes im Lichte der erreichten Kodifikation des soziologischen Theorieprogramms neu.

2.1.1 Die handlungstheoretische Triade

In "The Social System" entwickelt PARSONS eine systemische Sicht des Handelns. Handeln wird von drei Bezugssystemen aus gesehen, die jeweils als unabhängige, nicht aufeinander reduzierbare Modi der Organisation von Handlungselementen betrachtet werden: Systeme kultureller Symbole, Systeme sozialer Interaktion und Systeme von Bedürfnisdispositionen. Von diesen Systembezügen ausgehend, läßt sich soziales Handeln als Akteur-/Situationsbeziehung schematisieren.[1] Zur analytischen Trennung zwischen Kultur-, Sozial- und Persönlichkeitssystem wird analog eine Unterscheidung zwischen Geisteswissenschaften, Sozialwissenschaften und Psychologie eingeführt.[2]
Die Handlungsrelevanz kultureller Systeme ergibt sich aus der intersubjektiven Geltung der Symbole als Bezugspunkt für die Orientierung in und die Definition von Handlungssituationen. Die gemeinsam geteilte Bedeutung kultureller Symbole kann

jedoch nur dann soziale Geltung erlangen, wenn ihre Erzeugung, Tradierung und Verwendung in sozialen Institutionen geregelt und die Befähigung bzw. Bereitschaft zu ihrem Gebrauch durch Sozialisationsprozesse vermittelt wird.[3] Zentrales Organisationsprinzip der Integration kultureller Elemente ist die Konsistenz der kulturellen Muster, wobei hiermit nicht nur logische Konsistenz, sondern auch die Einheit eines Stilzusammenhangs gemeint ist.[4]

PARSONS knüpft an sein antireduktionistisches Programm von 1937 an, modifiziert aber zugleich die theoretische Begründung: Das Emergenzargument wird durch den Hinweis auf unterschiedliche Organisationsmodi ersetzt, und an die Stelle nicht weiter zerlegbarer Elemente des Handelns tritt die Vorstellung unabhängiger aber interdependenter Strukturierungsprinzipien der Ordnung von Handlungselementen. Im Brennpunkt der Analyse stehen nunmehr die Interdependenzen zwischen kulturellen Mustern, sozialen Interaktionsstrukturen und den Strukturen motivationaler Dispositionen der Akteure.[5] Eine sinnvolle Analyse dieser Interdependenzen ist jedoch nur möglich, wenn die Struktur der Beziehungen innerhalb und zwischen den analytisch definierten Elementen auf einen umfassenden Ordnungszusammenhang bezogen wird. Die strukturelle Analyse bedarf daher der Ergänzung durch eine funktionale Betrachtungsweise, durch die die unterschiedlichen Konsequenzen von Handlungsprozessen für die Stabilität oder den Wandel, die Integration oder die Desorganisation eines Referenzsystems erfaßt werden können.[6]

2.1.2 Soziologie als Theorie der institutionellen Integration

Vor diesem Hintergrund lassen sich die Anforderungen an die konzeptionelle Umsetzung des Programms der "Wertintegration" präzisieren: Erstens, Werte und Normen durchlaufen einen Spezifikationsprozeß, durch den Objekte eine bestimmte Bedeutung und Signifikanz für die Akteure erhalten. Zweitens werden Werte und Normen zu Bestandteilen der sozialen Struktur, indem sie Bezugspunkte für die soziale Definition von konformem und abweichendem Verhalten abgeben und dadurch die institutionelle Struktur von Belohnungs- und Kontrollsystemen prägen. Ein durch Sanktionen gestütztes Regelsystem stellt für den einzelnen Akteur ein 'Datum' dar, an dem er sich orientieren, dessen Geltung er jedoch nicht durch sein Handeln außer Kraft setzen kann. Das Entstehen einer solchen, relativ dauerhaften Norm- und Sanktionsstruktur läßt sich durchaus als Resultat der Interaktionsgeschichte und der Verkettung von individuellem und kollektivem Handeln fassen.[7] Drittens bezieht sich der normative Strukturaspekt des Handelns nicht auf die Totalität der individuellen Persönlichkeit, sondern auf die Aspekte der Übernahme, Interpretation und Gestaltung von Rollen, die eine Person als Mitglied von sozialen Kollektiven innehat.

Das Ordnungsproblem läßt sich aus integrationstheoretischer Sicht unter zwei Aspekten beleuchten: Das Motivationsproblem sozialer Ordnung besteht darin, die Übernahme und Ausübung sozialer Rollen mit den Bedürfnisdispositionen und Interessen der Akteure in Einklang zu bringen. Der Erwerb von Handlungskompetenzen, durch die eine individuelle Gestaltung von Rollen möglich wird, schließt Prozesse der Internalisierung kognitiver und normativer Standards ein. Das institutionelle Problem sozialer Ordnung besteht darin, die Komplementarität zwischen normativen Erwartungen innerhalb und zwischen verschiedenen Rollen, Kollektiven und kulturell definierten Handlungsfeldern sicherzustellen. Hier geht es primär um die Integration gemeinsam geteilter Werte in die Struktur sozialer Beziehungen und sozialer Interaktionen selbst. PARSONS unterscheidet drei grundlegende Typen: Relationale Institutionen definieren das grundlegende soziale Beziehungsmuster in sozialen Interaktionen in Form von reziproken Rollen- und Statuserwartungen. Regulative Institutionen beziehen sich auf das Problem der Koordination kollektiven Handelns, indem sie Bereiche legitimer individueller und kollektiver Interessensverfolgung definieren. Kulturelle Institutionen beziehen sich auf die sozial akzeptierte und durch Sanktionen gesicherte Geltung von kognitiven, moralischen und expressiven Symbolen und Standards.[8]

Was die Besonderheit des Verhältnisses von Ökonomie und Soziologie angeht, so besteht ihre Gemeinsamkeit darin, daß beide Disziplinen auf die Analyse sozialer Systeme angelegt sind; sie tun dies jedoch aus einem jeweils anderen Blickwinkel und mit einem unterschiedlichen Erkenntnisinteresse. Schwerpunkt der ökonomischen Analyse sind Gleichgewichtsprozesse zwischen tauschorientierten Handlungen, die primär durch die Sicherstellung von Gratifikationen motiviert sind. Als Prozeßtheorie untersucht sie den Ablauf und die Verkettung rationaler Entscheidungen, soweit sich diese in Preis- und Mengenrelationen niederschlagen. Die funktionale Signifikanz ökonomischer Prozesse besteht in der Allokation von sozialen Ressourcen auf individuelle oder kollektive Ziele. Als Strukturtheorie erfaßt sie bestimmte Muster von sozialen Interaktionsbeziehungen, soweit diese ein freies Aushandeln der Tauschbedingungen innerhalb eines Rahmens von regulativen Institutionen erlauben.[9] Ökonomie ist damit jedoch nicht nur eine andere Sicht der gleichen Tatbestände, sondern erlaubt nur partielle Einsichten, die der Komplettierung durch die institutionelle Sicht der Soziologie bedürfen. Die Gültigkeit ökonomischer Analysen hängt stets davon ab, ob und inwieweit der institutionelle Rahmen für ökonomische Prozesse mitgedacht werden kann. Dieses komplementäre Verhältnis von Soziologie und Ökonomie bildet auch den Hintergrund für die Unterscheidung von Allokation und Integration als kategoriale Bezugspunkte für die Analyse von Prozessen der strukturellen Differenzierung.

2.1.3 Allokation und Integration als strukturtheoretische Komplemente

PARSONS benutzt den "ökonomischen" Begriff der Allokation in einer allgemeineren Bedeutung. Allokation bezieht sich nicht nur auf die Zuweisung von ökonomischen Nutzleistungen auf bestimmte Verwendungen, sondern generell auf die Zuweisung sozialer Rollen und die Verteilung von Besitz bzw. Eigentumsrechten an transferierbaren physischen, sozialen und kulturellen Objekten.[10] Jede Allokation macht stets eine Selektion bzw. die Definition entsprechender Selektionsstandards erforderlich. Die Zuweisung von Rollen kann über Askription, durch Ernennung oder durch Wettbewerb erfolgen. In jedem Fall müssen Rechte (z.B. Geburtsrechte, Ernennungsrechte oder Wettbewerbsrechte) institutionalisiert sein, um diese Selektionsmechanismen in Gang zu setzen.

Demgegenüber sind integrative Strukturen oder Prozesse auf die Kohärenz, Kompatibilität oder Koordination von Rollen, Kollektiven und Normen bezogen. Integrative Handlungsinteressen zielen auf eine Konsensbildung bzw. auf die Lösung oder Vermeidung von Konflikten.[11] Integrative Institutionen sind nicht notwendig auf Fragen des guten Geschmacks, angemessener und moralischer Lebensführung beschränkt, sondern steuern instrumentelles Handeln durch die Definition von legitimen Zielen und Mitteln und durch die Abgrenzung von Handlungskontexten, innerhalb derer die "freie" Verfolgung individueller und kollektiver Interessen erlaubt oder geboten ist. Allokation und Integration sind unabhängige und zugleich interdependente Steuerungsmechanismen. So impliziert eine "effiziente Allokation" keineswegs eine automatische Lösung von Integrationsproblemen wie umgekehrt aus dem Niveau sozialer Integration nicht auf eine bestimmte Lösung von Allokationsproblemen geschlossen werden kann. Die wechselseitige Interdependenz ergibt sich daraus, daß allokative Prozesse stets innerhalb eines institutionellen Rahmens erfolgen und integrative Probleme als Folge von Veränderungen im allokativen Bereich auftreten.

Eine Anwendung des Integrations-Allokationschemas findet sich z.B. in der Analyse von Selektions- und Sozialisationsprozessen der Schulklasse im amerikanischen Bildungssystem. Die allokative Funktion der Schule verweist auf selektive Prozesse der Leistungsdifferenzierung, durch die die Weichen für die Übernahme beruflicher Rollen gestellt werden. Schulische Sozialisation bezieht sich komplementär dazu auf den Erwerb von Bereitschaften und Fähigkeiten zur Ausübung von Rollen. Der integrative Aspekt von Sozialisation besteht hier darin, daß z.B. universalistische Leistungsstandards Teil der individuellen Motivationsstruktur werden und damit wiederum Voraussetzungen dafür schaffen, daß normative Strukturen bzw. soziale Allokationsmechanismen legitimationsfähig bleiben.[12]

Man wird einwenden können, daß sich eine allokations- bzw. selektionstheoretische Sicht auch auf den Prozeß der Internalisierung anwenden ließe. So gesehen ist die Abstraktionsebene der beiden Begriffe noch zu niedrig angesetzt. Die Verallgemeinerung des Allokationsbegriffs bringt allerdings die ökonomische Analyse in eine Position, in der sie sich zumindest als allgemeine Prozeßtheorie der rationalen Allokation in prinzipiell beliebigen sozialen Systemen empfiehlt. Einer solchen Ausweitung der theoretischen Reichweite versucht PARSONS dadurch zu entgehen, daß er die ökonomische Analyse auf die Allokation von Nutzwerten oder Preis-Mengen Variablen beschränkt. Die zusätzliche Eingrenzung ist jedoch entweder eine bloße Beschreibung von Forschungskonventionen in der Ökonomie oder aber empirisch begründbar durch eine Beschreibung von strukturellen Entwicklungstrends in bestimmten Gesellschaften. PARSONS setzt vornehmlich auf die zweite Argumentationsstrategie. So setzt die Anwendung quantitativer Analyseinstrumente voraus, daß die Quantifizierbarkeit von Objekten und Tauschrelationen durch die Institutionalisierung eines Wertmessers (sprich: Geld) erst möglich wird. Die hohe Differenziertheit von ökonomischen Austauschstrukturen und die faktische Geltung ökonomischer Rationalitätsstandards macht erst die Entwicklung und empirisch relevante Anwendung eines differenzierten Schemas möglich.[13] Die Kenntnis dieser Bedingungen freilich setzt eine soziologische Theorie der Differenzierung und des Wandels institutioneller Strukturen voraus.

Die Argumentation beruht auf einer Konfundierung zwischen analytischer und empirischer Ebene. Analytisch gesehen genügt es nicht, auf institutionelle Bedingungen ökonomischer Prozesse hinzuweisen. Vielmehr müssen ökonomische Phänomene als soziale Phänomene gedeutet werden können. Die Unterscheidung zwischen Allokation und Integration ist wenig trennscharf, da jede Integration eine bestimmte Allokation impliziert. Prozesse der Institutionalisierung und Internalisierung wären demnach als allokative Prozesse im Hinblick auf das Sozial- bzw. Persönlichkeitssystem zu betrachten. Damit gibt aber PARSONS diese Konzepte als Spezifikationen seines <u>integrationstheoretischen</u> Programms aus der Hand. Die Fixierung der ökonomischen Analyse auf Preis- und Mengenvariablen innerhalb institutionalisierter Märkte ist verständlich, weil PARSONS damit zugleich eine plausible Erklärung für das relativ hohe Kodifikationsniveau in der Ökonomie erhält. Da dieses auf reale Strukturveränderungen in der Gesellschaft zurückgeführt werden kann, läßt sich die theorietechnische Überlegenheit anerkennen und zugleich relativieren. Interessant ist auch ein anderer Punkt: PARSONS rekurriert offensichtlich auf Argumente, durch die die Anwendbarkeit ökonomischer Analyse auf bestimmte (d.h. moderne) Gesellschaften beschränkt wird. Es ist deshalb zu fragen, ob und wie sich auf der Basis der strukturfunktionalen Spezifikation des Theorieprogramms die Prämissen der Ökonomiekritik verändern.

2.2 Die Reformulierung der Ökonomismuskritik

2.2.1 Der verfeinerte Institutionalismus

Tatsächlich bedient sich PARSONS bei dem Versuch, Ökonomie und Soziologie präziser voneinander abzugrenzen, Argumentationsstrategien, die an die Kernpunkte institutionalistischer und historisch orientierter Kritik an der ökonomischen Orthodoxie erinnern. So übernimmt PARSONS z.B. das Argument, daß die Analytik der Ökonomie allenfalls für hochentwickelte Industriegesellschaften mit institutionalisierten Märkten anwendbar sei. Dies schließt die Behauptung ein, daß der ökonomischen Theorie nur geringe Relevanz für die Analyse traditioneller Wirtschaftsweisen zukomme. Die Institutionalisierung eines monetären Maßstabs für die Bewertung von tauschbaren Gütern und Diensten macht, wie schon WEBER hervorhob, eine genaue Kalkulation gegenwärtiger und zukünftiger Chancen möglich und bildet daher einen wichtigen Mechanismus der formalen

Rationalisierung des Handelns.[14] Die entscheidende Frage ist jedoch, was dieser Tatbestand für die Theoriebildung selbst bedeutet. Bei PARSONS klingt hier ein kultureller Relativismus an, den er gerade mit Blick auf die historische Schule zuvor kritisiert hatte. Sein theoretisches Programm bestand ja gerade darin, die ökonomische und die soziologische Theorie als analytische Systeme aufzufassen und damit vor dem Zugriff einer historischen oder kulturellen Relativierung zu schützen. Man könnte in umgekehrter Richtung zurückfragen, ob die Reichweite der Soziologie sich auf Institutionalisierungsphänomene in modernen Gesellschaften beschränkt.[15] PARSONS müßte dies von seinem analytischen Ansatz her ablehnen; die fehlende und unzureichende Institutionalisierung bestimmter Strukturen ist noch kein tragfähiges Argument dafür, daß analytische Konzept der Institutionalisierung aufzugeben.

Ein weiterer Berührungspunkt zur institutionalistischen Auffassung besteht in der Betonung der institutionellen Einbettung ökonomischen Verhaltens. Bereits in einem Aufsatz aus dem Jahre 1940 greift PARSONS die sozialen und psychologischen Implikationen des Konzepts der ökonomischen Motivationen auf.[16] Psychologisch gesehen stellen die klassischen Motive des Gewinnstrebens und der Nutzenmaximierung keine elementaren Dispositionen dar, sondern umschreiben ein komplexes Orientierungsmuster, welches auf eine sozial definierte Situation des Handelns bezogen ist. Ökonomischen Handlungsorientierungen können daher eine Vielzahl von unterschiedlichen Motiven zugrundeliegen.[17] Der soziale Aspekt besteht demnach in der Strukturierung der Situation und der Orientierung der Akteure. Die institutionelle Bedingtheit ökonomischen Handelns liegt nicht nur in einer "äußeren" Rahmung ökonomischen Verhaltens, sondern auch in der Konstituierung der normativen Erwartungen, die die Akteure an sich selbst und an andere stellen. Die Verbindung zwischen soziologischer und psychologischer Analyse wird durch die Annahme gestützt, daß eine wesentliche Komponente des sogenannten "Eigeninteresses" in dem Bestreben nach sozialer Anerkennung und sozialer Einbindung besteht.[18]

PARSONS' Institutionalismus knüpft hier an wesentliche Elemente revisionistischer Ökonomiekonzeptionen an. Wirtschaftliches Handeln wird nicht aus einer immanenten Logik von Entscheidungen abgeleitet, sondern innerhalb einer kulturellen und sozialen Matrix von Bedeutungen, Werten und Institutionen verortet. Ökonomischer Austausch und die Verteilung von Nutzleistungen stellen unterschiedliche Integrationsmuster dar, die sich aus bestimmten sozialkulturellen, regulativen und relationalen Institutionen entwickelt haben und selbst wiederum zur Herausbildung bestimmter Strukturtypen beitragen.[19] Die institutionelle Sichtweise betont vor allem den Aspekt der individuellen und kollektiven Organisation von wirtschaftlichem Handeln.[20] Hier ist z.B. an SOMBARTS Konzept des Wirtschaftssystems zu erinnern, das eine kulturell definierte Einheit aus Wirtschaftsgesinnung, Wirtschaftsordnung und Technik bildet. Gerade SOMBARTS Versuch, die Form bzw. Ordnung des Wirtschaftens durch generelle Kategorien bzw. Gegensatzpaare zu charakterisieren[21] entspricht im Grunde dem Anliegen PARSONS', zu einer systematischen Klassifikation von Formen und Typen von Handlungsorientierungen, kulturellen Mustern und sozialen Institutionen zu gelangen.[22]

Auch die kategorische Ablehnung entwicklungstheoretischer Konzeptionen, wie sie gerade im idealistischen und auch im materialistischen Denken entwickelt wurden, schwächt sich ab. PARSONS lehnt zwar nach wie vor die Vorstellung ab, daß empirische Entwicklungsprozesse auf ein generelles Schema reduziert werden können, doch bezieht sich die Kritik vornehmlich auf die empirische Validität solcher Schemata und den Versuch, solche Schemata bereits für eine allgemeine Theorie auszugeben. Eine generelle Theorie sei, so lautet PARSONS' Argument, beim gegenwärtigen Stand des Wissens über Prozeßgesetze in sozialen Systemen noch (!) nicht formulierbar.[23] Die strukturfunktionale Analyse liefert nur die strukturellen Bezugspunkte für die Analyse von Wandlungsprozessen. PARSONS beschränkt damit seine Analyse auf die Rekonstruktion von kulturellen Konfigurationen und sozialen Konstellationen, durch die interne Wandlungsprozesse in sozialen Systemen eine gewisse Gerichtetheit erhalten.

Diese Annäherungen an institutionalistische Positionen implizieren jedoch keine Abkehr vom antireduktionistischen und voluntaristischen Programm. Durch die Unterscheidung unterschiedlicher Systembezüge, die als unabhängige aber interdependente Formen der Handlungsorganisation definiert sind, vermeidet PARSONS, daß das institutionelle Element als Epiphänomen psychischer Dispositionen oder kultureller Codes aufgefaßt wird. Die systemische Betrachtung ist darauf angelegt, die Interdependenzen sozialer Strukturen auf grundlegende Gleichgewichtsprozesse innerhalb von sozialen Systemen zu beziehen.[24] Institutionen sind jedoch nicht nur "Daten" oder gegebene "Tatsachen", die unabhängig vom Willen und Bemühen der Akteure existieren, sondern eine Art strukturell verallgemeinertes Resultat von multiplen Motivationen und Interessen.[25] Institutionelle Muster sind, so gesehen, sowohl

Teil der Orientierungen der Akteure als auch Teil des Handlungskontextes, in dem soziales Handeln abläuft.[26] Damit ist aber auch zugleich gesagt, daß das institutionelle Element nicht die Totalität der Beziehungen zwischen Akteuren oder auch des Orientierungssystems von Akteuren beschreiben kann. Allerdings macht PARSONS nunmehr den Begriff des Ökonomischen zu einer Residualkategorie, die zwischen multiplen Systembezügen und innerhalb bestimmter Systemstrukturen lokalisiert wird.[27] Inwieweit berührt dieser verfeinerte Institutionalismus wiederum die kritische Rezeption des ökonomischen Handlungs- und Sozialmodells? Als Bezugspunkt der kritischen Analyse kann wiederum das sogenannte Rationalitäts- und Ordnungsproblem dienen.

2.2.2 Ökonomische Rationalität als institutionelles Phänomen

Das Problem des ökonomisch rationalen Handelns läßt sich in einem handlungstheoretischen Rahmen nur rekonstruieren, wenn der spezifische Sinnbezug des Handelns herausgestellt werden kann. Rationales Handeln ist demnach nicht einfach eine Funktion von naturgegebenen Bedürfnissen und den Konsequenzen, die sich aus der Verwirklichung dieser Bedürfnisse ergeben.[28] Die rationale Abwägung von Alternativen impliziert eine objektivierende Distanz zu den eigenen Bedürfnissen. Dies ergibt sich einmal aus der Notwendigkeit, Chancen der Bedürfnisbefriedigung "richtig" zu kalkulieren und zum anderen aus dem Umstand, daß die Mittelbeschaffung für nichtökonomische Ziele erfolgen kann.[29] Die Nützlichkeit von materiellen Objekten unterliegt nicht nur einer subjektiven Bewertung, sondern auch der Beurteilung intersubjektiv geltender Vorstellungen über das, was als erstrebenswert und wünschenswert gilt. Würden solche Interdependenzen zwischen sozialer und individueller Bewertung nicht bestehen, ließen sich z.B. bestimmte Konsumstile und die Differenzierung von Nachfrage innerhalb bestimmter Güterkategorien nur als zufälliges Zusammentreffen ähnlicher Wünsche interpretieren. Solche Interdependenzen können theoretisch durch das o.g. Institutionalisierungs-Internalisierungsschema begriffen werden. Institutionalisierungsprozesse betreffen die Frage, wie und wodurch intersubjektiv geltende Sinnstrukturen und Bewertungsstandards in realistische, konsistente und sozial sanktionierte Erwartungen transformiert und stabilisiert werden, so daß sie als konstante Bezugspunkte der individuellen Handlungsentscheidungen dienen können. Internalisierungsprozesse beleuchten die Frage nach den Bedingungen der individuellen Aneignung von kognitiven und normativen Standards, durch die Akteure in die Lage versetzt werden, kompetent am sozialen Interaktionsgeschehen teilzunehmen.

Ökonomische Rationalität kann als ein Typus des Handelns aufgefaßt werden, der motivationale, rollenbezogene und kulturelle Komponenten in spezifischer Weise miteinander verbindet. Dabei ist in Rechnung zu stellen, daß rationales Handeln verschiedene Systembalancen tangiert: Bezogen auf die Persönlichkeit muß die rationale Verfolgung von Zielen mit affektiven Bedürfnissen integriert werden können. Nur wenn ökonomische Rationalitätsstandards internalisiert werden, kann eine ökonomische Handlungskompetenz entstehen.[30] Bezogen auf das Sozialsystem geht es primär um die Definition der legitimen und gerechtfertigten Grenzen für die Verfolgung von Eigeninteressen. Dies wird durch die Institutionalisierung eines differenzierten Rollensystems geleistet.

Das ökonomische Konzept läßt diese multiplen Bezüge außer acht und kann daher nur ein eindimensionales und subjektivistisches Modell des Handelns entwickeln. Hier läßt sich ein Zusammenhang zu der früheren Kritik an der Annahme der Zufälligkeit bzw. Gegebenheit der Ziele herstellen. Im ökonomischen System ist Handeln stets ein Resultat der Veränderung von Bedingungen und Wahl zwischen prinzipiell beliebigen Zielen. Einziger Selektionsstandard ist das Prinzip der individuellen Maximierung des Nutzens aus der erwarteten oder tatsächlichen Verfolgung dieser Ziele. Dadurch gelingt es, die Nutzentheorie des Wertes im Lichte einer formalen Logik von individuellen Entscheidungen zu rekonstruieren.[31] Aus dieser Sicht stellt auch ein soziales System nichts anderes dar, als ein Netz von Tauschrelationen zwischen Objekten und individuellen Wahlakten.[32] Die Kategorie des Nutzens wird dabei als generelle und theoretisch relevante homogene Bezugsgröße eingeführt, durch die Objekte bzw. Handlungen für den Akteur eine gratifizierende Bedeutung erlangen.

Demgegenüber betont PARSONS die Mehrdimensionalität von Wertorientierungen und Wertstandards.[33] Rationale Nutzenkalkulation impliziert die Anwendung kognitiver Standards zur Beurteilung der Situation und der Orientierung anderer Akteure. Die moralisch-evaluative Dimension von Nutzen enthält Standards der Verantwortlichkeit im Hinblick auf die sozialen Folgen nutzorientierten Handelns. Die expressive Dimension von Nutzen bezieht sich auf den Anspruch des freien Verfügens über Nutzwerte nach Maßgabe der konsumatorischen Bedürfnisse und

Interessen individueller oder kollektiver Akteure. Die freie Verfügung über nützliche Dinge wird damit zu einem Medium der Stilisierung der Lebensführung und der sozialen Selbstdarstellung.

2.2.3 Das Problem der institutionellen Einbettung

Die ordnungstheoretische Frage läßt sich nicht nur auf Gesellschaft als ganzes beziehen, sondern auch auf das Problem der Organisation ökonomischer Interaktionssysteme. Ökonomisch relevante Institutionen wie z.B. Vertrags- oder Eigentumsrechte können als Bündel institutionalisierter Rollenerwartungen aufgefaßt werden.[34] Die institutionelle Betrachtung von Produktion, Tausch, Verteilung beschränkt sich jedoch nicht nur auf die Beschreibung eines Rahmens, sondern muß zugleich deren Bezug zu nichtökonomischen Institutionen aufzeigen. So kommt es zu einer Ausdehnung ökonomischer Tauschbeziehungen erst auf der Grundlage einer größeren Differenzierung von Rollen, einer Zurückdrängung partikularer Loyalitäten zugunsten universalistischer Wertorientierungen und der institutionellen Regelung von Machtbeziehungen.[35]

Die ökonomische Theorie kann die Geordnetheit wirtschaftlichen Handelns entweder nur als Datum behandeln oder aber als eine Art sozioökologisches System interpretieren. Hier besteht zwar eine wechselseitige Interdependenz der Vielzahl von Akteuren, aber die Koordination des Handelns erfolgt frei von kollektiven Solidaritätsbeziehungen. "Spielregeln" des Austauschs existieren nur insoweit, als der individuelle Erfolg bzw. die Vermeidung von Mißerfolg für die Akteure spürbar wird. Das klassische Modell des Zusammentreffens von Angebot und Nachfrage entspricht weitgehend dieser Vorstellung. Anbietergruppen und Nachfragegruppen sind hierbei ad hoc Ansammlungen von Akteuren, die nichts weiter gemeinsam haben, als das Ziel, im Wettbewerb zu bestehen.[36] Ein solches System ist jedoch inhärent instabil, wenn nicht die Bedingungen des freien Austauschs und die Verfügungs- und Eigentumsrechte über die transferierten Objekte definiert sind. Das ökonomische Marktmodell beschreibt einen spezifischen Typus von sozialen Austauschbeziehungen, bei dem der Austausch nicht zu feststehenden Raten erfolgt, sondern innerhalb eines bestimmten Rahmens frei ausgehandelt werden kann. Soweit die Festsetzung der "terms of trade" unabhängig von kollektiven Zugehörigkeiten, politischen Institutionen, ideologischen oder moralischen Loyalitäten erfolgt, läßt sich das technische Instrumentarium der ökonomischen Analyse durchaus anwenden.[37] Die Freiheit des Aushandelns funktioniert jedoch nur innerhalb einer Matrix von sozialen Institutionen, ohne die das System nicht stabilisiert werden kann. Die inhärente Instabilität liegt zum einen in der Eskalation des ökonomischen Wettbewerbs zu einem ungeregelten politischen Machtkonflikt und zum anderen in der Aufhebung des Wettbewerbs durch Monopolisierung von Chancen oder Absprachen.

PARSONS knüpft hiermit an seine frühere Kritik der Austauschlösung des Ordnungsproblems an; die Richtung der Kritik weist jedoch eine bemerkenswerte Akzentverschiebung auf: Es geht nicht mehr nur um die **Abwehr** eines handlungs- oder sozialtheoretischen Allgemeinheitsanspruchs des ökonomischen Programms, sondern um die Grenzen des ökonomischen Theorieprogramms im Hinblick auf die "verstehende" und "erklärende" Analyse wirtschaftlicher Strukturen selbst. Die Vernachlässigung der institutionellen Grundlagen und Resultate wirtschaftlicher Phänomene schlägt sich nieder in einer eindimensionalen und undifferenzierten Kategorienbildung und muß damit letztlich auch die empirische Signifikanz und Reichweite ökonomischer Analysen begrenzen. Die empirische Relevanz ökonomischer Theorie muß aus dieser Sicht eher wie ein "Zufall" anmuten, da diese aus sich heraus keine Vorstellung darüber entwickeln kann, in welchem institutionellen Kontext ökonomische Strukturen und Prozesse stehen.

2.3 Zusammenfassung: Die Komplementarität zwischen Ökonomie und Soziologie

Hier zeigt sich, daß die Kritik PARSONS' weniger auf Abgrenzung als auf eine Komplementarisierung von Ökonomie und Soziologie angelegt ist. Die handlungstheoretische Triade liefert dazu den theoretischen Bezugsrahmen und die Unterscheidung zwischen Allokation und Integration das konzeptionelle Instrumentarium. Aus dieser Sicht kann nun die ökonomische Theorie in einem doppelten Sinn als Spezialfall gelten: Ihre nutzentheoretische Perspektive thematisiert spezifische Rationalisierungsprozesse, die sich aus den sozialkulturellen Grundlagen moderner Gesellschaften rekonstruieren lassen und sie betrachtet Prozesse der Allokation materieller Ressourcen, die mit der Generalisierung bestimmter, d.h. marktlicher Austauschstrukturen und der Quantifizierung von ökonomischen Transaktionen durch Geld und freie Preisbildung einhergehen.

Indem nun die Soziologie diese Entwicklungsprozesse als Wandel der institutionellen Ordnungen im ökonomischen und außerökonomischen Bereich erfassen kann, stellt sie ein Komplement zur ökonomischen Analyse dar. Freilich spiegelt sich in der Verknüpfung von objekttheoretischen Aussagen über gesellschaftliche Entwicklungsmuster und metatheoretischen Aussagen über das Verhältnis zwischen theoretischen Systemen die alte Ambivalenz PARSONS' gegenüber der ökonomischen Theorie wider: Einerseits erhält die Soziologie den Status einer die konkrete ökonomische Analyse ergänzenden Wissenschaft **und** sie formuliert aus ihrer institutionellen Gesamtperspektive die Bedingungen für eine gültige Interpretation ökonomischer Aussagen. Die Konsequenz hieraus wäre eine stärkere Soziologisierung ökonomischer Analysen auf der empirischen Ebene. Andererseits scheut sich PARSONS, allzuweit in den substantiellen Bestand der ökonomischen Theorie einzugreifen. Dies zeigt sich z.B. daran, daß er analytisch die Ökonomie als Prozeßtheorie der rationalen Allokationsentscheidungen anlegt, um sie dann jedoch durch empirische Argumente weiter auf die Analyse von Preis- und Mengenvariablen einzuschränken. PARSONS thematisiert dadurch den Unterschied zwischen einer formallogischen Analyse von Entscheidungen und einer "sozio-logischen" Rekonstruktion von wert- und normorientierten Handlungen und Interaktionen nicht. Im ersten Fall spielt das Element der Bedeutung eine untergeordnete, im zweiten Fall die zentrale Rolle für die theoretische Konstruktion.

Aber auch mit Blick auf die soziologische Theorie kann die komplementäre Sichtweise nicht befriedigen: Nach PARSONS ist die ökonomische Analyse primär auf die spezifische Dynamik von marktanalogen Interaktionen bezogen. Komplementär dazu beschäftigt sich die Soziologie mit den stabilen Strukturelementen sozialer Interaktionssysteme. Die dynamische Analyse wird damit auf die Ebene des institutionellen Wandels beschränkt, eine Festlegung, die die soziologische Theorie praktisch auf die komparative Klassifikation von institutionellen Strukturmustern begrenzt. Eine solche Begrenzung ist jedoch theoretisch nicht haltbar, wenn institutionelle Elemente durch Prozesse der Institutionalisierung und Internalisierung zu einem Bestandteil der sozialen Prozesse und der Handlungsorientierungen werden können und nicht nur als "äußerer" Rahmen gegeben sind. PARSONS folgt weitgehend der Soziologiekonzeption PARETOS. Für PARETO wird die Eigenart wirtschaftlicher Phänomene nur erkennbar, wenn man die angewandten Theorien in der Ökonomie durch entsprechende soziologische Theorien ergänzt. Angewandte Theorie heißt für PARETO, daß die

Abweichungen konkreter Phänomene von den Erwartungen der reinen Theorie zum zentralen Gegenstand der Erklärung gemacht werden.[38] Abweichungen von der reinen Theorie führt PARETO auf den Einfluß der Residuen und Derivationen zurück. Bei PARSONS sind es die institutionellen Faktoren, durch die die Reichweite der ökonomischen Analyse begrenzt wird. Die institutionelle Einbindung ökonomischer Prozesse ist jedoch nicht nur Gegenstand empirisch-historischer Beschreibungen, sondern ein möglicher Anwendungsbezug für eine generelle soziologische Theorie sozialer Institutionen. Die institutionelle Dimension sozialer Systeme umschreibt für PARSONS eine engere Fassung des soziologischen Tatbestandes.

Die Grenzziehungen, die PARSONS durch die Komplementärkategorien wie Struktur und Prozeß, Statik und Dynamik, Allokation und Integration vornimmt, lassen mehr Fragen offen als sie beantworten. Sie stellen zwar in mancher Hinsicht eine sozialtheoretische Präzisierung des ursprünglichen Theorieprogramms dar, aber sie tragen nach wie vor die Beweislast für die Behauptung, daß die ökonomische Theorie von der Soziologie profitieren kann. Ein solcher Nachweis müßte darauf hinauslaufen, Lücken in ökonomischen Theorien selbst als systembedingte Schwächen auszuweisen und diese durch entsprechende soziologische Theorieleistungen zu schließen.

3. Die systemfunktionale Perspektive

Folgt man PARSONS' eigener Einschätzung, dann markiert **Economy and Society** einen theoretischen Durchbruch.[1] Die Anspielung auf WEBERS **Wirtschaft und Gesellschaft** ist sicher nicht zufällig; immerhin beansprucht diese Arbeit, eine theoretisch fundierte Gesamtbetrachtung von Wirtschaft als gesellschaftliches Subsystem zu liefern. Tatsächlich kann die theoretische Bedeutung dieser Arbeit kaum überschätzt werden: Zum einen, weil PARSONS zum ersten Mal sein funktionales Analyseschema von System-/ Umweltbeziehungen in bezug auf den genannten Gegenstandsbereich anzuwenden sucht und zum anderen, weil **Economy and Society** den Ausgangspunkt für eine Reihe theoretischer Verfeinerungen darstellt.[2] Aber auch für die Behandlung des Ökonomie-/Soziologieproblems ergeben sich neue Perspektiven. Diese entwickeln sich zunächst aus einer konsequenten Weiterentwicklung der systemischen Sichtweise, die bereits in der strukturfunktionalen Phase angelegt ist. Während jedoch in dieser Phase die strukturellen bzw. institutionellen Elemente den Ausgangspunkt einer funktionalen Betrachtung bilden, wird nunmehr der Funktionsbegriff den Kategorien von Struktur und Prozeß analytisch übergeordnet. Im folgenden sollen einige Konsequenzen der neuen Sichtweise für die kritische Rezeption und die wechselseitige Abgrenzung von Ökonomie und Soziologie beleuchtet werden.

Eine Analyse, die die Wirtschaft als ein funktionales Subsystem der Gesellschaft betrachtet, wirft auf metatheoretischer Ebene die Frage auf, inwieweit sich hieraus Formen theoretischer Integration zwischen beiden Disziplinen denken lassen, die nicht unter dem Zwang stehen, die Gesellschaft nur als Epiphänomen ihrer ökonomischen Grundlagen zu sehen oder umgekehrt Wirtschaft nur als Manifestation gesellschaftlicher Strukturprinzipien zu deuten. Was die Ökonomiekritik anbetrifft, so muß man auch hier an den Ausgangspunkt erinnern: Es geht um die Abwehr eines handlungs- und sozialtheoretischen Allgemeinheitsanspruchs **und** um die Ablehnung jedes Versuchs, Soziologie auf Ökonomie zu reduzieren. Die systemfunktionale Sichtweise stellt allerdings auch PARSONS' frühere Versuche in Frage, durch spezifische Abgrenzungen des Ökonomischen die ökonomische Theorie - so wie sie ist - zu verorten und ihr das Analysemonopol für ökonomische Sachverhalte zuzusprechen. Damit kann sich aber auch die kritische Rezeption nicht auf den Standpunkt einer methodologischen Utilitarismuskritik zurückziehen, sondern muß die begrenzte Reichweite ökonomischer Deutungsschemata und Erklärungsmodelle in deren Objektbereich aufzeigen können. Man wird dabei in Rechnung stellen müssen, daß es dabei nicht um Beiträge zur internen ökonomischen Theoriediskussion geht, sondern um das Ausloten von systematischen Berührungspunkten zwischen ökonomischer und soziologischer Theorie. Ziel der Auseinandersetzung ist es daher nicht, vermeidbare Mängel ökonomischer Theorien durch neue Vorschläge zu beheben, sondern inhärente Schwächen zu beleuchten, die durch die Festlegung der Realitätsperspektive selbst bzw. durch die theoretischen Grundannahmen bedingt sind.[3]

3.1 Der ökonomiekritische Ansatz in "Economy and Society"

Die Schwerpunkte der kritischen Rezeption lassen sich unter zwei Aspekten betrachten: Zum einen geht es PARSONS und SMELSER um den Nachweis, daß ökonomische Konzepte sozialtheoretische Implikationen aufweisen, die nicht oder nur unzureichend innerhalb eines rein ökonomischen Theoriesystems verständlich werden. Zum anderen weisen ökonomische Deutungen und Erklärungen von funktionalen Zusammenhängen theoretische Lücken auf, die der Spezifikation durch nichtökonomische Variablen bedürfen. Der erste Aspekt soll am Problem des Kosten-Nutzenbegriffs erörtert werden. PARSONS' kritische Intention läuft darauf hinaus, die ökonomische Sichtweise zu differenzieren und in einen mehrdimensionalen Bezugsrahmen einzufügen. Probleme der Identifikation und Spezifikation ökonomischer Erklärungen lassen sich am Problem der theoretischen Ableitung von Konsumfunktionen veranschaulichen.

3.1.1 Die Eindimensionalität des Kosten-Nutzenbegriffs

In ökonomischen Theorien werden Kosten allgemein als Verzicht auf mögliche alternative Realisationen aufgefaßt (opportunity costs). Nutzen steht für ein fiktives Maß an subjektiv erwarteter oder tatsächlich erreichter Bedürfnisbefriedigung eines Akteurs. Objekte werden ökonomisch relevant durch ihre relative Knappheit in bezug auf die Dringlichkeit eines entsprechenden Bedarfs und die Alternativität ihrer Verwendungen. Nutzen stellt hier eine einheitliche Bewertungsdimension dar, die kein konkretes Handlungsziel beschreibt, sondern als ein Maßstab für die "Güte" eines oder mehrerer Ziele fungiert. Nutzen ist ein Ausdruck dafür, was die Erreichung eines Ziels, gemessen an einem "Preis", wert ist. Die sogenannte "Cost - Benefit - Analyse" beleuchtet eine technische Anwendungsvariante des ökonomischen Denkens. Das spezifisch Ökonomische besteht in dem Versuch, die Bewertung von Alternativen in "Geldeinheiten" umzurechnen. Die interne Diskussion dreht sich daher vorwiegend um die Frage, welche "Preise" zugrundegelegt werden sollen und wie die möglichen Effekte den Akteuren zugerechnet werden können.[4]

Die grundlegende Stoßrichtung der Kritik liegt - wie bereits zuvor erörtert - in der Eindimensionalität und der subjektivistischen Verengung des Nutzenkonzepts. So stellt sich die Frage, welche Kosten- und Nutzenfaktoren in den ökonomischen Handlungskalkül einbezogen werden und welche Gewichtung ihnen dabei zukommt. Dies wiederum wirft die Frage nach den unterschiedlichen Dimensionen des "Nutzens" und nach den jeweils relevanten Zurechnungssubjekten auf. PARSONS und SMELSER versuchen, die häufig benutzte Unterscheidung zwischen "Realkosten" und "monetären Kosten" auf unterschiedliche Systemreferenzen zu beziehen. "Realkosten" implizieren Bewertungen, die auf alternative, <u>nichtökonomische</u> Verwendungen hinweisen; monetäre Kosten sind demgegenüber solche, die innerhalb des ökonomischen Systems durch den Markt- und Preismechanismus wahrgenommen werden und daher Anknüpfungspunkte für ökonomische Handlungsselektionen bilden.[5] Diese Interpretation macht deutlich, daß ökonomische Systeme selektiv auf veränderte Umweltbedingungen, Knappheiten und mögliche Handlungsalternativen reagieren. Dies ist ganz im Sinne des WEBERschen Begriffs der formalen Rationalität des Wirtschaftens. Diese bemißt sich nach dem Grad der technisch möglichen und tatsächlich angewendeten Rechnung im wirtschaftlichen Handeln und erweist sich prinzipiell indifferent gegenüber ethischen oder material rationalen Gesichtspunkten.[6]

Allerdings verfehlen PARSONS und SMELSER den eigentlichen Sinn der ökonomischen Diskussion um Realkosten und Geldkosten. Bei dem Realkostenkonzept, wie es MARSHALL entwickelt hat, ging es um die Frage, ob Kosten und Preise von der Produktionsseite als "Opfer" oder von der Konsumseite als "entgangener Nutzen" abgeleitet werden sollen. Durch das Realkostenkonzept sollte der Anwendungsbereich des nutzentheoretischen Alternativkostenprinzips eingeschränkt werden.[7] Der Geldkostenbegriff bezieht sich hingegen auf die Frage, ob und inwieweit "Kosten" in Geldgrößen gemessen werden können. Vom Standpunkt einer generellen Nutzentheorie ist daher die Unterscheidung ohne grundsätzliche Bedeutung, da sowohl auf der Produktions- wie auf der Konsumseite der gleiche marginalistische Kalkül von Grenznutzen und Grenzproduktivitäten angewandt werden kann. Die marginalistische Wertlogik fügt sich nicht einfach in das

Konzept vom wert- und normorientierten Handeln ein. Der Marginalismus betrachtet die Wahl zwischen Handlungsalternativen primär unter dem Aspekt der technisch möglichen und individuell gewünschten Substitution. Begreift man hingegen Nutzen als soziale Wert- oder Normkategorie, dann geht es um die Bewertung von nützlichen Dingen und Aktivitäten für andere. Für einen individuellen Akteur besteht der Nutzen nicht in einer feststehenden Eigenschaft eines Objekts, bestimmte Wünsche zu erfüllen ("want satisfaction"), sondern in der freien Disposition über das betreffende Gut. DIESING hat dies treffend ausgedrückt, indem er den Begriff des Nutzens dem Begriff der Verpflichtung gegenüberstellt. Das Gegenteil von individuellem Nutzen ist nicht Mühe oder Unlust, sondern die Eingrenzung freier Disponierbarkeit durch soziale Verpflichtung.[8]

In diesem Zusammenhang läßt sich auch das Problem der Interdependenz individueller und kollektiver Nutzenbewertungen beleuchten. Der **wohlfahrtstheoretische Ansatz** bietet hierzu eine konzeptionelle Lösung, die auf der Vorstellung einer Aggregation individueller Nutzenschätzungen für kollektive und private Güter beruht. Im Ansatz folgen PARSONS und SMELSER der Problembeschreibung PARETOs. Aussagen über soziale Wohlfahrtszustände in einem gegebenen Sozialsystem implizieren stets Aussagen über eine bestimmte Verteilung von Ressourcen. Sobald Veränderungen im System auftreten und differentielle Wohlfahrtseffekte für die Akteure anfallen, entsteht das Problem der Legitimität und Berechtigung der wirksamen Regeln und Mechanismen der Verteilung. PARETO unterscheidet die ökonomische, auf das individuelle Handlungssubjekt bezogene Bedeutung von Nutzen ("Ophélimität") von sozialethischen Imperativen der Nützlichkeit. Diese sind Teil von kollektiven Vorstellungen, Ideologien oder Glaubenssystemen. PARETO ging es dabei in erster Linie darum, sich gegenüber der Vorstellung der früheren Grenznutzentheoretiker abzugrenzen, daß Nutzen kardinal meßbar sei.[9] PARETO leugnet nicht, daß es normative Vorstellungen über sozial nützliche Ziele und individuelle Beiträge für kollektive Ziele gibt, aber er klammert sie aus der ökonomischen Betrachtung aus. Gegenstand der Soziologie sind nach PARETO gerade die nichtlogischen Handlungen und Derivationen, soweit diese sozial wirksam sind.[10]

PARSONS und SMELSER knüpfen an das nur residual eingeführte Konzept des sozialen Nutzens an. Während PARETO jedoch das Problem der Nutzenmessung durch sein Indifferenzkurvenkonzept zu umgehen suchte, ohne sich vom marginalistischen Nutzenkonzept zu lösen, klammern PARSONS und SMELSER das Problem von vorneherein aus.[11] Ein interpersonaler Nutzenvergleich auf der

Basis individueller Präferenzen ist innerhalb ihres theoretischen Systems sinnlos. Dies nicht deshalb, weil PARSONS und SMELSER einen kollektivistischen Ansatz wählten oder einen soziologischen Determinismus propagierten, sondern weil sie das Zustandekommen einer individuellen Nutzenbewertung vom Zustandekommen sozial geltender Konsumstandards theoretisch unabhängig voneinander behandelt wissen wollen. Gerade dadurch kann der voluntaristische Aspekt individueller Entscheidungen gegenüber einem biologischen, kulturellen oder auch soziologischen Reduktionismus bewahrt werden. Die Begrenzung wohlfahrtstheoretischer Konzeptionen liegt darin, daß sie das Problem des sozialen Optimums als normatives Prinzip theoretisch begründen wollen und diese theoretische Begründung auf der Unterstellung beruht, daß sozialer Nutzen als eine Summe aus individuellen Nutzenschätzungen rekonstruiert werden kann.[12] Dieser individualistische Bias führt einmal in das bekannte Dilemma zwischen der Annahme unabhängiger, individueller Präferenzen und dem Erfordernis interpersonaler Vergleichbarkeit der Nutzenschätzungen. Zum anderen scheitert der Versuch, eine soziale Wohlfahrtsfunktion aus der Aggregation individueller Nutzenschätzungen zu konstruieren. Theorietechnisch gesehen ergibt sich das Problem, wie auf der Basis individueller (ordinaler) Nutzenerwägungen eine konsistente und transitive soziale Wohlfahrtsfunktion abgeleitet werden kann, ohne daß die individuelle Freiheit und Souveränität des individuellen Entscheidungsträgers eingeschränkt wird.[13] Für PARSONS und SMELSER sind dies im wesentlichen hausgemachte Probleme, die im Kern aus der Konfusion verschiedener theoretischer Systemreferenzen beruhen.[14] Die Verbindung zwischen unterschiedlichen Systemreferenzen (z.B. Gesamtgesellschaft, ökonomisches System, Persönlichkeitssystem) muß daher in einer Theorie der Institutionalisierung und Internalisierung gesellschaftlicher Wertmuster gesucht werden.

So wird auch der empirische Konflikt zwischen individuellen und sozialen Nutzenerwägungen vorschnell als Ausdruck eines grundsätzlichen Gegensatzes von individuellem Freiheitsanspruch und sozialem Zwang stilisiert. Tatsächlich entsteht dieses Dilemma durch die theoretische Konstruktion selbst. Will man den individualistischen Ausgangspunkt nicht aufgeben, dann ist man gezwungen, den Inhalt kollektiver Ziele oder "Güter" entweder als sachliche und konstante Eigenschaften zu deuten oder als Teilmenge gegebener individueller Präferenzen aufzufassen, die nicht über marktliche Koordinationsmechanismen befriedigt werden können.[15] Im ersten Fall wird man schwer erklären können, warum ein bestimmtes Gut in einem

Sozialsystem als kollektives, in einem anderen als individuelles Gut behandelt wird bzw. wie ein entsprechender Bedeutungswandel zustandekommt und soziale Geltung erlangt. Im zweiten Fall wird man die Annahme der Inkonsumerabilität von Präferenzen aufgeben und nach den Voraussetzungen fragen, auf denen die Wirkungsweise unterschiedlicher Koordinationsstandards beruht.

Die individuelle Zuschreibung nützlicher Qualitäten ist, vom ökonomischen Standpunkt her, ein Datum, welches nicht weiter analysiert wird. Individuelle Akteure entwickeln offensichtlich auch Vorstellungen über Ziele, die sich auf kollektive Zustände beziehen und notwendig Abstimmungsprozesse über Prioritäten, die Verteilung von Vorteilen und Lasten und die wünschbaren Eigenschaften gemeinsam nutzbarer Güter beinhalten. Sollen solche Abstimmungsprozesse überhaupt in Gang kommen, dann muß eine Vergleichbarkeit und Typisierung von Nutzwerten existieren, noch bevor sich der Einzelne eine Strategie darüber zurechtlegen kann, wie er in den Genuß kollektiv erbrachter Leistungen kommen kann. Gerade der oft zitierte Konflikt zwischen individueller und kollektiver Rationalität setzt voraus, daß über die Bedeutung und Wünschbarkeit der Objekte ein Konsens besteht. Konsens über gemeinsam geteilte Werte und Spielregeln implizieren keinesfalls schon eine bruchlose Identität oder Komplementarität der Interessen, aber ohne dies wäre schon die Feststellung inkompatibler Interessen nicht möglich. Ein rein akteurzentriertes Nutzenkonzept unterschlägt die Tatsache, daß der Erwerb der notwendigen Motivationen und Kompetenzen zur individuellen Nutzenverfolgung die Aneignung einer gemeinsam geteilten sozial-kulturellen Lebenswelt voraussetzt, in der symbolische Modelle **von** realisierten und symbolische Modelle **für** wünschenswerte Lebensstile existieren. Eine individuelle Differenzierung des Geschmacks ist als Ausdruck von Individualität sozial nur darstellbar, wenn Präferenznormen oder Geschmacksrichtungen existieren, zwischen denen man wählen und von den man sich abheben kann.

Es ist freilich eine Sache, die Vorstellung einer Nutzenfunktion aus der Aggregation individueller Präferenzen aus prinzipiellen Gründen abzulehnen; eine andere Sache ist es, auf der Basis einer Sozialtheorie zu spezifischen Hypothesen zu kommen. PARSONS und SMELSER machen nicht klar, ob sie das wohlfahrttheoretische Problem der Konstruktion einer sozialen Nutzenfunktion als solches ablehnen oder die Konstruktion anders begründet sehen wollen. Geht man von letzterem aus, besteht immer noch das Problem, wie eine sozialtheoretisch fundierte Funktion <u>spezifiziert</u> werden kann. Eine "kollektivistische" Lösung des Problems, etwa über die Annahme eines einheitlichen Handlungssubjekts "Gesellschaft", kommt für PARSONS nicht in Betracht. Die Definition und Durchsetzung kollektiv verbindlicher Zielsetzungen unterliegt primär den Imperativen des politischen Systems. Verteilungsregeln und darauf bezogene Institutionen sind in der Struktur der sozialen Beziehungen zwischen sozialen Kollektiven und den moralischen und ideologischen Grundlagen einer Gesellschaft verankert. Das Programm der Wohlfahrtstheorie läßt sich insoweit als Problem der spezifischen Interdependenzen zwischen gesellschaftlichen Subsystemen umformulieren. Damit ist nur eine theoriesprachliche und programmatische Klärung erreicht. Die Frage, ob sich die vermuteten Interdependenzen in quantifizierbare Aussagen über funktionale Zusammenhänge übersetzen lassen, ist damit keineswegs erledigt. Den Nachweis, daß sich aus der veränderten Sichtweise eine konzeptionell überlegene Problemlösung ergibt, bleiben PARSONS und SMELSER schuldig.

3.1.2 Identifikations- und Spezifikationsprobleme in ökonomischen Erklärungsmodellen

PARSONS und SMELSER unternehmen am Beispiel der sogenannten Konsumfunktion den Versuch, aus ökonomischen Erklärungsmodellen abgeleitete Verhaltensfunktionen zu präzisieren und sozialtheoretisch zu deuten. Zuvor erscheint es jedoch sinnvoll, die grundlegende Argumentationsstrategie zu umreißen. Ökonomen leugnen keineswegs die Existenz außerökonomischer Faktoren bei der Bestimmung des Arbeitsangebots, der Konsumnachfrage oder bei Spar- und Investitionsentscheidungen. Entscheidend ist jedoch, wie diese Faktoren theoretisch verarbeitet werden. So besteht in der ökonomischen Theorie die Tendenz, solche Einflußgrößen als Epiphänomene ökonomisch-rationaler Orientierung an bestimmten Preisgrößen zu deuten oder sie als zufällig schwankende Residualgrößen aus der Betrachtung zu isolieren. Eine andere Strategie schlägt z.B. KEYNES ein, indem er empirisch generelle Annahmen über den ökonomisch relevanten Effekt nichtökonomischer Faktoren macht. Vom Standpunkt "reiner" ökonomischer Analyse scheint die Frage, welche Annahmen im einzelnen zutreffen, ein Problem von Tatsachenbeschreibungen zu sein, zumal eine ökonomische Theorie nur an den ökonomisch-relevanten Konsequenzen interessiert ist, nicht aber an einer umfassenden theoretischen Interpretation aller möglichen empirischen Determinanten. Andererseits ist ein empirisch gehaltvolles Erklärungsmodell ökonomischer Prozesse nicht einfach dadurch zu erreichen, daß bestimmte ad hoc Annahmen über den Einfluß nichtökonomischer Variablen eingeführt werden. Solche Annahmen müssen im Lichte anderer theoretischer Systeme begründet werden können.[16]

PARSONS und SMELSER sehen, daß sich die Anwendung ökonomisch-theoretischer Modelle in einem grundsätzlichen Dilemma zwischen der Generalität und Stringenz analytischer Modelle und der Ableitung bestimmter empirischer Werte für ökonomische Variablen und Variablenrelationen verfängt: Je genereller die Theorie ansetzt, um so größer scheint der Wertebereich dazu passender empirischer Zustände zu sein und um so eher müssen ad hoc Annahmen über Wirkungsverzögerungen ("time lags"), die Höhe von Verstärkungseffekten ("Multiplikator, Akzelerator"), Verhaltenskoeffizienten und der Bewegungsform des Gesamtprozesses spezifiziert werden.[17] Fixiert der Analytiker diese Werte willkürlich in seinem analytischen Modell, dann riskiert er jeden generellen empirischen Bezug; läßt er eine Variation dieser Werte zu, dann ist er genötigt zu sagen, aufgrund welcher Kriterien aus der Zahl möglicher Variablenwerte und Variablenkonstellationen bestimmte Ausgangswerte oder Randbedingungen ausgewählt wurden. Solche Entscheidungen zu begründen, überschreitet den Rahmen "reiner" ökonomischer Theorie und macht den Rekurs auf andere theoretische Systeme notwendig, durch die der Bereich theoretischer Indeterminiertheit eingeschränkt werden kann.

> "So long as the economist remains within the confines of economics theory alone, therefore, this dilemma will continue to reappear. It is our contention that sociological theory, by providing an analytical framework within which important economic coefficients can be assigned values on the basis of their relevant sociological context, can offer substantive contribution to the resolution of this dilemma."[18]

Am Beispiel der Modifikation der gesamtgesellschaftlichen Konsumfunktion bei KEYNES soll der nicht gerade bescheidene Anspruch der Autoren umrissen werden. PARSONS und SMELSER werfen KEYNES vor, durch den Versuch, eine Konsumfunktion aus der Geltung <u>eines</u> "fundamental psychologischen Gesetzes" abzuleiten, wonach die "Grenzneigung zum Konsum" mit steigendem verfügbaren Einkommen stets kleiner Eins ist, die Grenzen ökonomischer Analyse mittels ad hoc Hypothesen "eingefroren" zu haben.[19] Die Annahme einer positiven linearen Abhängigkeit der Höhe des Konsums und des Sparens von dem verfügbaren Einkommen unterstellt eine Variabilität von Rollenerwartungen, die angesichts der vielfältig adaptiven und integrativen Erfordernisse eines Haushalts als <u>soziales System</u> inadäquat sein muß. Ein bestimmter Warenkorb und ein bestimmter Lebensstandard müssen als Bestandteile eines kulturell definierten, normativ erwarteten Minimums aufgefaßt werden. Diese sind daher relativ autonom gegenüber moderaten Einkommensänderungen. Konsumieren muß überdies im Zusammenhang mit den Anforderungen innerfamiliärer Spannungsreduktion und den sozialisatorischen Funktionen eines Familienhaushalts gesehen werden. Schließlich kommt dem Konsum als Medium sozialer Plazierung und als Symbol von Zugehörigkeiten eine hohe integrative Bedeutung zu. Sparen kann nicht einfach als Restgröße definiert werden, sondern stellt eine normative Kategorie dar, durch die Handlungseinheiten in bestimmten Positionen zu einem "verantwortlichen" Umgang mit Einkommen oder Geld im Interesse einer kollektiven Einheit angehalten werden. Diese Faktoren wirken sowohl auf die Lage als auch auf das Steigungsmaß der Konsumfunktion für unterschiedliche Wertbereiche und Niveaus des verfügbaren Einkommens. Sie beeinflussen die Grenzen erwartbaren Konsumgebarens und markieren die Punkte, an denen die Situation des Haushalts im Lichte veränderter Einkommenslagen <u>und</u> kulturell-normativer Standards neu definiert wird. PARSONS und SMELSER präsentieren folgende Konsumfunktion. (Vgl. Abb. 2)[20]

Abb. 2 Die gesellschaftliche Konsumfunktion

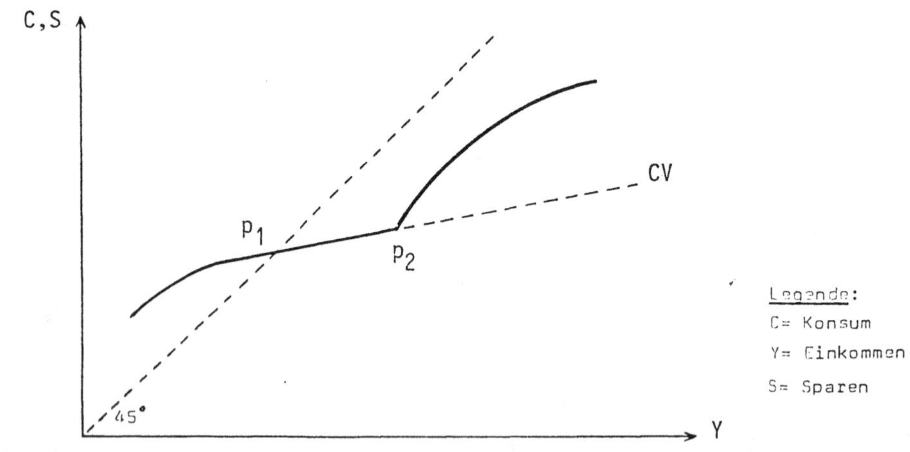

Die CV-Linie (cultural values) soll für unterschiedliche Einkommenshöhen die jeweils kulturell erwartbare Grundausstattung symbolisieren, wobei die Steigung einen Schichtungseffekt ausdrücken soll: Mit steigendem Einkommen und höherer Klassenlage steigt auch das kulturell definierte Anspruchsminimum. Der nichtlineare Verlauf drückt allgemein aus, daß die

Steigung der Konsumgaben unter der Steigung des zusätzlichen Einkommens bleibt. Der "Knick" in P_2 soll anzeigen, daß bei einem Einkommen oberhalb des kulturell definierten Minimums ein wachsender Druck erfolgt, eine steigende Klassenposition durch zusätzlichen Konsum zu symbolisieren. Umgekehrt sind Positionen unterhalb von P_1 dadurch gekennzeichnet, daß ein bestimmtes Konsumniveau durch Entsparen oder Kreditaufnahme entlang des kulturellen Minimums aufrechterhalten wird, bevor unter dem Druck der finanziellen Situation eine Reduzierung oder Redefinition des Anspruchsniveaus selbst erfolgt.[21]

Die soziologische Konsumfunktion ist natürlich hypothetischer Natur; sie soll an die prinzipielle Relevanz der soziologisch determinierbaren Struktur der normativen Erwartungen, die ökonomischen Konsum- oder Sparentscheidungen zugrundeliegen, erinnern und deren Übersetzbarkeit in ökonomisch relevante Aussagensysteme illustrieren. Auf diese Weise lassen sich Modifikationen der Lage und des Verlaufs von ökonomischen Funktionen durch die Angabe von theoretischen Bedingungen begründen, unter denen ökonomische Parameter bestimmte Werte annehmen bzw. unter denen Veränderungen wirtschaftlicher Größen nicht endogen im ökonomischen Modell erklärt werden können.[22]

Dieser weitgehende Spezifikationsanspruch kann - wie das Beispiel der "Ableitung" einer soziologischen Konsumfunktion zeigt - nicht aufrechterhalten werden. Als empirische Konsumfunktion ist sie zu unspezifisch, zumal ihr konkrete Zeit-, Raum- und objektbezogene Referenzen fehlen und inhaltliche Bezüge der relevanten theoretischen Variablen nur angedeutet werden. Sie ist allenfalls eine unter vielen, die zu dem theoretisch explizierbaren Muster "passen". Als "hypothetische" Funktion, die von einer idealtypischen "Standardsituation" ausgeht, zeichnet sie sich weder durch eine besonders zwingende Interpretation der Effekte soziologischer Variablen aus, noch werden diese in eine explizite Anordnung gebracht. Es können hier drei Ebenen theoretischer Generalisierung ausgemacht werden: Gemeinsame Werte und Konsumstandards beschreiben dabei die allgemeinste Ebene, Statusdifferenzierungen setzen an der Charakterisierung von Gemeinschafts- und Kollektivstrukturen an und Rollenerwartungen implizieren den Bezug auf die Situation und Struktur der konsumierenden Einheit selbst. Es ist schwer einzusehen, wie die Beziehungen zwischen diesen Ebenen auf einige zentrale soziologische Parameter verdichtet werden können, die sich direkt in ökonomische Funktionsparameter übersetzen lassen.

Wieso sollte das kulturell definierte Existenzminimum die Form einer stetigen, positiv linearen Funktion zur Höhe des Einkommens annehmen? Was begründet den nichtlinearen Verlauf der Konsumkurve unterhalb oder oberhalb des kulturell definierten Konsumminimums? PARSONS und SMELSER gehen von der Annahme einer fallenden marginalen Konsumquote aus, ohne dabei die sozialen Mechanismen zu explizieren, die dies theoretisch begründen. Im Effekt läuft dies auf die KEYNES'sche Konzeption der Konsumneigung hinaus.[23] Die Inferenzkette zwischen der Ebene der konsumrelevanten Struktur institutionalisierter Rollenerwartungen und den ökonomischen Parametern wie Einkommen und Konsum ist viel zu lang und zu komplex, als daß sich hieraus Aussagen über die typische Form ökonomischer Konsumfunktionen ableiten ließen.

PARSONS und SMELSER tun so, als verfügten sie über eine soziologische Theorie, aus der die ökonomischen Implikationen dieser Variablen "abgeleitet" und in Werte ökonomischer Variablen übersetzt werden könnten. Dieser Deduktionismus kommt nicht von ungefähr: Dahinter steht ein Theoriemodell, das, analog zur Formalstruktur ökonomischer Theorie, als ein interdependentes System funktionaler Relationen im Hinblick auf Gleichgewichtszustände beschrieben werden kann. Nur von diesem Ideal her wird verständlich, warum PARSONS und SMELSER darauf insistieren, Bereiche theoretischer Indeterminiertheit ökonomischer Analysen systematisch einzugrenzen und ökonomisch relevante Koeffizienten determinieren zu können.[24] Auch in diesem Rahmen bleibt die Eigenständigkeit theoretischer Konstruktion gegenüber empirischen Aussagen gewahrt. Ein theoretisches System stellt ein interdependentes Netz von Variablen dar, durch die Zustandsmerkmale bzw. Bewegungsabläufe der relevanten Systeme und ihrer Elemente erfaßt werden. Durch die Annahme, daß soziale Gebilde als interdependente Systeme betrachtet werden können, die die Fähigkeit zur Selbstorganisation entwickeln, lassen sich Systemzustände oder Veränderungen unabhängig von bestimmten Ausgangszuständen betrachten. So sind ökonomische Krisenerscheinungen wie z.B. Inflation und Deflation nicht einfach Folge einer bestimmten Ursache (z.B. "Geldnachfrage") oder bestimmter "externer" Bedingungen (z.B. Verknappung der Ressourcen), sondern ein Ergebnis der wechselseitigen Interdependenz zwischen ökonomischen und nichtökonomischen Systemen bzw. Systemmerkmalen. Die Organisation des relevanten Systems selbst und nicht die Suche nach bestimmten Ursprüngen steht somit im Zentrum der Erklärungsstrategie.

Die explanatorische Anwendung eines theoretischen Systems setzt freilich voraus, daß theoretische Begriffe und Relationen mit Blick auf bestimmte empirische Randbedingungen und identifizierbare Einheiten spezifiziert werden. PARSONS und SMELSER überspringen diesen Spezifikationsprozeß, indem sie die theoretische Identifikation von relevanten Variablen schon für die modelltheoretische Spezifikation selbst nehmen. Sie geraten dadurch in ein Dilemma: Gemessen an dem impliziten empirisch-nomologischen Theorieideal erscheint die "Ableitung" ökonomischer Funktionen aus soziologischen Variablen völlig unzureichend: So werden weder die Probleme der empirischen Kontrolle der Parameter noch die Anforderungen an die Qualität der Daten reflektiert, die für eine modelltechnische Umsetzung des Variablensystems erfüllt sein müssen. Gemessen an dem paradigmatischen Anspruch, soziologische Theorie um das Problem der normativ regulierten Integration von sozialen Systemen zu kodifizieren, erscheint das generelle sozialtheoretische Instrumentarium noch zu wenig entwickelt.[25] Für den Leser von **Economy and Society** bleibt so der Eindruck, daß die Autoren die Anwendung einer generellen Theorie demonstrieren wollen, die sie selbst nur bruchstückhaft formulieren können.

Der Vorwurf der <u>theoretischen</u> Indeterminiertheit gegenüber der Ökonomie erweist sich eher als Bumerang.[26] Man wird fragen müssen, ob der Anspruch, ökonomische Variablenwerte soziologisch determinieren zu wollen, angesichts der unterschiedlichen Theorieentwicklung in der Ökonomie und der Soziologie überhaupt sinnvoll ist. Die theoretische Kooperation zwischen Ökonomie und Soziologie setzt stets ein diskursives Abarbeiten der unterschiedlichen theoretischen Perspektiven voraus. Dabei kann nicht einfach von einer Invarianz des Sinns der Verwendung bestimmter theoretischer Begriffe ausgegangen werden. So stellt sich z.B. die Frage, ob die marginalistische Interpretation des Nutzenbegriffs überhaupt in eine Kongruenz zu einem soziologischen Nutzenkonzept zu bringen ist. Der Versuch, eine gemeinsame Grundlage für den theoretischen Diskurs auszumachen, macht auch eine erneute Betrachtung des Abgrenzungsproblems zwischen Ökonomie und Soziologie notwendig.

3.2 Die Interdependenz zwischen Ökonomie und Soziologie

3.2.1 Ökonomie und Soziologie als theoretische Subsysteme

Die kritische Rezeption ökonomischer Theorien markiert eine Hinwendung zu spezifisch ökonomischen Themen. Sie geht zum einen von der Voraussetzung aus, daß sich die unterschiedlichen Realitätsperspektiven als Varianten eines gemeinsamen theoretischen Sprachsystems fassen lassen und sie geht zum anderen davon aus, daß sich die Probleme theoretischer Indetermination wenigstens zu einem Teil durch eine explizite Berücksichtigung soziologischer "Variablen" verringern ließen. Damit verbunden ist auch eine modelltechnische Implikation: Ökonomische und soziologische Erklärungsmodelle werden durch eine funktionale bzw. kausalanalytische Argumentation verbunden. Auf diese Weise wird es möglich, die exogenen Faktoren ökonomischer Modelle in ihrer explanatorischen Bedeutung systematisch einzuführen und diese nicht nur als konstante bzw. zu vernachlässigende Größen in der berühmten ceteris paribus Klausel unterzubringen.[27] Diesem Ansatz entspricht eine modifizierte Auffassung des Verhältnisses von Ökonomie und Soziologie als theoretische Disziplinen. Ökonomische und soziologische Theorie sind analytische Subsysteme einer generellen Theorie sozialer Systeme. Eine generelle Theorie sozialer Systeme kann wiederum anknüpfen an eine allgemeine Theorie des Handelns. Konstitutiv für eine Theorie sozialer Systeme sind unterschiedlich komplexe Netzwerke sozialer Interaktionen.[28]

Die streng komplementäre Auffassung von Ökonomie und Soziologie erweitert sich zu einer metatheoretischen Austauschperspektive. Anstelle komplementärer Kategorien tritt die Vorstellung eines wechselseitigen Transfers von Definitionen, Typologien und Theoremen, die in das entsprechende System assimiliert werden. Die generelle Theorie sozialer Systeme liefert dabei das Kommunikationsmedium in Form eines gemeinsam geteilten Sprachsystems. Die Assimilation fremder Theorieelemente in ein gegebenes Theoriesystem wird gesteuert von den theoretischen Parametern, die für das System selbst konstitutiv sind. Zu den "Parametern" der neoklassischen ökonomischen Theorie ließe sich z.B. das Rationalitäts- und Maximierungspostulat und das Konzept partieller und totaler Marktgleichgewichte rechnen. Hierdurch wird die "ökonomische Sicht" der Dinge festgelegt.[29]

Davon zu unterscheiden ist die Konstruktion einzelner Theoreme oder spezifischer Hypothesenmodelle zu bestimmten Problembereichen. Voraussetzung eines fruchtbaren theoretischen Austauschs ist nicht nur eine Kongruenz der theoretischen Sprachsysteme, sondern auch die Bestimmung einer vergleichbaren Bezugsebene. In "Economy and Society" ist dies das Sozialsystem "Gesellschaft" als das umfassendste System sozialer Interaktionen. PARSONS führt den Begriff Gesellschaft als analytischen Typus ein: Gesellschaft zeichnet sich durch einen vergleichsweise hohen Grad an Autonomie und Fähigkeit zur Selbstregulation gegenüber anderen sozialen Systemen aus.[30] Durch diese analytische Definition will PARSONS sowohl einer holistisch-essentialistischen "Wesensbestimmung" entgehen als auch einen individualistischen Elementarismus vermeiden, der sich Gesellschaft nur als Aggregat personaler Merkmale vorstellen kann.

Die konsequente Anwendung von analytischen System-Subsytem-Beziehungen hat gegenüber der komplementaristischen Sichtweise den Vorzug, daß sie Gemeinsamkeiten <u>und</u> Unterschiede zwischen theoretischen Systemen in einem abstrakteren Raum beleuchten kann. Damit wird jene Blickwinkelargumentation vermieden, die ihren eigenen Standort selbst nicht mehr reflektiert. Allerdings überzieht PARSONS seine Darstellung, indem er die Beziehungen zwischen Ökonomie und Soziologie im Stil einer nomologisch-deduktiven Erklärungsstrategie analysiert. Eine solche Interpretation läuft tendenziell dem eigenen nichtreduktionistischen Programm entgegen und kann - wie oben dargelegt - den hieraus resultierenden Ansprüchen gar nicht genügen. Gegen diesen Deduktionismus spricht vor allem auch der Hinweis auf kategoriale und typologische Kongruenzen zwischen soziologischer und ökonomischer Theorie. Die Kongruenz besteht nämlich nicht in der Verwendung bzw. Übernahme identischer Variablen, sondern in einer Bedeutungsäquivalenz auf abstrakterer Ebene. So verweisen z.B. PARSONS und SMELSER auf die Kongruenz zwischen dem austauschtheoretischen Angebots- und Nachfrage Schema in der Ökonomie und dem interaktionistischen Sanktions-Performanz Schema auf der Ebene einer generellen Sozialtheorie.[31] So kann die Nachfrage nach Güter oder Diensten als spezifische Form einer sozialen Sanktion in bezug auf die Höhe und Qualität einer erwarteten Leistung <u>interpretiert</u> werden. Über die explanatorische Relevanz beider Schemata ist damit noch nichts gesagt. Der heuristische Wert solcher Kongruenzen liegt eher in dem Versuch, eine gemeinsame Sprache für den theoretischen Diskurs zwischen beiden Disziplinen zu konstruieren. Dies ist zweifellos eine wichtige Voraussetzung für fruchtbare Vergleiche und rationale Wissenserweiterung durch das Medium theoretischer und empirischer Kritik; aber dies stellt für sich noch keine Lösung substantieller Erklärungsprobleme dar.

3.2.2 Soziologie als Theorie des integrativen Subsystems

Mit der Einführung einer generellen Theorieebene stellt sich auch das Problem der analytischen Abgrenzung des soziologischen Tatbestandes erneut: Eine Gleichsetzung von Soziologie mit einer Theorie sozialer Systeme würde bedeuten, daß sich die soziologische Sichtweise lediglich durch eine generalisierte Perspektive auszeichnet, durch die die partikularen Einsichten von anderen Disziplinen zu einer Art Gesamtbild des Sozialen komponiert werden. Einer solchen Deutung steht PARSONS skeptisch gegenüber, weil hiermit ein Deutungsmonopol reklamiert wird und damit in einen unangebrachten soziologischen "Imperialismus" führen müßte. Der spezifische, freilich nur analytisch bestimmbare Gegenstand der Soziologie besteht in der Analyse integrativer Strukturen und Prozessen in sozialen Systemen. Der "Parameter" des soziologischen Systems bildet das Theorem der institutionellen und motivationalen Integration. Während PARSONS in der strukturfunktionalen Phase das Verhältnis von Institutionalisierung und Internalisierung durch das Postulat einer Koinzidenz von Wünschenswertem und Gewünschtem kurzschließt[32], lassen sich beide Aspekte durch den Bezug auf unterschiedlichen Systemkontexte und Systemebenen weiter differenzieren.[33]

In **Economy and Society** wird die Ebene des gesellschaftlichen Systems angesprochen. Daraus folgt, daß das Verhältnis von Ökonomie und Soziologie vom Standpunkt des gesellschaftlichen Systems thematisiert wird. PARSONS nimmt eine implizite Zuordnung gesellschaftlicher Subsysteme zu bestimmten Disziplinen vor, die wiederum auf einer metatheoretischen Ebene als unterschiedliche Subsysteme behandelt werden. Demnach ist die ökonomische Theorie für die Analyse des adaptativen Subsystems, die Soziologie für die Analyse des integrativen Systems der Gesellschaft zuständig. Durch diese analytische Zuordnung vermeidet PARSONS die frühere Verschränkung von empirisch-gesellschaftlicher Differenzierung und der interdisziplinären Differenzierung. Allerdings bleibt vom Standpunkt einer Theorie sozialer Systeme die Bezugsebene 'Gesellschaft' partikular. In der Logik der Konstruktion liegt die Einführung unterschiedlicher Ebenen, durch die erst die verschiedenen Subsysteme sinnvoll aufeinander bezogen werden. **Economy and Society** kann in der Tat nur auf Bruchstücke einer allgemeinen Theorie sozialer Systeme rekurieren. Durch die Einführung von Gesellschaft als Bezugssystem für die Bestimmung des Verhältnisses von Ökonomie und Soziologie sind dem interdisziplinären Diskurs Grenzen auferlegt, zumal die Frage nach der funktionalen Integration unterschiedlicher gesellschaftlicher Subsysteme im Mittelpunkt der Betrachtung steht. Damit ist unmittelbar die Frage nach dem Stellenwert von Wirtschaftssoziologie aufgeworfen.

3.2.3 Wirtschaftsoziologie und ökonomische Theorie

Der Status wirtschaftssoziologischer Analyse läßt sich durch zwei Prämissen umreißen: Es gibt keine theoretische Sozialökonomik, die unabhängig von der generellen soziologischen Theoriebildung wäre. Die wirtschaftssoziologische Perspektive beleuchtet die Bedingungen, unter denen normative Strukturen und Prozesse eine spezifisch ökonomische Signifikanz erlangen. Dies soll heißen, daß sie die Rahmenbedingungen und Orientierungen der Akteure bei der Produktion, beim Austausch und der Verteilung von Nutzwerten in vielfältiger Weise modifizieren können. Oder: Ausgehend von ökonomischen Phänomenen untersucht sie deren integrative Bedeutung im Hinblick auf die Stabilisierung ökonomischer und nichtökonomischer Systeme.

Dieser integrative Fokus wirtschaftssoziologischer Analyse kann unter zwei Gesichtspunkten betrachtet werden. Zum einen läßt sich die Beziehung zwischen ökonomisch rationalen Handeln und anderen sozialen Rationalitätsstandards betrachten. Hierbei geht es primär um die Frage nach einer sinnstiftenden und motivationalen Integration unterschiedlicher Wertbezüge rationalen Handelns. Zum anderen läßt sich die Frage nach der kausalen oder funktionalen Integration ökonomischer und nichtökonomischer Strukturen aufwerfen. Dem liegt die Annahme zugrunde, daß die institutionelle Struktur einer Gesellschaft im allgemeinen oder der Wirtschaft im besonderen Prozesse des wirtschaftlichen Wachstums und der Stabilisierung bzw. Destabilisierung von ökonomischen Gleichgewichten in Gang setzen kann. In umgekehrter Richtung induziert die Eigendynamik eines einmal entwickelten ökonomischen Systems Veränderungen in den Bedingungen der institutionellen Integration und verändert damit langfristig die strukturellen Grundlagen der Gesellschaft und seiner Subsysteme.[34] Zu den zentralen soziologischen Variablen, die den institutionellen Kern ökonomischer

Systeme beschreiben, gehören nach PARSONS die soziale Geltung des Werts der ökonomischen Rationalität und die institutionelle Definition von Eigentums- und Vertragsrechten. Professionelle Regelsysteme umreißen normative Voraussetzungen und Verpflichtungen zur Gestaltung von ökonomisch signifikanten Rollen und Interaktionsbeziehungen.[35] Die Relevanz wirtschaftssoziologischer Analyse für die Ökonomie liegt vor allem darin, daß sie die sozialkulturelle und operative Bedeutung typischer exogener Faktoren der ökonomischen Analyse thematisiert. Hier ist insbesondere an die Annahmen über die Entstehung, Stabilisierung oder Veränderung ökonomischer Präferenzen und die Organisation ökonomischen Handelns innerhalb und zwischen Wirtschaftseinheiten zu denken. Die neueren Versuche in der ökonomischen Theorie, durch Anwendung des nutzen- und markttheoretischen Instrumentariums diese zunächst exogenen Faktoren selbst zum Gegenstand ökonomischer Erklärungen zu machen, müssen aus der Sicht PARSONS an den immanenten Grenzen jeder rein ökonomischen Sichtweise scheitern. Diese Position läßt auch eine weitere Schlußfolgerung zu: Einerseits ist gegen die Anwendung ökonomischer Sichtweisen und Theoriemodelle auf sogenannte nichtökonomische Gegenstandsbereiche wie Familie, Bildungsinstitutionen, politische oder ökonomische Institutionen nichts einzuwenden, da die ökonomische Analyse nicht auf einen konkreten Gegenstandsbereich fixiert ist. Wichtig ist jedoch, in welcher Weise von der spezifischen Bedeutung ökonomischer Kategorien abstrahiert wird und welche spezifischen Aspekte eines Phänomens damit beleuchtet, d.h. theoretisch 'verstanden' und erklärt werden. Andererseits kann auch die soziologische bzw. wirtschaftssoziologische Analyse von ökonomischen Konzepten profitieren, sofern die Integration in das soziologische Theoriesystem gelingt.

3.3 Zusammenfassung: Der theoretische Austausch zwischen Ökonomie und Soziologie

Die Behandlung des Ökonomie-/Soziologie Problems zeichnet sich vor allem durch den Versuch aus, unfruchtbare, methodologische Kontroversen zu vermeiden. Dies gilt insbesondere für jede Form von Prioritätsstreitigkeiten und den damit verbundenen Reduktionismusdebatten. Für PARSONS läßt sich die Beziehung zwischen Ökonomie und Soziologie nicht auf die Alternativformel von der Soziologisierung ökonomischen Denkens oder der Ökonomisierung soziologischen Denkens reduzieren. Gewiß wird auf der Ebene einer empirischen Wirtschaftsforschung die explizite Berücksichtigung 'soziologischer' Variablen unumgänglich sein. Umgekehrt gilt, daß eine empirische Soziologie stets ökonomische Faktoren in Rechnung zu stellen hat. Entscheidend ist jedoch die Frage, ob und wie man zu einer generellen Theorie gelangt, die die Eigenständigkeit theoretischer Subsysteme bewahrt und die in der Lage ist, empirische Forschung anzuleiten. Die Beziehung zwischen unterschiedlichen theoretischen Systemen einerseits und theoretischen und empirischen Systemen andererseits können nicht als "Ableitung" verstanden werden, sondern beruhen auf interpretativen Verknüpfungen innerhalb eines übergeordneten theoretischen Bedeutungssystems. Dies gelingt jedoch, wie unsere Analyse zeigt, nur unzureichend. In der früheren handlungstheoretischen und strukturfunktionalen Phase läßt sich eine latente Subsumtionsbeziehung zwischen Soziologie und Ökonomie nachweisen, bei der der Soziologie die Funktion zukommt, die Randbedingungen für die Anwendbarkeit ökonomischer Analysen zu definieren. Diese Position wird zwar mit **Economy and Society** relativiert, aber PARSONS und SMELSER formulieren die funktionale Interdependenz von einem Standpunkt aus, der dem naturwissenschaftlichen Theoriemodell verpflichtet bleibt.

Damit bleibt **Economy and Society** hinsichtlich der Frage nach den Bedingungen und Möglichkeiten einer theoretischen Integration ambivalent: Einerseits suchen nämlich PARSONS und SMELSER nach einem theoretischen Fundament in einem einheitswissenschaftlichen und primär positivistischen Sinn, andererseits halten sie an dem antireduktionistischen Programm und einem eher interpretativen Vorgehen fest. Innerhalb eines deduktiv-nomologischen Theoriemodells werden die Reduktionismusstreitigkeiten nur auf eine höhere Ebene verschoben. Dies zeigt sich an dem uneindeutigen Status der soziologischen Theorie innerhalb einer Theorie sozialer Systeme und an dem Versuch, ökonomische Variablenwerte aus soziologischen Parametern abzuleiten. Grundlage dafür ist der Hinweis auf konzeptionelle und begriffliche Kongruenzen. Innerhalb eines empirisch-positivistischen Theoriemodells müssen solche "Kongruenzen" als bloße Spekulationen erscheinen, solange das Verhältnis von ökonomischer und soziologischer Theorie nicht auf der Basis einer Ableitung aus einer übergeordneten, empirisch überprüften Theorie begründet werden kann. Und über eine solche verfügen PARSONS und SMELSER nicht.

Dennoch enthält PARSONS' und SMELSERS Vorgehensweise interessante Ansatzpunkte für eine andere Sicht des Integrationsproblems. Integration läßt sich hier eher als ein theoretischer Diskurs verstehen, ein "Im Gespräch bleiben", in dem keine endgültige (weil nicht letztlich entscheidbare) Lösung gesucht wird, sondern bei dem nach stets vorläufigen Vereinbarkeiten oder verständlichen Unterschieden gesucht wird, ohne den Anspruch zu erheben, die Verschiedenheit theoretischer Begriffe und Aussagen durch Berufung auf ein theoretisches System aufzuheben. Die prinzipielle Unabgeschlossenheit eines solchen Diskurses macht die Konstruktion einer generellen Theorie zu einem Problem der Abgrenzung eines Rahmens, in dem noch sinnvoll diskutiert werden kann. Es geht also nicht um die Definition von festen, allgemeinen Regeln, durch die spezielle Diskussionsbeiträge als "letztlich" begründet ausgewiesen werden können, sondern eher um Verfahren, den Diskurs selber zu erhalten. Dies liegt auf der Linie der von PARSONS praktizierten Methode, Theoriekonstruktion nach dem Beispiel des "Common law" zu betreiben: Auch hier geht es nicht um letztlich richtige Ableitungen aus scheinbar unveränderlichen Grundsätzen, sondern um eine am Einzelfall orientierte und diskursiv entstehende Konstruktion von allgemeinen Grundlagen. Damit ist nun keinesfalls einer anarchistischen Methodologie Tür und Tor geöffnet. Die Kontinuität und Reflexivität des generellen theoretischen Diskurses hängt wesentlich von dem Rückgriff auf speziellere theoretische Problemlösungen ab, die sich gerade dadurch auszeichnen, daß sie ihre Lösungen den Regeln wissenschaftlicher Kritik unterwerfen.

Vor diesem Hintergrund ist **Economy and Society** keine Theoriediskussion im herkömmlichen Sinn. Es werden weder methodologische Grundpositionen verglichen, noch werden diese als entscheidende "Ursache" für inhaltlich divergierende Aussagen herbeizitiert. Die verschiedenen substantiellen Theorieangebote werden auch nicht primär nach ihrer empirischen Überprüfbarkeit oder ihrer tatsächlichen empirischen Bewährung beurteilt. Es ist weithin der Versuch einer "verstehenden" Rekonstruktion von theoretischen Kategorien und Relationen innerhalb eines generellen theoretischen Rahmens. Dieser Rahmen dient als heuristisches Instrument zu einer Reinterpretation theoretischer Terme im Hinblick auf ein gewähltes empirisches Referenzsystem. Gerade hieran läßt sich jedoch die strategische Bedeutung von **Economy and Society** festmachen: Ökonomische Theorie liefert nicht lediglich eine Kontrastfolie, an der sich der soziologische Standort ohnehin nur negativ bestimmen ließe, sondern es wird gerade die Wechselseitigkeit des theoretischen Austauschs betont. Es geht jetzt nicht mehr nur um die Verortung ökonomischer Theorieelemente als 'Spezialfall', sondern um die Frage, wie umgekehrt ökonomische Theorieelemente generalisiert werden können, um für eine generelle Theorie sozialer Systeme im allgemeinen und für die soziologische Theoriebildung im besonderen nützlich zu sein. Dadurch gewinnt die Aufnahme und Integration ökonomischer Theorieelemente eine zentrale Bedeutung für die soziologische Theoriekonstruktion selbst. Das Integrationsproblem zwischen ökonomischer und soziologischer Theorie wird nicht mehr allein auf der formalen Ebene als Verhältnis theoretischer Systeme zu einer empirischen Datenbasis thematisiert, sondern in der konzeptionellen Struktur der Theorie verankert. Auf dieser Ebene stellt sich nicht primär das Problem der empirischen Validität; hier geht es um die konzeptionelle Signifikanz und Konsistenz theoretischer Terme, d.h. um das Verstehen theoretischer Sinnzusammenhänge. Wir sind damit darauf verwiesen, diesen Diskurs zwischen ökonomischer und soziologischer Theorie in der generellen Sozialtheorie PARSONS' weiter zu verfolgen. Hierbei genügt es nicht zu fragen, ob und inwieweit PARSONS auf ökonomische Variablen als exogene Größen in soziologischen Problemlösungen bezug nimmt, sondern ob und inwieweit ökonomische Theorieelemente in der kategorialen und konzeptionellen Grundstruktur der soziologischen Theorieanlage eingebunden sind.

II. DIE ANSATZPUNKTE EINER THEORIE DES SOZIALEN AUSTAUSCHS IN DER SOZIOLOGIE TALCOTT PARSONS'

Problemstellung

Im vorhergehenden Abschnitt haben wir gezeigt, wie sehr einerseits das Bemühen um eine eigenständige soziologische Standortbestimmung von der Auseinandersetzung mit den Grundlagen der ökonomischen Theorietradition geprägt ist und wie andererseits wiederum die Kritik von den Schwerpunkten der soziologischen Theorieentwicklung bei PARSONS beeinflußt wird. Man wird jedoch den systematischen Stellenwert ökonomischer Theorieelemente nur abschätzen können, wenn man sich eines allgemeinen theoretischen Rahmens vergewissert, innerhalb dessen ökonomische Theorieelemente lokalisiert werden können. Einen solchen Rahmen bietet die Theorie des sozialen Austauschs, da sowohl weite Teile der ökonomischen Theorie als auch PARSONS' Sozialtheorie implizit oder explizit eine solche Theorie enthalten. Sozialer Austausch bildet also den Kristallisationspunkt unserer weiteren Auseinandersetzung.

Es bedarf kaum einer besonderen Rechtfertigung, wenn man behauptet, daß die Analyse von Austauschbeziehungen den sozialtheoretisch zentralsten Bezugspunkt moderner ökonomischer Theorie darstellt.[1] Umgekehrt scheint allerdings die Vorstellung, PARSONS als Theoretiker des sozialen Austauschs zu rezipieren, eher befremdlich. Unter Kritikern und Anhängern PARSONS' gilt es als ausgemacht, daß das Etikett "Austauschtheorie" für solche theoretischen Konzeptionen steht, die sich in einem mehr oder minder erklärten Gegensatz zum Kollektivismus oder Strukturfunktionalismus bei PARSONS befinden.[2] So nützlich diese Etikettierungen für die polemische Auseinandersetzung auch sein mögen, so verstellen sie doch den Blick auf ein wesentliches Moment in der Theoriebildung PARSONS'; nämlich den Versuch, strukturalistische und interaktionistische Perspektiven in seiner Soziologie zu verbinden. Allein die Kontinuität und Beharrlichkeit, mit der PARSONS auf die generalisierbaren Elemente der ökonomischen Theorietradition für die Entwicklung einer allgemeinen Sozialtheorie hinweist, macht dies augenfällig. Wie wenig allerdings die geläufige Rezeption diese Tatbestände berücksichtigt, geht aus einer Beschwerde hervor, die PARSONS an seine Kritiker richtet:

> "I have often wondered why I have never been identified with exchange theory. Going back Toward A General Theory of Action, certainly the analysis of interaction presented here dealt most conspicuously with exchanges and in another phase which began with the book Economy and Society, which I coauthored with Neil Smelser, exchange is the very center of the analytical picture. Yet Homans and Blau are exchange theorists and apparently Smelser and I are not. This seems a bit illogical."[3]

Dabei verweist sowohl die kritische Auseinandersetzung mit ökonomischen Theorien als auch die positive Formulierung des soziologischen Standorts als Analyse des normativen Aspekts des sozialen Handelns auf die Leitidee einer Theorie des sozialen Austauschs: die theoretische Rekonstruktion sozialen Austauschs als normativ regulierter Austausch zwischen sozialen Handlungseinheiten. Für die Theoriekonstruktion ergibt sich hieraus das Problem der stringenten Verknüpfung von strukturellen und prozessualen Kategorien im allgemeinen und der adäquaten Spezifikation der Rolle normativer Faktoren im besonderen. Hier liegen zugleich die "kritischen Punkte", an denen sich PARSONS' Anspruch auf Synthese strukturalistischer und interaktionistischer Theorielinien bewähren muß. Betrachtet man die umfangreichen Arbeiten PARSONS' auf der sozialtheoretischen Ebene, so lassen sich drei Theoriekomplexe identifizieren, die für eine Theorie des sozialen Austauschs von konstitutiver Bedeutung sind. Hier sind zu nennen:
(1) die Theorie der sozialen Interaktion,
(2) die Theorie des gesellschaftlichen Austauschs ("Interchange"),
(3) die Theorie der sozialen Interaktionsmedien

Wir werden in den folgenden drei Kapiteln zu zeigen haben, was die Besonderheit des jeweiligen theoretischen Ansatzes ausmacht und wodurch sie konzeptionell miteinander verbunden sind. Dabei werden wir jeweils die zentrale theoretische Perspektive, die grundlegenden theoretischen Instrumente und modelltheoretischen Spezifikationen rekonstruieren und prüfen, welche theoretischen Problemlösungen für das Programm des normativ regulierten Austauschs entwickelt werden.

1. Sozialer Austausch als Interaktion

1.1 Das Akteur-Situations-Schema als Bezugsrahmen

Die Interaktionstheorie bildet eine Art Elementartheorie des sozialtheoretischen Gesamtkonzepts bei PARSONS.[4] Der Begriff "elementar" darf hier jedoch nicht im Sinne eines reduktionistischen Theorieprogramms gedeutet werden. Es geht weder um die Aufstellung allgemeiner empirischer Grundgesetze, die für alle Sozialsysteme Geltung beanspruchen, noch wird behauptet, daß Interaktionssysteme eine Art "Urzustand" komplexer Sozialsysteme darstellen.[5] Das Konzept verweist methodologisch auf die Notwendigkeit, theoretisch und empirisch signifikante Bezugspunkte zu explizieren, die "mindestens" in die Analyse eingehen sollten. Es handelt sich, ähnlich wie bei der Konstruktion des "unit act" im Rahmen der allgemeinen Analyse des Handelns, um die Entwicklung eines grundlegenden Analyserahmens für soziale Systeme.[6] Zu den logischen Voraussetzungen eines sozialen Interaktionssystems zählt PARSONS:

(1) eine Klasse von Akteureinheiten, wobei es sich sowohl um individuelle wie kollektive Akteure handeln kann;
(2) die Existenz symbolischer und normativer Codes, die sowohl die Orientierungen der Akteure als auch die Situation der Interaktion strukturieren;
(3) die Organisiertheit dieser Struktur, durch die normative Codes und interaktive Prozesse verbunden sind und eine unterscheidbare Ordnung und Gerichtetheit aufweisen;
(4) eine Umwelt, innerhalb derer ein solches System operiert bzw. zu der es bestimmte Beziehungen unterhält.[7]

Diese Bezugspunkte lassen sich als generelle theoretische Elemente auffassen, die über verschiedene Stufen theoretischer Generalität und Spezifikation hinweg konstitutive Merkmale sozialer Systeme umschreiben. Dies heißt jedoch nicht, daß damit jeweils alle theoretisch signifikanten Variablen erfaßt sind oder Strukturmerkmale mikrosozialer Interaktionssysteme umstandslos auf komplexe Makrosysteme übertragen werden können. Eine Kleinfamilie, eine Arbeitsgruppe oder die Interaktion zwischen Freunden bildet sowenig eine Art Mikrokosmos einer Gesamtgesellschaft wie umgekehrt ein gesellschaftliches System nicht allein mit Hilfe von Kategorien der elementaren Interaktionsanalyse analysiert werden kann. Die Mikro-Makro Dimensionierung wird bei PARSONS analytisch durch die Unterscheidung zwischen Einheitenanalyse und einer "Systemanalyse" durchbrochen, wobei im Anwendungsfall ein konkretes Phänomen auf beiden Ebenen betrachtet werden kann.[8] Die Interaktionsanalyse, wie sie im folgenden rekonstruiert werden soll, betrachtet sozialen Austausch von den handelnden Einheiten (Individuen, Kollektive) her, die in einer bestimmten Situation agieren. Dieses Akteur-Situationsschema fokussiert die Analyse auf die ersten beiden Komponenten eines Interaktionssystems; die Eigenart und die Struktur des Interaktionssystems und dessen Einbettung in ein umfassenderes System gehen als Konstante in die Analyse ein.

1.2 Die konzeptionellen Elemente der Interaktionsanalyse

PARSONS' theoretischer Ansatzpunkt kann im wesentlichen als Versuch einer theoretischen Synthese zwischen interaktionistischen und strukturalistischen Theorielinien verstanden werden.[9] Die interaktionistische Linie umfaßt dabei ein weites Spektrum theoretischer Traditionen und konzeptioneller Entwürfe, deren wichtigste Eckpunkte der symbolische Interaktionismus einerseits und die verhaltenstheoretisch formulierte Austauschtheorie bei HOMANS andererseits bilden. Die strukturalistische Linie einer Theorie des sozialen Austauschs läßt sich von DURKHEIM über MAUSS bis zu LEVI-STRAUSS verfolgen.[10] Interaktionistische Ansätze betonen vor allem den Prozeßcharakter des sozialen Austauschs. Während im symbolischen Interaktionismus der Austausch von Bedeutungen und Prozesse der wechselseitigen Zuschreibung eine zentrale Bedeutung erhalten, thematisiert die sogenannte "Exchange"-Theorie sozialen Austausch in erster Linie als wechselseitige Verhaltenssteuerung durch Veränderung situativer Handlungsbedingungen, die für die Beteiligten einen bestimmten Gratifikationswert haben. PARSONS versucht, die symbolischen und konditionalen Komponenten zu verknüpfen: Prozesse der situativen Anpassung bzw. des wechselseitigen Belohnungsaustauschs erhalten ihre Bedeutung und Gerichtetheit erst durch die Orientierung an und den Gebrauch von symbolischen Faktoren.

Dies kommt in der Unterscheidung zwischen Kommunikation und Entscheidung als grundlegende Aspekte sozialer Interaktionsprozesse zum Ausdruck.[11] Kommunikation betrifft die wechselseitige Vermittlung von Bedeutungen, Werten, normativen Erwartungen und Situationsdefinitionen zwischen Akteuren, die eine Kommunikationsgemeinschaft bilden. Entscheidungen betreffen Prozesse, die sich auf die symbolisch orientierten Dispositionen oder Aktivitäten innerhalb einer Akteureinheit beziehen. Der strukturalistische Kern der Argumentation bei

PARSONS besteht darin, Prozesse der Kommunikation und der Entscheidung wiederum als Resultat multipler und interdependenter Strukturen zu deuten, die ein identifizierbares Muster aufweisen. Dieses wird über Prozesse der Institutionalisierung und Internalisierung zum Bestandteil der Situation und der Orientierung der Akteure. Dieses theoretische Programm wird nun im Rahmen der Interaktionsanalyse durch folgende theoretische Schemata spezifiziert:

(1) das Reziprozitätsschema
(2) das Sanktions-Performanz Schema
(3) das Konformitäts-Devianz Schema und
(4) das Pattern Variables Schema

PARSONS betrachtet die Reziprozität interaktiven Handelns in erster Linie unter dem Gesichtspunkt der Aufrechterhaltung einer sinnvollen Interdependenz von Geben und Nehmen. Das Verhalten jedes Akteurs stellt eine Information dar, die vom Empfänger hinsichtlich ihrer gratifizierenden Bedeutung beurteilt wird und in die Definition der eigenen Handlungsinteressen eingeht. Dies setzt die Existenz eines zumindest relativ stabilen Bedeutungssystems und das Erlernen seiner Regeln und ihrer "richtigen" Anwendung durch die Akteure voraus.[12] Die Fähigkeit zur "sinnvollen" Interaktion hängt vom Grad der Erfüllung der wechselseitigen Erwartungen ab, wobei diese stets relativ zu den kognitiven oder normativen Standards eines gemeinsamen Symbolsystems definiert sind. Reziprozität ist damit stets eingebettet in ein System symbolischer Bedeutungsmuster, normativer Regeln und sozialer Beziehungen. Jeder soziale Austausch enthält Elemente wechselseitiger Verpflichtungen im Hinblick auf die Erfüllung gemeinsamer Normen, wobei der zur Erfüllung dieser Erwartungen entstehende Aufwand an motivationaler Energie und Zeit der Implementierung oder Realisierung dieser Verpflichtungen geschuldet wird. Hier liegt ein wichtiger Berührungspunkt zur strukturalistischen Interpretation des sozialen Austauschs bei LEVI-STRAUSS.[13] Während jedoch bei LEVI-STRAUSS das Prinzip der Reziprozität als eine latente Überstruktur erscheint, die das Handeln der Akteure steuert, legt PARSONS die Betonung auf die Analyse eines Systems oder Musters multipler normativer Strukturen, die Form und Inhalt von Reziprozität erst definierbar machen. Reziprozität an sich hat demnach keine von kulturellen und normativen Symbolsystemen ablösbare strukturierende Bedeutung. Sie erweist sich eher, betrachtet man den Prozeß der wechselseitigen Verhaltensabstimmung, als eine Quelle systemischer Instabilität.

Das Sanktions-Performanz Schema knüpft an das Problem an, wie die beteiligten Akteure nicht nur zur Orientierung an, sondern auch zur relativen Konformität mit gemeinsamen Regeln im Interaktionsprozeß motiviert werden. Die Sanktionierung von Verhalten kann einmal unter dem Aspekt der Steuerung und Kontrolle, zum anderen aber auch als Spezifikation genereller normativer Erwartungen in konkreten Situationen aufgefaßt werden.[14] Durch die situationsabhängige Spezifikation von Erwartungen kommt es zu einer wechselseitigen Feinabstimmung. Ein solcher Abstimmungsprozeß kann allgemein unter dem Aspekt der Balancierung von performativem und sanktionierendem Handeln beleuchtet werden. Die Bereitschaft zu performativem Handeln ist eine Funktion der "Menge" und "Qualität" der Sanktionen und vice versa. Derartige Gleichgewichtstendenzen weisen den Interaktionszusammenhang als ein selbstregulatives System aus; sie sind nicht auf Kategorien akteurspezifischer Ziele oder Motive zu reduzieren.[15] Das Sanktions-Performanz Schema dient in ersten Linie dazu, einen Zwischenbereich interaktiver Prozesse zu definieren, der zwischen den Polen einer rein instrumentellen Abhängigkeit vom Austausch und einem Konformismus gegenüber den Normen des Austauschs liegt. Dies ist lediglich eine andere Form, das Konzept der Verbindung von normativ orientiertem und zugleich situativ angepaßtem Handeln für die Analyse von Interaktionsprozessen auszudrücken.[16]

Die Beziehung zwischen Konformität und Devianz wird im Anschluß an die klassische Analyse DURKHEIMS und ihrer Weiterentwicklung bei MERTON als ein einheitlicher Prozeß aufgefaßt, der zwei interdependente Aspekte enthält: Einmal geht es um Bedingungen des Entstehens devianter Tendenzen und zum anderen um Mechanismen, durch die diese Tendenzen sozial kontrolliert werden.[17] Im Zentrum der Analyse steht bei PARSONS die Frage nach den motivationalen Bedingungen abweichenden Verhaltens und den hierauf bezogenen sozialen Reaktionen auf Störungen einer Konformitäts-Abweichungs-Balance. Es bleibt festzuhalten, daß zwischen den institutionalisierten Rollenerwartungen, den in einer Situation aktualisierten Erwartungen und den akteurspezifischen Dispositionen zu konformem oder abweichendem Verhalten zwar Interdependenzen, aber keine simplen Ableitungsbeziehungen bestehen.[18] Kennzeichnend für PARSONS' Problematisierung des Verhältnisses von normativen und nichtnormativen Elementen ist die analytische Verortung des Interaktionskonzepts in die analytische Triade von Kultur-, Sozial-

und Persönlichkeitssystem. Damit wird das Merkmal der Reziprozität des sozialen Austauschs als Kristallisationspunkt theoretischer Kodifikation zwischen den o.g. Systemreferenzen aufgelöst.[19] Es ist daher nicht weiter verwunderlich, daß PARSONS keine Klassifikation unterschiedlicher Reziprozitätsmuster vorlegt, um die Struktur von Interaktionssystemen zu charakterisieren.

PARSONS bedient sich vielmehr der "Pattern Variables", die unmittelbar an den Akteur-Situations-Bezugsrahmen anknüpfen und je nach analytischem Referenzsystem neu interpretiert werden. So verwendet PARSONS dieses Instrument, um Entscheidungsalternativen aus der Sicht des individuellen Akteurs als Persönlichkeitssystem zu charakterisieren; auf der Ebene des Sozialsystems geht es um die Kennzeichnung von Rollenstrukturen und auf der Ebene des Kultursystems um die Identifizierung kultureller Bedeutungsmuster.[20] PARSONS unterscheidet zwei Klassen von Orientierungsalternativen, die er zum einen als Orientierungssatz oder Einstellungsalternativen und zum anderen als Modalitätensatz oder Objektkategorisierungen bezeichnet.[21]

Einstellungsalternativen bezeichnen verschiedene Möglichkeiten des Akteurs, sich an Objekten in einer gegebenen Situation zu orientieren. Die Alternativen werden durch die Begriffspaare **affektiv - affektiv neutral** und **spezifisch - diffus** ausgedrückt. Ersteres dient zur Kennzeichnung von Rollenstrukturen, die entweder ein freies Ausdrücken von Affekten erlauben oder eher eine neutrale, objektivierende Attitude gegenüber Objekten fordern. Das zweite Begriffspaar beschreibt das Ausmaß, zu dem Rollenhandeln entweder eine relativ undifferenzierte, unkonditionale Bereitschaft erfordert, Objekte als "zugehörig" zu betrachten oder eher eine spezifische Erwartung enthält, die die Besonderheit des Objekts und deren unterschiedliche Behandlung betont.

Objektmodalitäten beschreiben demgegenüber die Bedeutung der Objekte für einen Akteur. Hier werden wiederum zwei Gegensatzpaare konstruiert: **universalistisch - partikularistisch** und **performativ - qualitativ.** Universalistisch bedeutet, bezogen auf die Charakterisierung von Rollenstrukturen, daß Erwartungen auf generelle Standards oder Kriterien bezogen sind, die für alle Objekte und unabhängig von den Besonderheiten der Situation Geltung beanspruchen. Entsprechend enthalten partikularistische Rollenstrukturen Erwartungen, die in der Reichweite ihres Geltungsanspruchs durch die Definition von besonderen Umständen, sozialen Zugehörigkeiten und Loyalitäten begrenzt sind. Die Unterscheidung performativ - qualitativ soll verschiedene Modi der Objektkategorisierung ausdrücken: Entweder beziehen sich Rollenerwartungen auf den instrumentellen Wert des Objekts oder sie stellen den Eigenwert der Objekte in den Vordergrund. In den ersten Arbeiten, in denen die Pattern Variables entwickelt wurden, expliziert PARSONS noch eine fünfte Orientierungsalternative: die Unterscheidung zwischen **selbstorientiert - kollektivorientiert.** Diese entstand nicht zuletzt als ein Reflex auf die ökonomische Konzeption des Eigeninteresses, dem PARSONS am Beispiel des Arztberufes das Modell der professionellen Uneigennützigkeit bzw. kollektiven Verantwortlichkeit entgegensetzen wollte.[22] Diese Konstruktion wird dann in den **Working Papers** aufgegeben, da diese Orientierungsalternative den o.g. Grundklassen nicht eindeutig zugeordnet werden kann.[23] Neben diesem theorietechnischen Grund dürfte ein anderer Grund eine Rolle gespielt haben; nämlich die Vermeidung eines individualistischen Bias. Die geläufige Schematisierung individueller Motivlagen und Orientierungen durch Dichotomien wie "Egoismus versus Altruismus", "individueller versus kollektiver Rationalität" haben ihren ideologischen Ursprung in der liberalen Trennung von Individuum und Gesellschaft bzw. der Gegenüberstellung von privater Autonomie und sozialem Zwang. Diese Sicht ist für einen Soziologen, der in der Tradition DURKHEIMS steht, uneinnehmbar. PARSONS' frühe Polemik gegen die utilitaristische Handlungstheorie gibt hiervon Zeugnis. Die Unterscheidung zwischen "selbstorientiert" und "kollektivorientiert" bleibt, auch gegen ihre ursprüngliche Intention, noch einem individualistischen Bezugsrahmen verhaftet. Es stellt sich die Frage, wie diese theoretischen Instrumente modelltheoretisch umgesetzt werden.

1.3 Die Interaktionsdyade als Grundmodell sozialer Austauschbeziehungen

Die Ego-Alter Dyade dient PARSONS als ein logischer Prototyp eines sozialen Interaktionszusammenhangs, an dem sich die elementaren Komponenten eines Interaktionssystems veranschaulichen lassen. Ausgangspunkt ist dabei die Annahme, daß jeder Akteur nicht nur ein handelndes Subjekt darstellt, sondern gleichzeitig ein Objekt von Verhaltensweisen und Einstellungen für andere und für sich selbst ist. Die aufeinander bezogenen Erwartungen enthalten sowohl kognitive als auch normative Elemente, die für jeden Akteur nicht lediglich eine informative Funktion haben, sondern denen eine bestimmte affektive Bedeutung zukommt.

Die Wechselseitigkeit des interaktiven Geschehens weist zwei Aspekte auf: Einerseits impliziert Reziprozität ein hohes Maß an Kontingenzen, die sich tendenziell destabilisierend auf das Interaktionssystem auswirken. Andererseits bietet Reziprozität eine Bedingung dafür, daß Interaktionsstrukturen entstehen, die die Möglichkeiten des Handelns insgesamt erweitern, da jeder Akteur nicht nur durch sein manifestes Verhalten, sondern auch durch seine Einstellung dem jeweils anderen gegenüber zu einer potentiellen Quelle von gratifizierenden Erfahrungen werden kann. Die destabilisierenden Tendenzen sozialer Reziprozität ergeben sich aus der doppelten Kontingenz des Handelns. Die Grundkonstellation besteht darin, daß jede Aktion bzw. Reaktion nicht nur von den eigenen Handlungsplänen, sondern auch von den vergangenen, gegenwärtigen und antizipierten Verhaltensweisen und Einstellungen der anderen abhängt.[24] Hierbei kann man anknüpfen an das generelle Problem der sozialen Ordnung, wie es in **SSA** thematisiert wird. Hobbes' Bild vom Kampf aller gegen alle exemplifiziert den Fall, bei dem die Akteure versuchen, mittels Zwang bzw. der Androhung von Zwang die Kontingenzen für sich niedrig zu halten und die eigenen Handlungsoptionen auf Kosten anderer zu erweitern. Dies wirft ein grundlegendes Sicherheitsproblem auf. Eine weniger drastische Version möglicher Instabilitäten besteht in dem sogenannten Ausbeutungsproblem. Hier gelingt es einer Seite, Bedingungen der Situation so für sich auszunutzen, daß sie Leistungen der anderen Seite ohne nennenswerte Gegenleistungen erhält.[25]

Das Sicherheits- und Ausbeutungsproblem setzt allerdings voraus, daß bereits Kommunikation zwischen den Akteuren besteht, die das Vorliegen der o.g. Konfliktsituationen für die Akteure überhaupt erst deutungsfähig macht. Doppelte Kontingenzen lassen sich auch auf die Struktur und den Prozeß kommunikativer Verständigung beziehen. Inkonsistente, mehrdeutige oder paradoxe Deutungen von bestimmten Erwartungen gehören ebenso zu den vielfachen Möglichkeiten gestörter Kommunikation wie die Verschränkung von Kommunikationsebenen und die Konfusion von inhaltlichen und relationalen Aspekten der Kommunikation.[26] Grundlage dauerhafter Interaktionsbeziehungen ist also die Aufrechterhaltung sinnvoller und motivationsadäquater Interdependenzen sozialen Handelns. PARSONS verwendet in diesem Zusammenhang den Begriff der **Erwartungskomplementarität.** Dabei werden die Begriffe Erwartungskomplementarität und Reziprozität synonym verwandt.[27] Diese Begriffswahl ist, wie GOULDNER zu Recht feststellt, mißverständlich, weil Komplementarität nicht notwendig ein reziprokes Geben und Nehmen impliziert.[28] Komplementarität der Erwartungen bezieht sich auf die wechselseitige Unterstellung der Akteure, daß der jeweils andere gemeinsam geteilte Wertbedeutungen und geltende Interaktionsnormen nicht nur kennt und kompetent auf die Situation und seine Handlungspläne beziehen kann, sondern daß er sich an deren Einhaltung auch gebunden fühlt.[29] Das Konzept der normativen Strukturierung dyadischer Interaktionsbeziehungen wirft zwei grundsätzliche Fragen auf: Welche Qualitäten muß ein Normensystem aufweisen, damit eine Kompatibilität der verschiedenen Handlungsziele der Akteure denkbar wird? Und: In welcher Weise müssen normative Faktoren in Prozesse sozialer Interaktion involviert sein, damit die Akteure auch motiviert sind, sich regelkonform zu verhalten?

Der erste Problemkomplex wirft die Frage nach der Konsistenz, Differenziertheit, Generalisiertheit und der Spezifikationsstufe des normativen Systems selbst auf.[30] Die Annahme einer intersubjektiv gültigen, normativen Interaktionsstruktur ergibt sich aus den Implikationen des allgemeinen Handlungskonzepts als symbolisch orientiertes Sich-Verhalten und nicht unmittelbar aus der Analyse dyadischer Interaktionen. Es ist sinnlos zu sagen, eine Interaktionsdyade generiere eine gemeinsame normative Kultur, wenn damit gemeint sein soll, daß Ego und Alter ohne Rekurs auf ein vorgängiges Symbolsystem ein gemeinsames Sprach- und Regelsystem durch wechselseitige Verstärkung und Stimulusgeneralisierung erfinden.[31]

Die zweite Frage zielt demgegenüber unmittelbar auf die Relation von **Performanz** und **Sanktion** bzw. **Konformität** und **Abweichung.** PARSONS unterscheidet hier implizit zwischen einer manifesten und einer eher latenten Ebene von Austauschbeziehungen. Als <u>latente</u> Struktur stellen normative Muster Elemente dar, die sowohl Eingang in die soziale Organisation von Interaktionen als einer objektivierten Situationsbedingung finden als auch durch Sozialisationsprozesse in der Grundstruktur der Persönlichkeit verankert sind. Das Problem der Aufrechterhaltung sozialer Austauschbeziehungen wird damit analytisch von den Systemreferenzen "Sozialsystem" und "Persönlichkeitssystem" definiert. Das Wechselspiel von Performanz und Sanktion, Konformität und Devianz bezieht sich demgegenüber eher auf <u>manifeste</u> Aspekte von Austauschbeziehungen. Geht es im ersten Fall um den Aufbau homologer Strukturen in unterschiedlichen Kontexten, durch die reziproke Austauschbeziehungen erst möglich werden, so geht es auf der manifesten Ebene um die normative Steuerung und Koordination unterschiedlicher Verhaltensorientierungen und Handlungsziele.[32]

PARSONS hat im Verlauf seiner Theoriebildung immer wieder Versuche unternommen, durch Entwicklung klassifikatorischer Systeme eine theoretisch allgemeine und zur Konstruktion verschiedener Strukturtypen brauchbare Verfeinerung der Interaktionsanalyse zu entwickeln: So z.B. der Versuch, performative und sogenannte Sanktionsnormen zu unterscheiden und diese Klassifikation als das normative Pendant zum grundlegenden Performanz-Sanktionsschema zu explizieren. Die Unterscheidung ist rein analytischer Natur: Performative Normen stellen Bewertungsstandards dar, die Anforderungen an die Richtung und Qualität des anzustrebenden Handelns formulieren; umgekehrt beziehen sich Sanktionsnormen auf Erwartungen, an denen eine bereits erfolgte Handlung gemessen wird.[33] Eine andere Klassifikation legt PARSONS bei der Untersuchung sozialer Kontrollmechanismen bzw. bei seinen Analysen zur sozialisatorischen Interaktion vor. Diese entwickelt PARSONS am Modell der therapeutischen Interaktion: Manipulation von Belohnungen, Verweigerung von Reziprozität, Unterstützung und Permissivität werden sowohl als Kontrollmechanismen als auch als strukturelle Komponenten sozialisatorischer Interaktion aufgefaßt.[34] Das theoretisch generellste Instrument zur Klassifikation und Typisierung normativer Strukturen in interaktiven Austauschbeziehungen stellt das System der **Pattern Variables** dar. Das Grundprinzip besteht hier darin, normative Strukturen als Kombination der o.g. Paare von Orientierungskategorien und Objektkategorisierungen zu typisieren. Diese dienen im Zusammenhang mit anwendungsbezogenen Interaktionsanalysen in ersten Linie dazu, bestimmte Rollenstrukturen in einem gegebenen institutionellen Kontext zu explizieren. Hier ist vor allem an die Arbeiten PARSONS' zur Arzt- und Patientenrolle,[35] zu Interaktionsstrukturen in experimentellen Kleingruppen[36] und zur Struktur sozialisatorischer Interaktion in Familie, Schule und Universität zu denken.[37]

Eine grundlegende Kategorisierung der "Mittel" bzw. der Ansatzpunkte normativer Kontrolle enthält das Sanktionsschema, welches PARSONS im Rahmen der Theorie der sozialen Interaktionsmedien entwickelt. Hier knüpft PARSONS direkt an das Akteur-Situationsschema an: Sanktionen wirken entweder auf die Veränderung der <u>situativen Bedingungen</u> oder sie zielen auf die Veränderung bzw. Bestärkung der <u>Intentionen</u> des Akteurs. Sanktionen können jeweils eine positive oder negative Bedeutung für die Akteure haben. Wir schlagen für unseren Diskussionszusammenhang eine modifizierte Darstellung vor. Bei PARSONS wird die Unterscheidung "positiv - negativ" als eine Grunddimension eingeführt. Dagegen läßt sich einwenden, daß die verschiedenen Sanktionstypen prinzipiell beide Richtungen annehmen können: Ob eine Sanktion positiv oder negativ ist, dürfte jeweils nur aus Kenntnis der Besonderheiten der Situation und der Präferenzstruktur der Akteure entscheidbar sein. Statt dessen verwenden wir PARSONS' Unterscheidung zwischen "konsumatorisch" und "instrumentell", die er bei der formalen Ableitung des **AGIL-Schemas** benutzt. Diese Unterscheidung soll auf die Zeitpräferenz ("kurzfristig versus langfristig") beim Einsatz von Sanktionsmitteln aufmerksam machen.[38] Aus der Kreuztabellierung beider Dimensionen ergibt sich folgende Typologie (vgl. Abb. 3) von Sanktionen:

Abb. 3 Das Sanktionschema sozialer Interaktionen

	instrumentell	konsumatorisch
Intention	Aktivierung	Überredung
Situation	Anreize	Kontrolle

Instrumentell soll in diesem Zusammenhang bedeuten, daß die Sanktionen positiv oder negativ auf eine langfristige und eher generalisierte Form der Veränderung oder Bewahrung von Einstellungen oder Situationsdefinitionen zielen. Es muß dabei unterstellt werden, daß der Adressat eine Empfänglichkeit ("receptiveness") für die Sanktion hat. Anreize zielen auf die Herstellung einer Opportunitätsstruktur, die die Chancen zukünftigen Handelns tangieren. Aktivierung von Verpflichtungen zielt auf die Veränderung oder Bestärkung von grundlegenden Dispositionen, die durchaus in verschiedenen, konkreten Verhaltensweisen zum Ausdruck kommen können. **Konsumatorische** Sanktionen umschreiben Formen der Handlungssteuerung, die auf eine kurzfristige und eher spezifische Form der Veränderung oder Bewahrung von Situationen und Intentionen zielen. Kontrolle beruht darauf, daß der Adressat bestimmte Handlungsselektionen übernimmt, unabhängig davon, ob dieser andere Selektionen bevorzugt hätte. Überredung bzw. Überzeugung zielt auf die Veränderung oder Bestärkung einer bestimmten Einstellung zu einem bestimmten Objekt. Das konsumatorische Interesse richtet sich hier primär auf die Herstellung eines Konsens zwischen den Akteuren als einer Voraussetzung für ein erfolgreiches Verfolgen kurzfristiger Handlungspläne und für die Bestärkung kollektiver Loyalitäten und Zugehörigkeiten. Aktivierung, Überredung, Kontrolle und Anreize stellen unterschiedliche Grundtypen dar, die in unterschiedlicher Form und Valenz aktualisiert werden können.[39] Aus dieser Sicht stellen die symbolischen und generalisierten Interaktionsmedien eine besondere Form der sozialen Sanktionierung dar. Wir werden im 3. Kapitel dieses Abschnitts hierauf ausführlich eingehen.

1.4 Die analytische Reichweite der Interaktionsanalyse

Die Interaktionsanalyse thematisiert sozialen Austausch in erster Linie als ein wechselseitiges Agieren und Reagieren in bestimmten Rollen. Zentraler Bezugspunkt ist hierbei die Struktur der normativen Rollenerwartungen und die Prozesse der reziproken Sanktionierung im Hinblick auf die Erfüllung dieser Erwartungen. Die normative Steuerung setzt, vom Akteur aus betrachtet, bei der Selektion der verschiedenen Handlungsalternativen an, wobei diese Selektion von der erwarteten Qualität und Quantität der Sanktionen abhängt, die mit der Erfüllung bzw. Abweichung von normativen Erwartungen verbunden sind. Hiermit verbunden ist die Vorstellung eines bestimmten Gleichgewichtszustandes, der als Merkmal des Interaktionssystems anzusehen ist. Was als positive oder negative Sanktion gilt, hängt von der Institutionalisierung von normativen Regeln ab, die wiederum in ein System von gemeinsam geteilten Bedeutungen eingebettet sind. Davon zu unterscheiden ist die Frage, inwieweit die Objekte, die Gegenstand des sozialen Austauschs sind, für die beteiligten Akteure einen bestimmten Gratifikationswert haben, der sie zur Fortsetzung von sozialen Austauschbeziehungen motiviert. Weder der Mutualismus der tatsächlichen oder antizipierten Vorteile noch die Gemeinsamkeit des Bedeutungssystems stellt für sich eine Komplementarisierung der Erwartungen her, sondern erst deren Kombination und Vermittlung über eine normative Regelstruktur.

Ein Blick auf die verschiedenen Anwendungsbereiche, in denen PARSONS primär auf interaktionsanalytische Kategorien zurückgreift, weist eine Beschränkung auf die Analyse direkter, interpersonaler Kommunikationsbeziehungen in einem jeweils als gegeben angenommenen institutionellen Rahmen auf. Allerdings erweist sich die Interaktionsanalyse nicht nur thematisch, sondern auch in ihrer argumentativen Umsetzung in ihrer Reichweite begrenzt. Dies liegt zum einen daran, daß PARSONS z.T. mißverständlich und verkürzt argumentiert, zum anderen aber an der akteurzentrierten Perspektive, aus der er seine Analyse entwickelt. Die Überbetonung akteurspezifischer Variablen schlägt sich vor allem bei der Interpretation des Performanz-Sanktionsschemas und der Analyse von Konformität und Devianz nieder. Dabei knüpft PARSONS an lerntheoretische Kategorien an, die den Eindruck entstehen lassen, als ginge es primär um Prozesse der wechselseitigen Konditionierung durch den Austausch positiver oder negativer Stimuli.[40] An anderer Stelle legt PARSONS eine Interpretation vor, die eine quasi utilitaristische Deutung des Performanz-Sanktionsschemas nahelegt. Hier erscheint die Erfüllung normativer Erwartungen primär als eine strategische Wahl, bei der ein Akteur verschiedene Alternativen seines Handelns in petto hält und je nach der Höhe der zu erwartenden Belohnung auswählt.[41]

Eine gewisse Einseitigkeit enthält auch die Interpretation der Beziehung von Devianz und Konformität. PARSONS zeigt sich hier in erster Linie an dem Problem interessiert, wie abweichendes Verhalten motivational zustandekommt und wie die Mechanismen sozialer Kontrolle auf diese Motivationen zurückwirken. Strukturelle Widersprüche und Ambiguitäten der normativen Struktur bleiben weitgehend ausgeblendet.[42] PARSONS selbst räumt mit Blick auf das Modell der Interaktionsdyade ein, daß hier die Gefahr bestehe, normative Faktoren kurzerhand als subjektive Ziele und Wünsche aufzufassen und die Rolle nichtkonditionaler Loyalitäten, die sich aus der Mitgliedschaft in sozialen Kollektiven ergeben, herunterzuspielen.[43] Tatsächlich kann PARSONS mit Blick auf die Interaktionsdyade die zentrale Bedeutung normativer Faktoren nur dadurch einführen, daß er auf ihre <u>logische</u> Unentbehrlichkeit hinweist. Dies führt zu einer Überspannung des interpretativen Bogens in eine normativistische Richtung, da nun alles als normativ gesteuert erscheint: Bezeichnend ist hierfür der Versuch, dem Performanz-Sanktionsschema ein spiegelbildliches normatives Pendant überzustülpen. Dies hat PARSONS einerseits den Vorwurf eingebracht, er reduziere soziale Strukturen auf normative[44] und andererseits sich dem Mißverständnis ausgesetzt, seine Interaktionsanalyse bilde das theoretische Komplement zur systemtheoretischen Analyse institutionalisierten Verhaltens.[45]

PARSONS gelingt es zwar, im Rahmen seiner Interaktionsanalyse die Verbindung zwischen der "strukturalistischen" Perspektive des Institutionalisierungs- und Internalisierungskonzepts und der "austauschtheoretischen" Sicht des Modells der reziproken Verhaltenssanktionierung programmatisch zu formulieren, jedoch bleibt die theoretische Einlösung gerade in der strukturfunktionalen Phase eigentümlich vage und mißverständlich. Dies liegt zum einen an PARSONS' Vorliebe für eine Art

Blickwinkelargumentation, bei der Standorte definiert, aber keine Relationen expliziert werden und zum anderen an der argumentativen Verschränkung von Institutionalisierung und Internalisierung. Normative Strukturen erscheinen hier primär als ein begrenzender, stabiler Rahmen, in dem die eigentlichen Austauschprozesse i.S. reziproker Sanktionierung und Motivierung stattfinden. Dahinter wird das Bemühen deutlich, die alte Spannung zwischen "Struktur" und "Austausch" durch eine Komplementarisierung beider Perspektiven aufzuheben. Diese Lösung erscheint zwar naheliegend, bleibt aber eher ein Kompromiß. Normen werden hier einseitig als "statische" Elemente der Handlungssituation und als Restriktion für die möglichen Handlungsoptionen der Akteure betrachtet, deren Interdependenz die spezifische Dynamik von Austauschbeziehungen ausmacht.

Diese Zuordnung ist jedoch nicht aufrechtzuerhalten, wenn die wechselseitigen Handlungsorientierungen selbst als normativ strukturiert aufgefaßt werden sollen. Beide Konzepte werden argumentativ so miteinander verschränkt, daß deren unabhängiger analytischer Status verschwindet. PARSONS argumentiert so, als ob die Internalisierung normativer Strukturen in die Persönlichkeit zugleich Bestandteil der Institutionalisierung normativer Strukturen sei. Die Internalisierung normativer Standards formt demnach die grundlegenden Bedürfnisdispositionen, aufgrund derer eine reziproke Sanktionierung konformen Verhaltens für die Akteure sinnvoll und relevant wird. Beides wird als Kriterium der Institutionalisierung normativer Standards expliziert.[46] Hierbei wird der analytisch idealtypische Fall einer Koinzidenz zwischen der Institutionalisierung und Internalisierung normativer Strukturen zu dem Fixpunkt, von dem aus abweichende Strukturformen in den Blick geraten. Hier liegt die Versuchung nahe, strukturelle Konflikte und Widersprüche allein unter dem Gesichtspunkt der ungleichen und ungleichzeitigen Sozialisation einer ansonsten einheitlichen normativen Grundstruktur zu betrachten. Theoretisch relevant wäre ebenso der entgegengesetzte Fall der vollkommenen Trennung zwischen institutionalisierter und internalisierter normativer Kultur. Die von PARSONS häufig verwendete Metapher, wonach Institutionalisierung und Internalisierung nur zwei Seiten ein- und derselben Medaille seien, ist mißverständlich, wenn damit gemeint sein soll, daß es sich hierbei lediglich um eine Änderung des Blickwinkels handelt. Vielmehr geht es hier um Strukturen und Prozesse normativer Interpenetration in unterschiedlichen Systemkontexten, deren sorgfältige Unterscheidung theoretisch wie empirisch bedeutsam ist. Die Annahme einer kulturell normativen Einheit als Grundlage dauerhafter

Interaktionssysteme garantiert keinesfalls eine identische oder komplementäre Situationsdeutung, die geeignet wäre, das Konfliktpotential divergenter Interessen wirksam zu reduzieren. Die Existenzfähigkeit sozialer und personaler Systeme ist geradezu davon abhängig, daß soziale Interaktionen nicht beliebig personalisiert und die personelle Identitätsbildung nicht nur individualisierte Aneignung von normativer Kultur sein kann.[47] Ähnliches gilt für die Beziehung zwischen der Sinnstiftung durch gemeinsam geteilte Bedeutungen kultureller Symbole und den Voraussetzungen sozialer Integration zwischen verschiedenen Akteuren. Diese ist primär von den Zugehörigkeiten zu bestimmten Kollektiven und deren Beziehungen zueinander abhängig. Diese Einheitlichkeit von Wertesystemen kann u.U. soziale Konflikte verstärken, wenn z.B. kulturelle Traditionen in den Dienst konkreter Interessenskonflikte gestellt werden und dadurch mehrdeutig werden. Entscheidend ist hier, daß kulturelle und soziale Integration unterschiedliche Modi der Organisation des Handelns umschreiben, die nicht aufeinander reduziert werden können. Diskontinuitäten zwischen kultureller und sozialer Struktur sind eher der Normalfall. Es erscheint theoretisch wenig sinnvoll, einen Grenzfall kompletter Koinzidenz zu konstruieren, der allenfalls auf statische Interaktionssysteme zuträfe.[48]

Es geht hier nicht darum, den gängigen Vorwurf zu wiederholen, PARSONS entwerfe ein harmonisierendes und statisches Bild von sozialen Interaktionssystemen. Vielmehr geht es darum, die Konzepte der Institutionalisierung und Internalisierung analytisch auseinanderzuziehen, um die unterschiedlichen Voraussetzungen und Formen dieser Prozesse präziser zu fassen.[49] Dazu ist eine generalisierende Betrachtung angezeigt, die theoretisch unterschiedlichen Systemreferenzen und Komplexitätsstufen Rechnung trägt. Die Theorie muß notwendig abstrakter ansetzen und die akteurzentrierte Sicht verlassen. Dies gilt, betrachtet man die empirische Seite des Arguments, um so mehr, je komplexer die Organisation des betrachteten Interaktionssystems ist. Soziologisch relevante Interaktionssysteme umfassen typischerweise makrosoziale Systeme, die als ein in sich differenziertes und organisiertes Netzwerk multipler Interaktionssysteme betrachtet werden müssen. Auch hier gilt, daß makrosoziale Systeme wie z.B. eine Gesellschaft nicht einfach nur eine Ansammlung oder ein zufälliges Resultat von sozialen Mikrostrukturen, etwa einer Vielzahl dyadischer Beziehungen zwischen Ehepaaren, Freunden, etc. darstellt. Gerade auf der makroanalytischen Ebene lassen sich die unterschiedlichen Varianten, Strukturkomponenten und Organisationsstufen sozialer Systeme beleuchten.[50]

2. Sozialer Austausch als Interchange[1]

2.1 Das System-Umwelt Schema als Bezugsrahmen

Auf den ersten Blick scheint die Interchangeanalyse das Thema des interaktiven Austauschs nur auf einer makrosoziologischen Ebene weiterzuverfolgen. Wäre dies der Fall, dann müßten sich das Situations-/ Akteur Schema und das System-/ Umwelt Schema wechselseitig aufeinander reduzieren lassen, so daß die Interchangeanalyse lediglich komplexere Interaktionssysteme und die Interaktionsanalyse elementare gesellschaftliche Austauschprozesse umfaßt. Eine solche Sichtweise müßte freilich eine Homologie zwischen Mikro- und Makroanalyse, zwischen Einheiten- und Systemanalyse unterstellen, die empirisch wie theoretisch problematisch ist. Elementare Interaktionssysteme sind nicht notwendig einfach, gesellschaftlicher Austausch nicht notwendigerweise komplex strukturiert. Die Kritik am Elementarismus der Homans'schen Austauschtheorie ist ein Indiz dafür, daß PARSONS eine theoretische Kontinuität zwischen Interaktions- und Interchangeanalyse nur dann herstellen kann, wenn er ihre Unterschiedlichkeit analytisch bewahrt.[2]

Betrachten wir z.B. ökonomische Interaktionen auf einem Markt, dann ist es wenig sinnvoll, den Markt als Umwelt des ökonomischen Systems aufzufassen. Andererseits ist ein bestimmter Marktpreis ein Element der Situation für die gerade am Marktgeschehen teilnehmenden Akteure. Der Entscheidungshorizont interaktiv verbundener Akteure ist stets ein partikularer und in der Zeitdimension begrenzter. Im Vergleich dazu ist die gesellschaftliche Definition von Sinn und die institutionelle Rahmung des Handelns relativ unabhängig von den Orientierungen konkreter Akteure, den spezifischen Objekten und Modi des sozialen Austauschs. Gesellschaftlicher Austausch impliziert weder Anwesenheit aller noch eine auf die beteiligten Persönlichkeiten und auf spezifische Objekte eingestellte Kommunikationsform. Gesellschaftlicher Austausch vollzieht sich, von den Akteuren aus gesehen, indirekt und in generalisierter Form. Generalisierter Austausch bedeutet, daß sich die Akteure allgemein verstandener und akzeptierter Tauschmedien bedienen können. Objekte des Austauschs sind allgemeine Rechte und Ansprüche, die für bestimmte "Güter" geltend gemacht werden können. Allerdings muß bei der Unterscheidung zwischen interaktivem und gesellschaftlichem Austausch vor einer Reifikation beider Konzepte gewarnt werden. Interaktionen sind empirisch nicht separierbar vom Kontext des gesellschaftlichen Systems, in dem sie stattfinden und von den etablierten Modi des gesellschaftlichen Austauschs, auf die die Akteure zurückgreifen können. Aber diese idealtypische Unterscheidung gibt Anlaß, über die unterschiedlichen Voraussetzungen interaktiver und gesellschaftlicher Austauschbeziehungen nachzudenken.

Dem entspricht auf der Ebene der Theoriekonstruktion die Entscheidung, die Interchangeanalyse abstrakter anzusetzen. Nicht individuelle oder kollektive Akteure, sondern Systeme sind die grundlegenden Einheiten der Analyse; an die Stelle von Reziprozität und Komplementarität tritt eine Betrachtungsweise, die funktionale Interdependenzen und Kompatibilitäten zu ihrem Thema macht. Die Systemperspektive thematisiert sozialen Austausch aus der Art und der Organisiertheit der Beziehungen, durch die Einheiten oder Subsysteme miteinander verbunden sind. Soziale Systeme weisen eine relativ zu ihrer Umwelt unterscheidbare Organisiertheit und engere Interdependenz ihrer Teile auf. Die Hinwendung zur funktionalen Analyse ist eng mit dem Systemkonzept verbunden: Sie ist eine logische Vorbedingung funktionaler Analyse, da jede Behauptung über die Funktion einer Struktur oder eines Prozesses nur dann sinnvoll ist, wenn zugleich ein Bezug definiert ist, der eine geordnete Ganzheit von Relationen beschreibt.[3]

Eine funktionale Analyse von Austauschprozessen entspricht dieser verallgemeinerten Sichtweise: Sie betrachtet faktisch ablaufende Prozesse und Strukturen hinsichtlich ihrer Konsequenzen für die Aufrechterhaltung einer bestimmten System-Umwelt Differenz. Was im Einzelfall als "Struktur", "Prozeß", "System" oder "relevante Umwelt" betrachtet wird, ist eine Frage der analytischen Konstruktion und des Forschungsinteresses und nicht etwa ein Problem der Einsicht in das "Wesen" des Sachverhalts. Funktionen können vom jeweiligen Bezugssystem als eine Klasse von Bedingungen der "Systemstabilisierung" aufgefaßt werden, die von Strukturen oder Prozessen erfüllt werden müssen.[4] Funktionale Interdependenzen sind nicht nur als simultane Interrelationen auf einer Organisationsebene denkbar, sondern auch zwischen verschiedenen Stufen der Organisiertheit.

Dies impliziert Kontrollbeziehungen von Systemen höherer Organisiertheit zu Systemen niedrigerer Organisiertheit. Austausch zwischen Systemen bedeutet, daß die betrachteten Systeme zu ihren jeweiligen Umweltsystemen offene Grenzen aufweisen. Das Merkmal der Offenheit hat vor allem Konsequenzen für die Analyse der Aufrechterhaltung der Struktur eines Systems: Es muß einerseits in der Lage sein, durch interne Reorganisation auf wechselnde Umweltbedingungen flexibel zu reagieren und Prozesse des Austauschs mit der Umwelt zu lenken und andererseits bestimmte interne Zustandsgrößen konstant zu halten.[5] Damit erhält das Konzept des Gleichgewichts eine zentrale Bedeutung.

2.2 Die konzeptionellen Elemente der Interchangeanalyse

Das theoretische Instrumentarium einer Interchangetheorie des sozialen Austauschs läßt sich durch die folgenden Konzepte umreißen:

(1) Austausch wird in Form von Input-Output Kategorien, Faktor- und Produktbeziehungen zwischen (Sub)-Systemen thematisiert. Das Input-Output Schema wird dabei auf das generelle Vier-Funktionen Paradigma **(AGIL)** bezogen.

(2) Die horizontale Differenzierung zwischen verschiedenen Bezugssystemen wird mit dem Konzept der strukturellen Differenzierung von Systemen und Systemstrukturen begründet.

(3) Die vertikale Differenzierung zwischen Systemebenen, Strukturkomponenten und Prozessen wird als kybernetische Kontrollhierarchie formalisiert.

(4) Die Frage der Integration und Kompatibilität unterschiedlicher Austauschsysteme wird als Gleichgewichtsproblem behandelt.

Beginnen wir mit dem allgemeinsten Konzept: dem sogenannten **AGIL Schema.** Es läßt sich als ein analytisch geschlossener Rahmen auffassen, in dem Grundfunktionen, Bezugssysteme, Systemebenen, Struktur und Prozeßkategorien expliziert werden.[6] Im Kontext des allgemeinen System-Umwelt Schemas werden die verschiedenen Grundfunktionen[7] wie folgt definiert:

- Adaptation **(A)** bezieht sich auf die Bereitstellung genereller Ressourcen und Kapazitäten, durch die das System auf einen mehr oder weniger weiten Bereich von veränderlichen Bedingungen und Anforderungen eingestellt ist und somit ein flexibles und realistisches Reagieren des Systems ermöglichen soll.

- Goal-Attainment (Zielerreichung) **(G)** unterscheidet sich von der Anpassungsfunktion dadurch, daß es hier um die Herstellung partikularer System-Umweltbeziehungen im Hinblick auf kurzfristig angestrebte Zustände geht. Dies impliziert eine Verwendung adaptiver Kapazitäten für spezifische Ziele und Bedürfnisse.

- Integration (**I**) bezieht sich auf das Problem der Aufrechterhaltung einer inneren Umwelt, durch welche mögliche Konflikte zwischen Systemeinheiten reguliert und differenzierte Funktionen so koordiniert werden, daß sie sich im Hinblick auf die Implementierung und Aufrechterhaltung einer Grundstruktur wechselseitig verstärken.

- Latent Pattern Maintenance (latente Strukturerhaltung) (**L**) umfaßt Strukturen und Prozesse, die auf die Aufrechterhaltung spezifischer Grenzen zu Umweltsystemen spezialisiert sind. Die situationsunabhängige und langfristige Bewahrung einer Identität und strukturellen Integrität des Systems steht hier im Mittelpunkt.

Die Definition der funktionalen Erfordernisse enthält eine je unterschiedliche Art der Beziehung zwischen System und Umwelt, die Parsons entlang der Achsen **instrumentell - konsumatorisch** und **intern - extern** charakterisiert. Die spezifischen Funktionen lassen sich so als Kombination der Ausprägungen dieser Achsen interpretieren.

Das Begriffspaar **instrumentell - konsumatorisch** verweist auf eine zeitliche Dimension der Anordnung funktionaler Bezüge von Handlungssystemen. Dabei geht es stets um das Problem einer Balance zwischen den "kurzfristigen Interessen" des Systems an der Erreichung von Zielen (G) bzw. an einer konsistenten und operablen Geordnetheit interner Relationen (**I**) und der "langfristigen", Entwicklung genereller Kapazitäten (**A**) und latenter Grundstrukturen (**L**).

Die Unterscheidung zwischen **intern und extern** bezieht sich auf das Problem einer Balance zwischen der Entwicklung von funktional spezifizierten Strukturen und Prozessen, die auf eine aktive und flexible Reaktion auf veränderliche externe Umweltbedingungen (**A, G**) abstellen und an solche, die auf die Aufrechterhaltung der Grundstruktur und Reguliertheit der internen Systemrelationen spezialisiert sind.[8] Der Fokus der Unterscheidung liegt nicht in einer räumlichen Separierung von "innen" und "außen", sondern in der Kontrolle über die innere und äußere Umwelt des Systems. Die Kontrolle über die internen Bedingungen des Systems erweitert oder begrenzt die Möglichkeiten der aktiven Anpassung an veränderliche Bedingungen der externen Umwelt. Die Kreuzklassifikation der beiden Achsen ergibt das elementare Vierfelderschema. Die Unterscheidung zwischen "intern" und "extern" ist so zu verstehen, daß die **L**- und **I**-Funktionen den Kern der System-Umweltdifferenz bilden und den unterschiedlichen Grad der Organisiertheit des Systems ausdrücken sollen, während externe Funktionen auf die Steuerung von Inputs aus der Umwelt bzw. auf die Bereitstellung von Outputs für Umweltsysteme gerichtet sind.[9] (vgl. Abb. 4)

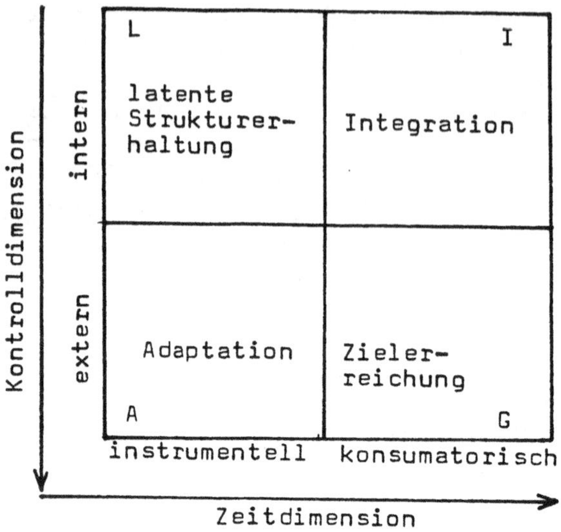

Abb. 4
Das elementare Vierfelderschema (AGIL)

Das **Input-Output-Schema** weist über ein einfaches Reziprozitätsschema in mehrfacher Hinsicht hinaus: Systeme können nur Leistungen für andere erbringen, wenn diese zuvor durch die Mobilisierung von Ressourcen und deren Transformation entstanden bzw. "produziert" worden sind. "Entstehung" und "Verwendung" funktional signifikanter Leistungen implizieren eine Doppelung der Kreislaufbeziehungen, da jedes System sowohl "Faktoren" aus seiner Umwelt bezieht bzw. an diese abgibt als auch in einem "Produktenaustausch" mit seiner relevanten Umwelt steht. "Faktoren" sind Einsatzmittel, die zur Entstehung einer systemspezifischen Leistung benötigt werden, "Produkte" jeweils die "Ergebnisse" der systemspezifischen "Produktion", die in anderen Systemen "verwendet" (konsumiert) werden. Die Input-Output Perspektive analysiert Austauschprozesse nicht von den Intentionen oder Motiven der involvierten Akteure her, sondern von den Konsequenzen für die beteiligten Systeme und ihrer Relation zueinander.[10] Da nun "Produkte" nicht von den gleichen Einheiten abgenommen und konsumiert werden müssen, die zu ihrer Bereitstellung durch entsprechende Inputs beigetragen haben, lassen sich Austauschbeziehungen nicht länger als Form direkter Tauschbeziehungen konzipieren. Austausch wird vielmehr vermittelt über intermediäre Mechanismen, die als generalisierte Medien des Tauschs fungieren. Die Medientheorie wird Gegenstand des nächsten Kapitels sein.

Kommen wir zum Konzept der **strukturellen Differenzierung.** Die Konstruktion von vier Grundfunktionen und Subsystemen für ein bestimmtes Bezugssystem stellt die Theoriekonstruktion vor das Problem, inwieweit derartige analytische Differenzierungen auch eine inhaltliche Bedeutung haben. Eine Art Brückenprinzip zwischen analytischer und empirischer Ebene stellt das Konzept des "funktionalen Primats" und die These von der strukturellen Differenzierung dar. Die Verknüpfung von analytischer Differenzierung und einer vergleichend historischen Typisierung globaler Entwicklungstendenzen als "Differenzierung" kommt bei PARSONS deutlich zum Ausdruck:

> "Our most general proposition is that total societies tend to differentiate into sub-systems (social structures) which are spezialized in each of the four primary functions. Where concrete structures cannot be identified, as is often the case, it is still often possible to isolate types of processes which are thus specialized."[11]

Die besondere Bedeutung, die PARSONS dem Konzept der strukturellen Differenzierung zumißt, liegt in der Annahme begründet, daß Differenzierungsprozesse das Entstehen von Bedingungen begünstigen, durch die strukturelle Wandlungsprozesse in der Grundstruktur sozialer Systeme selbst verankert werden.[12] Die Fähigkeit, Wandlungsprozesse selbst zu initiieren, bildet für PARSONS eine Grundbedingung des "Überlebens" sozialer Systeme. Die Frage, durch welche Prozesse strukturelle Differenzierung in Gang gesetzt wird bzw. zu einer "erfolgreichen" Reorganisation sozialer Strukturen führt, wird im Verlaufe der Arbeiten PARSONS' zu Strukturwandel und sozialer Evolution unterschiedlich beantwortet.[13]

In den späteren evolutionstheoretischen Arbeiten wird der Begriff der strukturellen Differenzierung nicht mehr als Leitlinie aller gesellschaftlichen Entwicklung verstanden, sondern als ein Grundtyp neben anderen. Diese werden innerhalb des allgemeinen Analyserasters als adaptive Standardanhebung**(A)**, Inklusion**(I)** und Wertgeneralisierung **(L)** bezeichnet.[14] Die Prozeßtypen bilden ein interdependentes Netz von Entwicklungslinien, die im konkreten Fall in unterschiedlichen Systembeziehungen lokalisiert und in unterschiedlicher Gewichtung und Kombination in empirischen Mustern identifiziert werden sollen. Die Unterscheidung von Systemen, Systemstrukturen und Austauschbeziehungen und die Differenzierung von evolutionären Prozessen werfen die Frage auf, wie die vertikalen Relationen zwischen verschiedenen Ebenen von Systemen, Strukturen und Prozessen theoretisch gefaßt werden können.

Die theoriestrategische Bedeutung der **kybernetischen Kontrollhierarchie** liegt vor allem darin, daß die multidimensionale Analytik des Funktionenschemas mit einem analytischen Mehrebenenmodell verbunden werden kann. So lassen sich die Beziehungen zwischen System und Systemstrukturen sowohl unter dem Gesichtspunkt ihrer hierarchischen Vernetzung als auch unter dem Gesichtspunkt der Implementierung normativer Muster deuten. Der Charakter der normativen Steuerung läßt sich kybernetisch als informationale Steuerung auffassen. Die Eigenart dieser Steuerung besteht darin, daß Strukturen höherer Ordnung in spezifizierter Form in den Strukturen einer unteren Ordnung eingebettet sind, ohne daß eine lineare Eins zu Eins-Zuordnung zwischen den Systemen angenommen wird. Auf jeder Stufe der Spezifikation werden vielmehr Bereiche der Variation definiert, innerhalb derer Handlungsprozesse "frei" ablaufen können. Steuerung ist jedoch nicht nur als Eingrenzung oder Unterdrückung "spontaner" Bewegungsabläufe zu interpretieren, sondern impliziert auch ein Freisetzen energetischer Handlungsfaktoren für bestimmte "Systemziele".[15]

Der generelle Zusammenhang zwischen informationalen und energetischen Faktoren läßt sich wie folgt umreißen: Die Bedeutung informationaler Faktoren hängt wesentlich von dem Gehalt der Information ab, d.h. von der Fähigkeit, Ereignisse unterscheidbar zu machen. Dies impliziert stets eine Selektion aus einer Vielzahl gleichmöglicher Kombinationen symbolischer Elemente. Die Fähigkeit, "Ordnung" zu schaffen, setzt zweierlei voraus: Es müssen zunächst Bedingungen dafür erfüllt sein, daß Ereignisse oder Zustände, aus denen eine nichtzufällige, d.h. normativ gesteuerte Auswahl getroffen wird, überhaupt möglich sind. Darüber hinaus bedarf die Übertragung von Informationen selbst und vor allem die Aufrechterhaltung der durch sie definierten Struktur eines energetischen Erhaltungsaufwandes. Information zielt auf die Aufrechterhaltung von Differenzen oder differenzierten Anordnungen, Energie auf den Ausgleich von Differenzen und die Einebnung von Unterschieden. Es kommt daher stets auf die Relation von Informationen **und** Energie an, die mit einer gegebenen Struktur eines offenen Systems kompatibel ist. Die substantielle Interpretation dieses Schemas kann so skizziert werden: In differenzierten Gesellschaften bilden die politischen und ökonomischen Interessen individueller oder kollektiver Akteure die zentralen Momente sozialer Energie, während gesellschaftliche Werte und Normen primär informationale Bedeutung haben.[16] Werte und Normen werden aber nur dann zu empirisch relevanten Faktoren sozialer Organisation, wenn sie energetische Faktoren in bestimmter Weise **binden** können.[17]

Eine solche Bindung findet durch Prozesse der Institutionalisierung und Internalisierung normativer Strukturen statt. Institutionalisierung bedeutet nicht nur Spezifikation des Inhalts von kulturellen Bedeutungsmustern, sondern schließt die partielle Reinterpretation des Bedeutungsgehalts im Lichte veränderlicher Handlungsbedingungen und Zieldefinitionen ein.

Der hierarchische Aspekt des kybernetischen Kontrollschemas besteht darin, daß einerseits die informationale Kontrolle verschiedene Stufen der Spezifikation durchläuft, während in umgekehrter Richtung eine Hierarchie von Möglichkeitsräumen für das Operieren informationaler Faktoren entsteht. Betrachtet man das Austauschschema unter dem Aspekt der vertikalen Vernetzung, dann übernehmen das sozialkulturelle Subsystem und das Gemeinschaftssystem der Gesellschaft die Steuerung des ökonomischen und des politischen Subsystems. Unter "Steuerung" ist jedoch keine vollständige Determination der untergeordneten durch übergeordnete Strukturen zu verstehen, sondern die Steuerung erfolgt durch Begrenzungen der Variationsbereiche unterer Systeme.[18] Das folgende Schaubild (s. Abb. 5) verdeutlicht, daß PARSONS dieses Konzept als allgemeines Ordnungsraster für unterschiedliche Aspekte seiner Theorie benutzt. Es werden sowohl Systembeziehungen als auch die zentralen Kategorien sozialer Strukturen und Prozesse auf diese Weise schematisiert.

Abb. 5 Die kybernetische Kontrollhierarchie

Gesellschaftliche Subsysteme	Strukturkomponenten sozialer Systeme	Soziale Interaktionsmedien	kybernetische Relation		
			Information		Energie
			hoch ↓		niedrig ↑
Sozialkulturelles System (Treuhandsystem)	gesellschaftliche Werte	Wertcommitments		(L)	
Gesellschaftliche Gemeinschaft	institutionelle Struktur (Normen)	Einfluß		(I)	
Politisches Systeme	kollektive Organisation	Macht		(G)	
Ökonomisches System	gesellschaftliche Rollenstruktur	Geld		(A)	
			niedrig		hoch

PARSONS spricht in diesem Zusammenhang von einer Hierarchie von Bedingungen, die in entgegengesetzter Richtung zur Kontrolle durch informationale Faktoren verlaufe. Dies wird in der Abbildung durch die beiden Pfeile symbolisiert. Dieser Sprachgebrauch ist mißverständlich, da auch die "Information" höherer Systeme, Strukturkomponenten oder Medien als Bedingung der Geordnetheit unterer Systeme interpretiert werden kann. Dies ist vielmehr so zu deuten, daß Systeme niedriger Energie, aber höherer symbolischer Geordnetheit, auf Energiezuflüsse unterer Systeme angewiesen sind, dadurch aber gleichzeitig der Tendenz ausgesetzt sind, daß Differenzen abgebaut werden. Diese Tendenz zur Einebnung von Unterschieden, verändert die Fähigkeit informationaler Faktoren, Ereignisse unterscheidbar zu machen. Es erscheint daher konsistenter, von der Richtung energetischer Dynamisierung zu sprechen. Der Dynamisierungseffekt besteht darin, daß energetische Faktoren flexibler auf Umweltveränderungen reagieren und neue Handlungsmöglichkeiten eröffnen bzw. Probleme aufwerfen, für die entweder noch keine Regeln bestehen oder die mit dem bisherigen Regelbestand nicht in Einklang gebracht werden können.[19] Das kybernetische Kontrollschema wirft auch ein anderes Licht auf die Interpretation des Gleichgewichtsbegriffs.

Durch das **Gleichgewichtskonzept** erhalten die Prozesse des Austauschs zwischen den funktionalen Subsystemen einen einheitlichen Bezugspunkt, durch den der Grad der Geordnetheit und Kompatibilität der Interrelationen ausgedrückt werden soll. Hierbei ist von zwei unabhängigen Größen auszugehen: Systemzustände werden zum einen durch die Veränderung der Relationen zwischen Input- und Outputgrößen bestimmt. Zum anderen stellen generalisierte Interaktionsmedien, die diese Austauschprozesse steuern, eine eigenständige Quelle von Veränderungen dar, da hierdurch die Allokation und die Geschwindigkeit des Umschlags der realen Ressourcen gelenkt wird.[20] Das Gleichgewicht eines Systems wird als "Fließgleichgewicht" zwischen Input- und Outputströmen aufgefaßt. Der Gleichgewichtsbegriff enthält keine Beschreibung eines konkreten Zustandes eines sozialen Systems und impliziert keinesfalls eine präskriptive Aussage über die Vorzugswürdigkeit gleichgewichtiger Systemzustände. Die Idee der Selbstregulation, also die Fähigkeit eines Systems, einen relativ stabilen internen Zustand zu restituieren, darf nicht so verstanden werden, als seien die Lösungen für auftauchende Probleme schon vorprogrammiert und damit die Erhaltung des Status quo gesichert.[21]

Die Definition eines gleichgewichtigen, selbstregulativen sozialen Systems stellt eine Idealisierung dar, die eher negativ umschreibt, wie sich Prozesse entwickeln würden, wenn nichts ihre Dynamik beeinflußte. Gerade dadurch gewinnt die Frage nach den Bedingungen von zu beobachtenden empirischen Ungleichgewichten und Ungleichzeitigkeiten einen theoretischen Sinn. Durch die Anlehnung an das kybernetische Modell der Selbstregulation vermeidet PARSONS eine mechanistische Interpretation des Gleichgewichtskonzepts, wie sie noch in den **Working Papers** anklang.[22] Das kybernetische Gleichgewichtsmodell hält vor allem die Analyse für handlungstheoretisch wichtige Optionen offen: Das Modell der Selbstregulation betont erstens die Verknüpfung von symbolischen und 'realen' Faktoren in sozialen Steuerungsprozessen, zweitens erlaubt sie die Analyse von Ungleichzeitigkeiten ("leads" und "lags") zwischen dem Eintreten einer "Störung" und dem Einsatz korrigierender Steuerung und drittens lenkt sie die Aufmerksamkeit auf die "Dosierung", mit der die Steuerung erfolgt. Ein solches Modell paßt in das Bild einer durch normative Kontrollen fundierten Ordnung sozialer Systeme, in dem Werte und Normen die zentrale Steuerungsstruktur bilden und die Austauschprozesse mittels Mechanismen symbolischer Kommunikation regulieren.[23]

2.3 <u>Das Modell des gesellschaftlichen Austauschs</u>

PARSONS entwickelte das Interchangemodell zunächst auf der sozialtheoretischen Ebene für das Sozialsystem "Gesellschaft". Die theoretische Spezifikation enthält drei Schritte: Aus der zweidimensionalen Anordnung von vier funktionalen Subsystemen lassen sich zunächst drei Grundtypen von Austauschbeziehungen unterscheiden, die man als adaptive, zielorientierte und integrative Austauschrelationen interpretieren kann. In einem weiteren Schritt werden schließlich sechs verschiedene Austauschsysteme expliziert, die die möglichen Interdependenzen zwischen den vier Subsystemen beschreiben sollen. In einem dritten Schritt erfolgt dann eine inhaltliche Spezifikation der Faktor- und Produktströme, durch die die Subsysteme miteinander verbunden sind. Die unterschiedlichen Typen von Austauschbeziehungen lassen sich aus dem allgemeinen Grundschema wie folgt verdeutlichen.[24] (vgl. Abb. 6 nächste Seite) Bei dieser Typenbildung geht es nicht darum, die Systeme zu kennzeichnen, durch die eine gegebene gesellschaftliche Grundfunktion erfüllt wird, sondern um die Charakterisierung der Qualität der Austauschbeziehungen für die Subsysteme.[25]

Abb. 6 Grundtypen sozialer Austauschbeziehungen

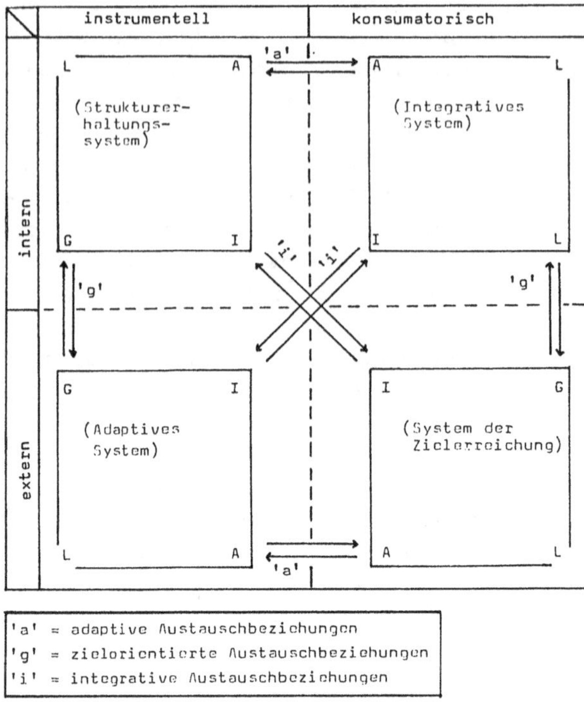

Horizontale und vertikale Austauschbeziehungen zeichnen sich dadurch aus, daß die Austauschbeziehungen für die jeweils beteiligten Systeme primär Mittel- oder Zielcharakter haben; d.h., es werden jeweils Inputs bzw. Outputs ausgetauscht, die für beide Systeme adaptive oder direkt gratifizierende Signifikanz haben.

Die horizontalen Austauschbeziehungen (L ⟷ I, A ⟷ G) sind dadurch gekennzeichnet, daß die empfangenen "Leistungen" jeweils "Mittelcharakter" im Hinblick auf die Erfüllung der primären Funktionen der Subsysteme haben. Die Austauschbeziehungen zwischen dem L und I System sind in einem speziellen Sinn "adaptiv": Sozialkulturelle Werte "liefern" ein generalisiertes Reservoir an Konzeptionen des Wünschenswerten, das für eine Vielzahl spezifischer Normbildungen verwendet werden kann. In analoger Weise stellt die Produktion von generellen Nutzwerten (A ⟷ G) ein Potential dar, welches für eine Vielzahl partikularer Ziele genutzt werden kann. Die vertikalen Austauschbeziehungen (L ⟷ A, I ⟷ G) sind auf die Komplementarisierung partikularer, systemspezifisch unterschiedlicher Zielstrukturen bezogen.

Demgegenüber folgen die beiden Diagonalen einem Teil-Ganzes-Schema; d.h., der Austausch beruht auf der Verknüpfung von Strukturkomponenten, durch die Strukturen unterer Ordnung zum Bestandteil der Strukturen höherer Ordnung werden.[26]

> In den <u>diagonalen</u> Austauschbeziehungen (L ⟷ G, I ⟷ A) geht es um solche Aspekte von Austauschprozessen, die die spezifischen Subsysteme mit dem übergeordneten System verbinden. Die Austauschprozesse in der Diagonalen sollen vor allem normative Kontrollprozesse symbolisieren, durch die die Steuerung in den Systemen der Adaption und der Zielerreichung selbst rückgebunden wird an die generelle normative Struktur des Systems.

In diesem Zusammenhang ist auch die Reinterpretation der Unterscheidung zwischen Durkheims "mechanischer Solidarität" und "organischer Solidarität" zu sehen: PARSONS interpretiert die Diagonale **L ⟷ G** innerhalb des Sozialsystems als mechanische Solidarität in modernen Gesellschaften, während die **A ⟷** I Achse dem Typ der "organischen Solidarität" zugeordnet wird.[27] Durch die **L ⟷** G Beziehung soll ausgedrückt werden, daß zentrale gesellschaftliche Werte mit den kollektiven Zieldefinitionen des politischen Systems so integriert werden, daß politisches Handeln auf allgemeine Standards und Kriterien der Legitimität rückgebunden ist. Diese Form der Integration zeichnet sich dadurch aus, daß sie den Handelnden bestimmte innere Verpflichtungen auferlegt, ihr Handeln an generellen Standards zu orientieren. Im Unterschied dazu bezeichnet die **A ⟷ I** Achse das "Gesetz der organischen Solidarität"; hier geht es vornehmlich um eine Integration durch mehr oder minder formalisierte Regelsysteme, die die Komplementarität der Erwartungen sichern und zugleich eine realitätsgerechte Anpassung an veränderliche Bedingungen ermöglichen sollen.

Bei der Charakterisierung der sechs unterschiedlichen <u>Austauschsysteme</u> geht es um die Frage, wie durch die Struktureigenschaften der jeweils beteiligten Systeme, der Sinn bzw. die grundlegende funktionale Bedeutung der betreffenden Austauschrelationen für das Gesamtsystem expliziert werden soll. Die folgende Darstellung verdeutlicht das allgemeine Modell gesellschaftlicher Austauschbeziehungen. Wir haben eine z.T. von PARSONS abweichende Kennzeichnung vorgenommen, um eine vorschnelle Identifizierung mit konkreten gesellschaftlichen Strukturen zu vermeiden.[28] (vgl. Abb. 7 nächste Seite)

Abb. 7 Das Modell gesellschaftlicher Austauschsysteme

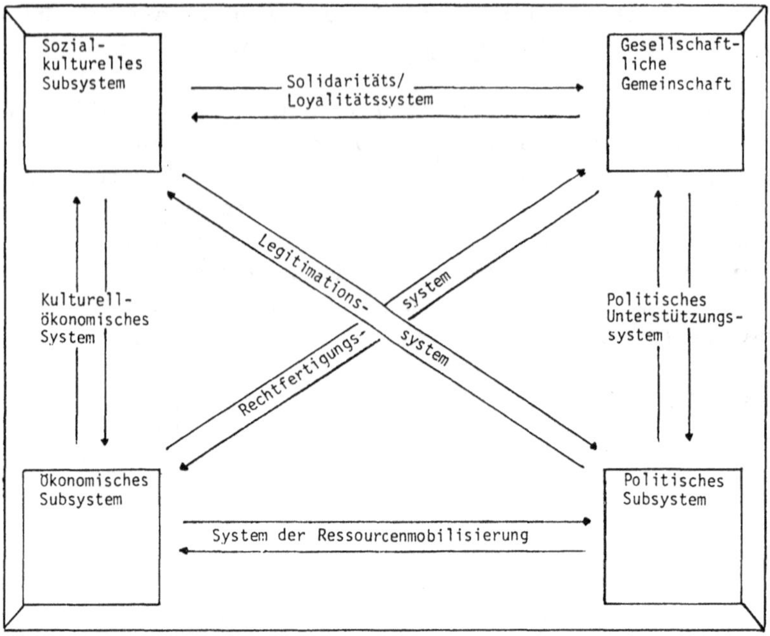

L ⟷ I Das Solidaritäts-/Loyalitätssystem bezieht sich auf die Legitimierung kollektiver Mitgliedschaften und die Fundierung kollektiver Normen. Durch generelle Wertverpflichtungen wird kollektives Handeln an bestimmte Standards gebunden. Zugleich werden gesellschaftliche Wertmuster im Hinblick auf die Bedingungen kollektiver Konsensbildung spezifiziert.

L ⟷ G Das Legitimationssystem verweist auf Austauschprozesse, durch die eine Legitimierung politischen Handelns bzw. der Regeln kollektiver Entscheidungsprozesse an die Verpflichtung zur Implementierung gesellschaftlicher Werte durch effektive politische Entscheidungen rückgebunden wird.

L ⟷ A Die Austauschbeziehungen zwischen dem ökonomischen und dem sozialkulturellen System sind zu kennzeichnen durch die sozialkulturelle Formung gesellschaftlicher Arbeit und die Artikulation ökonomisch signifikanter Bedürfnisse einerseits sowie andererseits durch die Verpflichtung, sozialkulturelle Standards durch ökonomisch signifikante Leistungen zu realisieren. Wir wollen von einem kulturell-ökonomischen System sprechen.

I ↔ G Das <u>politische</u> <u>Unterstützungssystem</u> bezieht sich auf Austauschprozesse, in denen die politische Verantwortung von Entscheidungsträgern und die "berechtigten" Interessen und Ansprüche sozialer Kollektive an verbindliche Entscheidungen rückgekoppelt ist. Die Norm "politische Verantwortlichkeit" drückt die Verbindung von Machtausübung und der Herstellung eines Konsens' mit den Beteiligten und Betroffenen aus.

I ↔ A Das <u>Rechtfertigungssystem</u> beruht darauf, daß Ansprüche auf Ressourcen mit "guten Gründen" geltend gemacht werden müssen, d.h., sie sind in bezug auf institutionelle Normen, in denen Rechte und Pflichten spezifiziert sind, zu rechtfertigen.

G ↔ A Das System der <u>Ressourcenmobilisierung</u> bindet die Bereitstellung von Ressourcen für kollektive Zwecke an die "politische" Steuerung ökonomischer Produktion, durch die bestimmte Versorgungsniveaus gesichert und Möglichkeiten der Entwicklung produktiver Ressourcen eröffnet werden können.

Diese sehr generellen Umschreibungen machen ein grundlegendes methodologisches Problem der Darstellung deutlich: Einerseits ist die Definition der unterschiedlichen Referenzsysteme und ihrer Austauschrelationen analytisch zu verstehen und damit völlig offen gegenüber empirisch bezogenen Qualifikationen, andererseits läßt sich die Relevanz des Schemas nur veranschaulichen, wenn sich empirische Bezüge herstellen lassen. Betrachtet man z.B. PARSONS' Spezifikation der verschiedenen Austauschsysteme, dann fällt auf, daß diese auf einer unterschiedlichen Konkretisierungsstufe formuliert sind. Wenn z.B. im Austauschsystem der "Ressourcenmobilisierung" von einer politischen Steuerung die Rede ist, dann ist damit noch nichts über die Stuktur des politisch-ökonomischen Systems, etwa in Richtung einer zentralen Planwirtschaft oder einer Marktwirtschaft, gesagt. Ebenso offen bleibt das Schema gegenüber Fragen nach dem konkreten Inhalt wirtschaftsrelevanter Zielsetzungen, der Wahl der Steuerungsmittel und der Frage, welche Parameter im einzelnen beeinflußt werden.

Wir sind damit bei dem dritten der zuvor genannten Spezifikationsschritte des gesellschaftlichen Austauschmodells angelangt: es geht um die Explikation der doppelten Austauschbeziehungen zwischen den Subsystemen der Gesellschaft. Es kann hier nicht darum gehen, die Austauschströme im einzelnen darzulegen. Es geht nur darum, beispielhaft die grundlegenden konzeptionellen Probleme zu veranschaulichen. Zunächst einmal ist offensichtlich, daß sich die Explikation der Faktoren und Produkte nicht einfach aus der Modellogik oder der allgemeinen Charakterisierung der Austauschsysteme ergibt. Es wäre jedoch zu einfach, das Ganze als eine willkürliche Klassifikation abzutun, die überdies den Anforderungen einer empirischen Analyse nicht genügt. Tatsächlich geht es nicht um eine Klassifikation von Objekten auf der Grundlage bestimmter Qualitäten oder Merkmale, sondern um eine Klassifikation, denen theoretische Beziehungen, also erklärende bzw. verstehende Theorien, zugrundeliegen. Die Benennung der Kategorien ist das stets vorläufige, begrifflich verallgemeinerte Ergebnis einschlägiger empirischer und theoretischer Forschung; sie soll grundlegende Relevanzgesichtspunkte zum Ausdruck bringen und dadurch einen Bezugsrahmen für spezifischere Analysen schaffen. Sie hat eher den Charakter von theoretischen Idealtypen, durch die bestimmte Aspekte von Beziehungen betont werden. Es ist nicht zu erwarten, daß selbst diejenigen, die sich des gleichen theoretischen Bezugsrahmens bedienen, zu gleichen Spezifikationen wie PARSONS gelangen. Die Frage ist vielmehr, ob eine theoretische Kritik auf Aspekte hinweisen kann, die sich innerhalb des Schemas nicht sinnvoll interpretieren lassen. Der exemplarische und vorläufige Charakter der Kategorienbildung läßt sich an den vielfältigen Modifikationen nachweisen, die PARSONS unter dem Eindruck der Rezeption einschlägiger theoretischer und empirischer Forschung selbst vorgenommen hat.[29] Um die theoretischen Entscheidungen deutlicher zu machen, wollen wir die Austauschbeziehungen zwischen dem **sozialkulturellen** und **ökonomischen System** beispielhaft herausgreifen (vgl. Abb. 8).

Abb. 8 Die Austauschbeziehungen zwischen ökonomischem und sozialkulturellem System

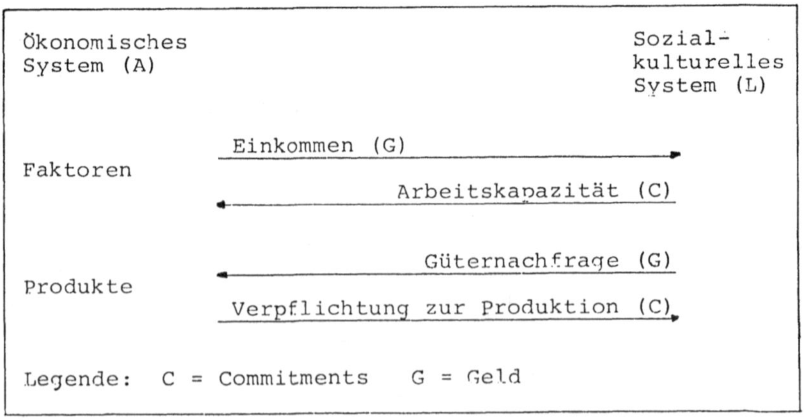

Auf den ersten Blick erscheinen die Input-Outputkategorien als eine einfache Kopie des elementaren, makroökonomischen Kreislaufmodells zwischen Haushalts- und Unternehmenssektor. Tatsächlich rekurriert PARSONS hier vornehmlich auf die Arbeiten von Keynes zum Konsumgüter- und Arbeitsmarkt.[30] Hier ist jedoch Vorsicht geboten. Erstens können die Einheiten "Haushalt" und "Unternehmung" nicht einfach den analytisch definierten Bezugssystemen zugerechnet werden, zweitens geht es nicht um die Beschreibung konkreter Transaktionen zwischen Sektoren, sondern um die Darstellung funktionaler Interdependenzen zwischen analytischen Systemen und drittens lassen sich mögliche Austauschbeziehungen zwischen beiden Systemen nicht ohne weiteres auf Marktbeziehungen reduzieren. Ökonomisch signifikante Leistungen aus dem sozialkulturellen System werden nicht nur über "Märkte" vermittelt oder dort u.U. nur unzureichend erfaßt. So ist z.B. an die Formung ökonomischer Aktivitäten durch ein bestimmtes Arbeitsethos zu denken, das nicht einfach ein Resultat der Lohnhöhe ist oder an die kulturelle Überformung bestimmter Konsumstile, durch die die Nachfrage relativ unabhängig vom Preismechanismus wird.[31]

Konkrete Arbeits- und Konsumgütermärkte, wie sie für hochdifferenzierte Gesellschaften typisch sind, kombinieren ökonomische, politische, gemeinschaftliche und sozialkulturelle Aspekte. Der generalisierbare Kern der Austauschbeziehungen zwischen Haushalt und Unternehmung, Arbeits- und Konsumgütermärkten besteht in der Formung von Konsumwünschen durch expressive Symbolsysteme, die sich in bestimmten Normen des Geschmacks, des Lebensstils und der Selbstdarstellung niederschlagen. Die Entwicklung ökonomischer Qualifikationen und Motivationen erfolgt über Prozesse der Sozialisation und in Bildungsinstitutionen, die primär im sozialkulturellen System verankert sind. Es ist weniger eine bestimmte technische Qualifikation der Arbeitskraft gemeint, als vielmehr das generelle Commitment, motivationale Ressourcen für ökonomische Zwecke bereitzustellen. Es wird nicht eine <u>spezifische</u> Nachfrage nach Konsumgütern erfaßt, sondern die generelle Formung der Nachfrage durch expressive Standards des Lebensstils. Die theoretisch signifikanten Leistungen des ökonomischen Systems in Form generalisierter Kaufkraft und der Produktion von Gütern für das sozialkulturelle System besteht vor allem in der Erweiterung von Handlungsmöglichkeiten und der Schaffung der materiellen Voraussetzungen für die Generalisierung gesellschaftlicher Werte.[32] Die hier genannten "Faktoren" und "Produkte" sind keine Größen, die ungebrochen in das ökonomische bzw. sozialkulturelle System einwirken. Sie sind eher als Randbedingungen zu denken, durch die die Grenzen und

Variationsspielräume für die Eigendynamik ökonomischer und soziokultureller Systeme abgesteckt werden. PARSONS formuliert hier weder eine kultursoziologische Theorie der Konsumnachfrage noch eine ökonomische Theorie der Institutionalisierung kultureller Muster. Er liefert allenfalls Eckpunkte für eine soziologische Theorie des Konsums und der Arbeit. Konsum und Arbeit sind paradigmatische Fälle, an denen der generelle Zusammenhang zwischen der kulturellen Steuerung ökonomisch signifikanter Symbole und den ökonomischen Bedingungen kultureller Symbolproduktion beleuchtet werden kann.[33] Diesen Zusammenhang als Input-Outputrelation darzustellen, macht die Nähe zum makroökonomischen Kreislaufschema greifbar. Wir werden später zu prüfen haben, wieweit die ökonomische Analogie trägt.

2.4 Die analytische Reichweite des Interchangemodells

Wir haben soweit die grundlegende Perspektive des Interchangemodells, sowie deren konzeptionelle Grundstruktur und modelltheoretische Spezifikation dargelegt. Im Vergleich zum interaktionistischen Austauschmodell ergibt sich ein Perspektivenwechsel, der die theoretischen Optionen erweitern soll, ohne aber eine bloße Fortführung der elementaren Interaktionsanalyse mit anderen kategorialen Mitteln zu sein. Der generalisierbare Kern des interaktionstheoretischen Sanktions-Performanz-Schemas liegt in der Spezifikation normativer Erwartungen und der Kontrolle von abweichendem Verhalten. Die akteurzentrierte Sicht der Interaktionsanalyse kann sich dies nur als unmittelbare Kontingenz handelnder Akteure vorstellen, die sich wechselseitig als Beteiligte und Betroffene identifizieren können. Würde man das Interchangemodell auf dieser Abstraktionsstufe ansiedeln, müßte man zu Psychologisierungen bei der Interpretation greifen.[34] Sicher, gesellschaftliche Austauschbeziehungen aktualisieren sich stets in bestimmten Situationen, in denen Akteure absichtsvoll interagieren.

Interaktionen bilden einen Strom von Ereignissen, die den 'Stoff' gesellschaftlicher Strukturbildungen ausmachen. Sie wirken strukturierend, soweit sie als bereits interpretierte und aktualisierte Handlungen Prozesse der Strukturbildung auslösen. Gesellschaftliche Austauschstrukturen sind, um einen Begriff von BOURDIEU zu gebrauchen, sowohl strukturierte als auch strukturierende Struktur. Das analytische Potential des Interchangemodells liegt gerade darin, diese Wechselbeziehung theoretisch formulierbar zu machen.

Die Frage allerdings ist, ob nicht durch das System-Umwelt-Schema und durch die Betonung funktionaler Interdependenzen die handlungstheoretischen Prätentionen verloren gehen, durch die Interaktions- und Interchangeanalyse konzeptuell verbunden bleiben sollen. Die Art der Abstraktion scheint geeignet, das Problem sozialer Integration ausschließlich unter dem Aspekt wechselseitiger Abhängigkeit und funktionaler Effektivität zu sehen. Gerade diesen Punkt greift SAVAGE auf, wenn er einwendet, daß PARSONS die kulturelle Referenz des Handelns innerhalb seiner Systemtheorie völlig aus dem Blick verliere.[35] Tatsächlich besteht zwischen der sinnstiftenden Integration von Systemeinheiten und einer funktionalen Abstimmung zwischen unterschiedlichen Leistungen oder Interessen ein qualitativer Unterschied. Eine in sich integrierte kulturelle Sinnstiftung schafft weder automatisch eine konfliktbegrenzende oder effiziente Sozialstruktur, noch läßt ein funktionierender gesellschaftlicher Austausch auf eine gelingende kulturelle Integration schließen.

So richtig dieser Einwand prinzipiell ist, er kann nur dann gegen PARSONS ausgelegt werden, wenn sich zeigen ließe, daß sich die kulturell-normative Gerichtetheit des Handelns im Rahmen des systemtheoretischen Ansatzes nicht erfaßbar wäre. In diesem Zusammenhang ist das Konzept der Institutionalisierung normativer Strukturen von besonderer Bedeutung. Institutionalisierung thematisiert ja gerade die Frage, inwieweit kulturelle Sinnstiftung in eine funktional differenzierte Struktur sozialer Organisation hineinwirkt und wie umgekehrt soziale Strukturen zum Thema kultureller Sinnstiftung werden. Nicht die kulturelle Gerichtetheit des Handelns als solche ist theoretisch problematisierungsbedürftig, sondern die Art ihrer Institutionalisierung. Die Eigenart eines wirtschaftlichen Systems wird nicht durch den Allgemeinplatz verständlich, daß jedes Wirtschaften innerhalb eines sozialkulturellen Rahmens stattfindet. Vielmehr ist es die Art und Weise der Institutionalisierung, durch die wirtschaftliche Aktivitäten einen identifizierbaren Stil **und** funktionale Bedeutung erhalten.[36] Hier drängt sich freilich die Frage auf, ob dieses für PARSONS so wichtige Konzept eine ausreichende theoretische Basis im Interchangemodell erhält.

Gesellschaftliche Werte werden in diesem Modell unter dem Primat der latenten Strukturerhaltung betrachtet. Sie stellen die stabilen Rahmenstrukturen für Austauschprozesse dar. Die institutionalisierten Wertmuster der gesellschaftlichen Subsysteme sind ein "Datum" für die Analyse von Austauschprozessen.[37] Dies hat offensichtlich eine doppelte Bedeutung: Zum einen versucht PARSONS, sich gegenüber einer individualistischen Interpretation gesellschaftlicher Austauschprozesse abzugrenzen, indem er Strukturen nicht als zufälliges Resultat von Interdependenzbeziehungen deutet.[38] Zum anderen bekräftigt er damit die Unabhängigkeit von Interaktions- und Interchangeanalyse. Institutionalisierte Wert- und Normkomplexe schaffen einen Rahmen und damit einen Möglichkeitsraum für situationsbezogenes Handeln. Eine solche Sicht ist jedoch angesichts der generellen Prätentionen PARSONS' unbefriedigend: Es kommt gerade darauf an, normative Strukturen sowohl als mögliche Randbedingung als auch als konstitutives Element von Austauschprozessen explizit in die Analyse einzuführen. Davon zu unterscheiden ist die Frage, inwieweit institutionalisierte Wertmuster, vom Standpunkt handelnder Akteure aus, ein "Datum" im Sinne einer sozialen Tatsache darstellen.[39] Die Annahme einer gemeinsam geteilten normativen Kultur als Bezugsrahmen wechselseitiger Orientierung und Bedingung komplementärer Erwartungsbildung stellt zunächst eine rein <u>logische</u> Implikation des Handlungsbegriffs dar, da nur unter dieser Voraussetzung Austauschprozesse in einem Sinnzusammenhang "gedeutet" und als Funktion symbolisch-normativer Stukturen "erklärt" werden können. Hieraus lassen sich nun keineswegs die empirischen Bedingungen des Zustandekommens oder der Geltung eines gemeinsamen Wertsystems deduzieren. Ein großer Teil der Kritik an der "Statik" der Theorie PARSONS' und seiner vermeintlichen Vernachlässigung von Konflikten und strukturellen Antinomien beruht auf der Konfundierung dieser Argumentationsebenen.[40]

Allerdings bleibt zu fragen, ob nicht die Annahme eines gemeinsamen Wertsystems zu einer systematischen Verzerrung des Blicks in konkreten Analysen führt: Entweder werden kongruente Aspekte gesellschaftlicher Wertmuster überbetont oder strukturelle Spannungen werden lediglich durch eine abstraktere Definition von 'Gemeinsamkeit' auf höherer Stufe wieder aufgehoben.[41] Es erscheint dabei wenig aussichtsreich zu fragen, ob es nun <u>ein</u> einheitliches Wertsystem gibt oder nicht. Gemeinsamkeit eines Wertsystems kann unter der Bedingung gesellschaftlicher Differenzierung und eines Pluralismus sozialer Kollektive niemals Einheitlichkeit der Wertinhalte oder eine mechanische Konformität des Handelns bedeuten.[42]

Institutionalisierte Werte beschreiben den Identifikationskern eines (Sub)-Systems, durch welchen nach "außen" die Grenzen zur Umwelt aufrechterhalten und nach "innen" die Integrität des spezifischen Wertmusters gewahrt wird. Die Bewahrung der Integrität stellt jedoch nur <u>eine</u> Bedingung erfolgreicher Implementation von Werten dar.[43] So wie Regeln des sozialen Austauschs sich nicht automatisch aus den partikularen Situationsanforderungen oder den kurzfristigen Interessen der Austauschparteien ergeben, so gilt auch umgekehrt, daß Regeln ihre handlungssteuernde Kraft verlieren, wenn sie, völlig ohne Bezug auf situative Bedingungen oder abgelöst von der Struktur der Solidaritätsbeziehungen, lediglich ein abstraktes Moralsystem darstellten. Würde man Austauschprozesse lediglich als einen Reflex bestimmter Werte behandeln, bliebe nur die Vorstellung von Werten als exogene, deterministische Variablen sozialer Strukturen und Prozesse. Dies widerspräche nicht nur den methodologischen Prämissen einer voluntaristischen Handlungstheorie, sondern ließe vor allem den Interpenetrationsaspekt[44] verschwinden: Werte und Normen werden, systemtheoretisch gesprochen, dadurch wirksam, indem sie in unterschiedliche Systeme partiell eingehen.

Institutionalisierungsprozesse stellen also auf eine spezifische Relation von System und Umwelt ab.[45] Die gleiche Sicht läßt sich auch auf das Verhältnis von System und Subsystem anwenden: Austauschbeziehungen zwischen Subsystemen eines gegebenen Gesamtsystems zeichnen sich dadurch aus, daß sie zueinander in bestimmter Hinsicht in engerer Wechselwirkung stehen als zu Systemen ihrer "externen" Umwelt. Die den Austauschbeziehungen innerhalb eines Systems zugrundeliegende Gemeinsamkeit ergibt sich aus der Gemeinsamkeit der institutionalisierten Kultur, die weder durch Austauschprozesse selbst "hergestellt", noch "konsumiert", sondern in unterschiedlicher Weise spezifiziert und "verwertet" werden kann. Damit werden aber Strukturanalyse und Austauschanalyse auseinandergezogen. Das Input-Outputparadigma wird stets unter der Annahme bereits institutionalisierter Systemstrukturen formuliert.

Das **Gleichgewichtskonzept** versucht hier eine Brücke zwischen Strukturanalyse einerseits und Austauschanalyse andererseits zu schlagen. Obwohl PARSONS Prozesse des **Strukturwandels** von **Gleichgewichtsprozessen** trennt, so begründet er diese Unterscheidung eher vordergründig als Wechsel der Fragerichtung. Argumentativ führt er indes verschiedene Verknüpfungspunkte ein: Der Aufbau von Ressourcen bzw. die Transformation von Faktorinputs in Produktenoutputs wird als ein Kombinations- und Entwicklungsprozeß beschrieben, der zu bestimmten Strukturen führt. Ein Beispiel hierfür ist die Reinterpretation des Aufbaus von Motivation in Sozialisationsprozessen.[46] Ein weiterer Zusammenhang ergibt sich aus der Unterscheidung kybernetischer höherer oder niedrigerer Systemebenen: Danach induzieren Veränderungen von Gleichgewichtsprozessen auf höherer Ebene strukturelle Veränderungen auf unterer Ebene. Dies bedeutet aber auch, daß sich eine strikte Trennung zwischen beiden Prozessen auf die allgemeine methodologische Regel reduziert, daß jede Analyse dynamischer Prozesse unter der vereinfachenden Annahme stabiler struktureller Bezugspunkte erfolgen muß. Fraglich bleibt, ob eine solche Trennung für die Analyse komplexer Sozialsysteme innerhalb eines solchen, notwendig allgemeinen Strukturrahmens durchgehalten werden kann. Schließlich sind Veränderungen der Struktur durch endogene Spannungen denkbar, die auf dauerhafte Ungleichgewichte der Input-Output Relationen zurückgehen und die innerhalb des gegebenen Strukturrahmens nicht mehr gelöst werden können.[47]

Die Verwendung des Gleichgewichtskonzepts bleibt jedoch als Erklärung von Austauschstrukturen unbefriedigend. Erstens bleibt das Konzept selbst - bei aller heuristischen Fruchtbarkeit - eigentümlich vage. Es fehlt an einer hinreichend präzisen Explikation der verschiedenen Systemvariablen, der Spezifikation der Interrelationen und der Analyse der Bedingungen, unter denen Gleichgewichtszustände auftreten. Zweitens lassen sich nur bestimmte Aspekte der Strukturentwicklung als Resultat von Gleichgewichtsveränderungen interpretieren: Zum einen läßt die Gleichgewichtsanalyse das Problem des evolutionären Wandels von Strukturen unberücksichtigt, zum anderen taucht die Frage auf, durch welche operativen Mechanismen Gleichgewichtsprozesse in Gang gehalten werden. In diesem Zusammenhang wird die Theorie der generalisierten Interaktionsmedien relevant. Sie zielt vor allem darauf ab, die Analyse gesellschaftlicher und interaktiver Austauschprozesse zu dynamisieren und mikro- und makroanalytische Ansatzpunkte zu verbinden.

3. Sozialer Austausch und die Medientheorie[1]

3.1 Der Bezugsrahmen der Medientheorie: Kommunikation und Sanktion

Will man die grundlegende handlungstheoretische Perspektive der Medientheorie kennzeichnen, dann ist es sinnvoll, sich des kybernetischen Informations-Energie-Schemas zu erinnern, durch welches die "symbolischen" Dimensionen der kulturellnormativen Konstrukte und die "reale" Dimension der relevanten Objekte, der Ziele und Interessen der Akteure miteinander verknüpft werden.[2] Die Interpretation, die PARSONS dieser Unterscheidung gibt, ist keine Paraphrasierung des alten Kausalschemas der "Ideal und Realfaktoren". Diese dualistische Betrachtungsweise reduziert die Theorieentwicklung auf die klassische Antinomie zwischen Idealismus und Realismus. PARSONS geht es gerade darum, Prozesse der Institutionalisierung normativer Muster als Kombination informationaler und energetischer Faktoren zu deuten. Institutionalisierte Werte und Normen sind daher weder eine Emanation ihres kulturellen Bedeutungsgehalts noch bloße Widerspiegelung materieller Interessen oder physischer Bedingungen des Handelns. Sie sind in bezug auf reale Objekte, Situationen und Ziele interpretierte Definitionen des Wünschenswerten.[3]

Die zentrale sozialtheoretische Idee des Medienkonzepts beruht auf der Verknüpfung von kommunikativen und motivationalen Aspekten in sozialen Austauschprozessen. Bezogen auf soziale Medien bedeutet dies, daß es nicht nur um einen Transfer von verständlichen Mitteilungen geht, sondern stets auch um Bedingungen, unter denen soziale Medien entscheidungsrelevante Informationen liefern und als Mechanismen reziproker Handlungskoordinierung "gelten" können. Unter kommunikativem Aspekt können Medien als spezialisierte Sprachen interpretiert werden.[4] Unter dem Aspekt kontingenter "Entscheidungen" lassen sich Medien als spezifische Mechanismen sozialer Sanktionierung betrachten. Beide Aspekte müssen zusammen gesehen werden: Ohne die sprachliche Komponente würden Medien ihren Sinn, ohne ihre sozial kontrollierte Verwendung ihre generelle Akzeptanz und Geltung verlieren. Soziale Geltung heißt in diesem Zusammenhang zweierlei: Medien müssen Werte darstellen können, um als evaluative Kriterien "erfolgreichen" Handelns Geltung zu haben. Geld wird z.B. nicht nur handlungsrelevant dadurch, daß es spezifische Situationsorientierungen ermöglicht, sondern daß es selbst als Mittel aktiver Anpassung an die Selektionen anderer "gilt". Es erscheint daher wenig aussichtsreich, die Konzeption der sozialen Interaktionsmedien bei PARSONS entweder aus einem Sprachmodell oder dem Geldmodell rekonstruieren zu wollen.

Mit dem Medienkonzept will PARSONS seine Austauschtheorie dynamisieren, ohne dabei den strukturtheoretischen Ansatz aufzugeben. Eine Dynamisierung der Analyse wird in erster Linie durch die Annahme der Reflexivität sozialer Medien erreicht. Reflexivität bedeutet, daß Medien als operative Mechanismen aufgefaßt werden, die ein Bewerten von Werten bzw. bewerteten Objekten ermöglichen und die selbst einem Bewertungsprozeß durch die Akteure unterworfen sind. Diese Reflexivität ist nicht ohne Risiken, weil Wertschwankungen der Medien deren Fähigkeit beeinträchtigen, valide Informationen für die Steuerung sozialer Ressourcen zu liefern. Reflexivität bedeutet auch, daß die Zirkulation und Bewertung der Medien Resultat der sozialen Prozesse ist, die sie steuern. Schwankungen des Geldwertes sind hier ein prototypisches Beispiel.

Das Medienkonzept verbindet die mikro- und makroanalytische Perspektive von Interaktions- und Interchangemodell auf einer allgemeineren Ebene. Als "Mittel" repräsentieren Medien eine generelle Kapazität, um reale Ressourcen für unterschiedliche Ziele und zur Erfüllung verschiedener normativer Verpflichtungen einzusetzen. Diese Verbindung von Ziel und Mittel läßt sich auch als Überbrückung von "short-run" und "long-run" Interessen auffassen. Für die Akteure stellt die Verfügung über Medien eine Möglichkeit dar, unterschiedlich lange Zeitperspektiven in ihren Erwartungen zu berücksichtigen.[5] Auf soziale Systeme bezogen, wird der Zusammenhang zwischen einer relativ konstanten normativen Struktur und der Dynamik fortlaufender Austauschprozesse und kurzfristiger Anpassungsbewegungen relevant.[6] Die Funktionsfähigkeit von Medien ist nicht an partikulare Bedingungen einer Interaktionssituation oder an bestimmte Dispositionen der Akteure gebunden. Sie verbinden die interagierenden Akteure mit einem größeren sozialen Zusammenhang, mit dem sie über bestimmte Rollen oder Mitgliedschaften verbunden sind. Hieraus ergibt sich eine spezifische Interdependenz zwischen Medien als "Indikatoren" makroskopischer Strukturen und als Parameter der Situation und der Orientierung von Akteuren. Unterschiedliche Niveaus oder Relationen zwischen Medien operieren als "Ordner", die als "Daten" oder Orientierungsgrößen in die Handlungspläne von Akteuren einfließen, wie umgekehrt Niveau und Struktur der im Umlauf befindlichen Medien Resultat einer Vielzahl interdependenter Handlungsentscheidungen über die Haltung und Verwendung von Medien sind.[7] Es besteht eine Wechselbeziehung zwischen der

Akzeptabilität von Medien für Akteure als Mittel, ihre Handlungspläne aufeinander abzustimmen und dem "Funktionieren" des Gesamtsystems: Die Geltung eines normativen "Mediencodes" und die Funktionsfähigkeit der Medien stellt zugleich eine Voraussetzung und Folge ihrer Akzeptabilität und Verwendung als generalisiertes Motivationsmittel in sozialen Austauschprozessen dar. Verkürzt ließe sich die Rolle der Medien als Bindeglied zwischen gesellschaftlichem und interaktivem Austausch so verstehen: Einerseits werden durch die Verwendung generalisierter Medien soziale Interaktionen einem Vergesellschaftungsprozeß unterworfen, bei dem partikulare Loyalitäten aufgeweicht und Entscheidungen individualisiert werden.[8] Andererseits werden durch wachsende Verflechtung und Überkreuzung von Loyalitäten, Mitgliedschaften und Interessen umfassendere Gemeinschaftsbildungen in Gang gesetzt.[9]

Mit wachsender Institutionalisiertheit eines generalisierten Interaktionsmediums ergibt sich für den einzelnen Akteur ein faktischer Anpassungszwang zur Teilnahme an medienvermittelten Interaktionen und zur Orientierung an den Regeln und Bedingungen des Mediengebrauchs. Dies suspendiert jedoch keinesfalls normative Bindungen; sie sind vielmehr voraussetzungsvoller, da es hier um die Anerkennung genereller Standards geht, die Teil einer, vom einzelnen aus gesehen, abstrakten sozialen Gemeinschaft sind. Sozial normative Bindungen oder Prozesse der Vergemeinschaftung werden nicht ersetzt, sondern nehmen eine andere, generalisierte Form an.[10] Die Freiheit der Wahl bleibt eingebunden in eine kulturelle und normative Matrix. Sie ist nicht nur technisch durch die Zahl der denkbaren und realisierbaren Alternativen begrenzt, sondern normativ strukturiert. Sie steht gerade in einem Gegensatz zu subjektiver Beliebigkeit oder Willkür, die sich, wie schon SIMMEL darlegte, vor allem dort einstellt, wo direkte Zwangs- und Abhängigkeitsverhältnisse normfreie Räume hinterlassen.[11]

3.2 Die konzeptionellen Elemente der Medienanalyse

Die o.g. Verbindung zwischen Kommunikation und Sanktion wird konzeptionell auf unterschiedliche Weise umgesetzt. So ist zu fragen, durch welche generellen Eigenschaften Medien charakterisiert sind und durch welche Merkmale sich spezifische Typen von Medien differenzieren lassen. Bei der Definition von Eigenschaften, durch die sich soziale Interaktionsmedien allgemein charakterisieren lassen, folgt PARSONS' Argumentation der Unterscheidung zwischen symbolisch-informationalen und realenergetischen Elementen. Die Unterscheidung verschiedener Medientypen wird sowohl unter strukturalistischen als auch unter interaktionstheoretischen Aspekten vorgenommen. Der strukturalistische Aspekt bezieht sich in erster Linie auf die Explikation der kulturell-normativen Grundstruktur der Mediensprache. Der interaktive Aspekt beruht auf der Funktion sozialer Medien als Mittel wechselseitiger Sanktionierung und Motivation. PARSONS definiert die generellen Merkmale sozialer Medien wie folgt:[12]

(1) Medien haben symbolischen Charakter. Sie sind Teil eines institutionalisierten Symbolsystems und können in reale Wertgrößen konvertiert werden, ohne selbst einen bestimmten Gebrauchswert zu besitzen.
(2) Medien stellen eine generalisierte Form der Kommunikation und Sanktionierung dar. Generalisierung impliziert stets ein Abstrahieren von spezifischen Qualitäten und Inhalten.[13]
(3) Die Bedeutung von Medien und die Möglichkeiten bzw. Grenzen ihrer legitimen und adäquaten Verwendung in sozialen Austauschprozessen sind in einem Mediencode festgelegt.
(4) Medien zirkulieren, d.h., Medien stellen keine fixen Eigenschaften von Personen oder sozialen Systemen dar, sondern können in Austauschprozessen erworben, weitergegeben, verausgabt oder gehalten werden.
(5) Medien fungieren als Steuerungsgrößen für reale Prozesse und sind gleichzeitig deren Produkt, d.h., sie werden im Verlauf von Interaktionsprozessen generiert. Die Generierung von Medien unterliegt Bedingungen, die sie von realen Wertschöpfungsprozessen abkoppeln, so daß sie nicht notwendig einer Nullsummenkonstanz unterworfen sind.

Auf der Ebene sozialer Systeme konzipiert PARSONS vier Medien, die als operative Mechanismen betrachtet werden, durch die die primären Funktionen des betreffenden Systems bzw. Subsystems erfüllt werden. Geld stellt das zentrale Medium des wirtschaftlichen Systems dar, Macht wird im Kontext des politischen Systems definiert, Einfluß repräsentiert das Medium des gemeinschaftlichen Systems und Wertbindungen sind im sozialkulturellen System verankert. PARSONS unterscheidet die Medien primär durch den normativen Code, der ihrer Institutionalisierung zugrundeliegt und der den Erwerb, die Verwendung und Weitergabe von Medien regelt. Die Codestruktur eines Mediums enthält zwei Aspekte: Die Abgrenzung eines zentralen Wertprinzips, durch das die spezifische Funktion des betreffenden Subsystems definiert wird und das den symbolischen

Bezugsrahmen für die Operation des Mediums abgibt. Die Definition eines zentralen Koordinationsstandards fungiert als normative Bezugsgröße für die Entscheidung über die "richtige" Verwendung des betreffenden Mediums.

Ein weiteres Merkmal zur Unterscheidung der Medien bildet deren Einbettung in einen speziellen institutionellen Kontext, der als System von Regeln aufgefaßt werden kann, durch die einerseits die Absicherung der allgemeinen Akzeptanz, andererseits normative Grenzen des legitimen Gebrauchs des Mediums festgelegt werden. Schließlich läßt sich fragen, in welcher Weise ein gegebenes Medium Werte symbolisiert und vergleichbar macht. Damit wird die medienspezifische Dimension der Wertbemessung angesprochen. Die folgende Abbildung bietet eine Übersicht für die o.g. Merkmale (vgl. Abb. 9).

Abb. 9 Die institutionellen Grundlagen sozialer Medien

Medium/ Funkt. Bezug	Wertbedeutung	Koordinationsnorm	institutionelle Absicherung	Dimension d. Wertbemessung
Geld (A)	Nutzen	Solvenz	Eigentums-/ Vertragsrechte	Teilbarkeit in Wertquanten
Macht (G)	Effektivität	Befolgung	Herrschaftsordnung/ Bürgerrechte	Setzung von Prioritäten
Einfluß (I)	Solidarität	Konsens	Status/Reputationsordnung	Rangordnung von Prioritäten
Commitments (L)	Integrität	Konsistenz (Kongruenz)	moralische Ordnung	Niveaus der Generalität

Mit Hilfe dieses kategorialen Apparates lassen sich unterschiedliche soziale Beziehungsmuster idealtypisch charakterisieren. So dient das Medium Geld der Übertragung von Besitz- und Eigentumsrechten an Objekten, die hinsichtlich ihrer Nützlichkeit bewertet werden. Nutzen bezeichnet nicht eine Eigenschaft des Objektes selbst, sondern dessen relative Relevanz für die Sicherstellung von gewünschten Niveaus der Bedürfnisbefriedigung. Geld drückt den Nutzwert eines Objekts in monetären Einheiten aus. Die Bewertung von Werten kann hier auf einer metrischen Skala abgebildet werden. Der Standard der "Solvenz" oder Liquidität stellt ein normatives Kriterium des in Geld bewertbaren Erfolgs ökonomischer Aktivitäten aus. Dieser bezieht sich nicht notwendig auf die Erzielung eines maximalen Gewinns, sondern auf die Aufrechterhaltung einer generellen Tauschbereitschaft.

Das Medium Macht wird verstanden als generalisierte Kapazität, kollektive Leistungspflichten zu aktivieren bzw. Entscheidungen kollektiv verbindlich durchzusetzen. Macht ist institutionell verankert in einem System von Regeln, durch den der legitime Erwerb von Macht, die Teilnahme an Macht und der Umgang mit Macht definiert ist. Die zentrale Wertbedeutung des Mediums liegt hier auf der "Effektivität": Leistungen werden hier einem kollektiven Bewertungsprozeß unterworfen, wobei es in erster Linie auf die strategische Bedeutung von Alternativen für ein bestimmtes, kollektives Ziel geht. Zentraler Koordinationsstandard ist die "Befolgung" verbindlicher Entscheidungen bzw. die Einwilligung in die hiermit verbundenen Leistungsverpflichtungen. Politische Macht ist keine dem Geld vergleichbare tangible Größe. Ihre quantitative Dimension besteht im Ausmaß der Selektivität der gesetzten Prioritäten.

Einfluß operiert auf der Basis einer Prestigeordnung, deren primäres Wertprinzip die Aufrechterhaltung solidarischer Beziehungen oder der Ausgleich interner Spannungen zwischen Handlungseinheiten ist. Die Beiträge zur Implementierung dieses Wertmusters werden am Kriterium der Herstellung konsensueller Abstimmung gemessen. Konsens wird hergestellt durch die gemeinsame Akzeptierung von informalen und formalen Regeln und ihre Anwendung auf konkrete Fälle und Situationen. Es geht um ordinale Vergleiche des Rangs unterschiedlicher Ansprüche bzw. gesellschaftlicher Zielbündel.

Wertbindungen stellen ein Medium dar, welches - gestützt auf eine moralisch sanktionierte Ordnung - Austauschprozesse durch die wechselseitige Verpflichtung zur Befolgung gemeinsamer Werte vermittelt. Die Signalisierung gemeinsamer Wertverpflichtungen ist jedoch nicht mit der konkreten Realisation zu verwechseln, sondern umschreibt eine allgemeine Verpflichtung, im Sinne gemeinsamer moralischer Werte zu handeln bzw. sich daran zu orientieren. Das zentrale Wertprinzip beruht daher nicht auf der Evaluation wünschenswerter Zustände, sondern auf der Bewahrung der Integrität des Wertmusters als Voraussetzung weiterer Implementation. Erfolgskriterium für die Integrität von Wertmustern bildet die Beurteilung von Wertmustern nach ihrer inneren Konsistenz.[14]

Wir kommen zu der Frage, in welcher Weise generalisierte Medien zu bestimmten Handlungen motivieren bzw. als spezifische Mechanismen sozialer Kontrolle aufgefaßt werden können. PARSONS entwickelt hierzu eine einfache Typologie von sozialen Sanktionen, indem er die unterschiedliche Valenz (positiv/negativ) einer Handlung für ihren Adressaten mit der Unterscheidung zwischen Situation und Intention kreuztabelliert (vgl. Abb. 10).

Abb. 10 Das Sanktionsschema sozialer Medien

Ansatzpunkt/ Valenz	Situation	Intention
positiv	Geld (Anreize)	Einfluß (Überredung)
negativ	Macht (Kontrolle)	Wertcom- mitments (Aktivierung)

Diese Typisierung knüpft an das elementare Akteur-Situationsschema der Interaktionsanalyse an. PARSONS kategorisiert die Medien zunächst danach, welchem formalen Sanktionstyp sie entsprechen.[15] Generalisierte Medien symbolisieren unterschiedliche Modi der Handlungssteuerung. So stellt das Medium Geld einen bestimmten Anreiz dar, der seinem Empfänger erweiterte Möglichkeiten und Chancen für künftiges Handeln eröffnet. Sollen Medien als soziale Kontrollmechanismen gelten, müssen sie durch reale Sanktionsmöglichkeiten abgesichert sein. Unter diesem Aspekt läßt sich fragen, welche Optionen den Akteuren verbleiben, um ihren Ansprüchen Nachdruck zu verleihen.[16] Medien erhalten ihre sanktionierende Kraft nur durch die sozial organisierte Sicherung ihrer allgemeinen Akzeptanz als Symbol für etwas "Geltendes" und durch die Sicherung der Konvertibilität in "reale" Werte. Bei der Interpretation der sozialen Medien als Sanktionen muß man sich stets vor Augen halten, daß hiermit keine "intrinsisch" wirksamen Sanktionsmittel wie z.B. materielle Ressourcen, Wissen oder physische Gewaltmittel, gemeint sind.

3.3 Medien als operative Mechanismen

Die medientheoretische Sichtweise läßt sich auf unterschiedliche Weise nutzbar machen. Mit Blick auf interaktive Austauschbeziehungen lassen sich unterschiedliche soziale Beziehungsmuster zwischen Akteuren idealtypisch umreißen. Bezogen auf das Input-Output Paradigma des gesellschaftlichen Austauschs geraten vor allem Probleme der Generierung, der Zirkulation, der Konvertierbarkeit und der Schwankungen des Medienwertes in den Mittelpunkt. Betrachten wir zunächst die Art der sozialen Beziehungen, die durch die Verwendung generalisierter Interaktionsmedien hergestellt wird.

Geld symbolisiert eine Offerte, die eine potentielle Bereitschaft zu Transaktionen signalisiert und von der angenommen wird, daß das eigene Angebot einen potentiellen Nutzwert für andere hat. Ein Mehr an Geld vermittelt unterschiedliche Chancen, auf Angebote einzugehen bzw. diese ggfs. zugunsten von "nützlicheren" Alternativen auszuschlagen. Die typische Form der sozialen Beziehung ist durch die Konkurrenz um Chancen, durch "günstige" Handlungsangebote an andere gekennzeichnet.[17]

Macht vermittelt hingegen Entscheidungen, die stets eine asymmetrische Beziehung im Sinne einer Über- und Unterordnung enthalten.[18] Derjenige, der über legitime Macht verfügt, signalisiert damit, daß er im Namen eines kollektiven Ziels oder Interesses das Recht beansprucht, von anderen bestimmte Leistungen zu verlangen bzw. verbindliche Entscheidungen für andere zu treffen. Durch das Medium Macht werden Entscheidungen kommuniziert, die bindende Verpflichtungen aktivieren.[19] Im Gegensatz dazu implizieren Nutzenbewertungen gerade die Abwägung und Relativierung von Zielen nach ihrem "Preis"; für den Akteur bedeutet Nutzen, über Dinge nach "eigenem" Belieben verfügen zu können. Effektivität hingegen impliziert stets die Auswahl und Vorrangstellung von bestimmten Zielen innerhalb eines Kollektivs; für Kollektivmitglieder begründet dies in erster Linie eine Verpflichtung, in bestimmter Weise zu handeln.

Soziale Beziehungen, die durch Einfluß vermittelt werden, lassen sich idealtypischerweise dadurch charakterisieren, daß es hier auf die Aufrechterhaltung der sozialen Beziehung ankommt. Während es bei ökonomischen Austauschbeziehungen von den Akteuren um ein kontinuierliches Abwägen und Berechnen von Alternativen geht, in politischen Austauschbeziehungen um die Sicherstellung kollektiver Entscheidungsfähigkeit und damit gerade um den Ausschluß von Alternativen, geht es in integrativen Austauschbeziehungen um das Denken in Regeln, "guten"

Gründen und "Rechtfertigungen", die eine konsensuell abgestützte Rangordnung des Handelns ermöglichen sollen.[20] Einfluß ist ein Medium der Meinungsbildung und bezieht seine Wirksamkeit aus dem Vertrauen in die Geltung von Normen, die, unabhängig von bestimmten situativen Chancen und spezifischen Interessenlagen, zwischen konkurrierenden Ansprüchen vermitteln sollen.[21]

In Austauschbeziehungen, in denen das Medium Wertbindungen den zentralen Vermittlungsmechanismus darstellt, kommt das allgemeine Reziprozitätsprinzip als soziale Norm am deutlichsten zum Ausdruck. Es geht weniger um die Objekte, die ausgetauscht werden oder um die Sicherstellung eines Konsens über die Regeln der Verteilung von Kosten und Nutzen aus gemeinsamen Aktivitäten, sondern um die Bewahrung der Integrität der Beziehung als einer normativen Struktur, die die Akteure zur Implementation gemeinsamer Werte verpflichtet.Die "Kosten" des sozialen Austauschs begründen sich nicht aus der Übertragung von Besitz- oder Eigentumsrechten, einer Gehorsamsschuld gegenüber legitimen Entscheidungsträgern oder einer Schuld an Einsicht in die guten Gründe des Kompetenteren, sondern sie legen den Akteuren die generelle Verpflichtung auf, im Sinne der gemeinsamen Werte zu handeln.[22] Dabei geht es nicht um das Problem der Spezifikation des gemeinsamen Wertmusters, sondern um die reziproke Aktivierung von Commitments zu gemeinsamen Werten.[23] Für die Akteure steht weniger ein "Haben" auf dem Spiel, sondern es geht eher um Kategorien des "Seins". Commitments berühren die moralische Verantwortung der Akteure, ihr Handeln in Einklang mit gemeinsamen Werten zu bringen, d.h., eine Kongruenz zwischen Charakter und Verhalten glaubhaft zu machen.[24] Wertbindungen sind in dem Maße generalisiert, wie sie einen mehr oder minder großen Bereich implementativen Handelns unter Bewahrung der Integrität eines Wertmusters legitimieren können.

Mit der Erweiterung des Medienmodells lassen sich auch die Input-Output Kategorien des Interchangemodells genereller fassen. Die Benennung der verschiedenen Kategorien erhält einen anderen Sinn. In **Economy and Society** wurden die doppelten Input-Output Beziehungen im Anschluß an ökonomische Kreislaufmodelle in einen "realen" Faktor- bzw. Produktstrom und in einen "symbolischen" Faktor-Produktstrom getrennt.[25] Das Medium Geld wird hier jeweils in seiner primär ökonomischen Bedeutung als Entgelt für Faktoren oder Produkte und in seiner erweiterten sozialen Bedeutung als Prestige-, Status- und Machtsymbol gedeutet. Diese nichtökonomischen Bedeutungen werden in den Austauschbeziehungen zum sozialkulturellen, gemeinschaftlichen und politischen System relevant. In den neueren Arbeiten, die die anderen gesellschaftlichen Medien explizit berücksichtigen, wird jede Kategorie dem entsprechenden Medium zugeordnet.[26] Die ursprüngliche Bezeichnung dient jetzt eher zur allgemeinen und exemplarischen Umschreibung der Ressourcen, die durch die Medien kontrolliert werden.[27]

Die Zirkulation von Medien über ihre Grenzen hinweg läßt sich nicht nur als neutrales Vermitteln von wechselseitig benötigten "realen" Ressourcen auffassen, sondern als ein reziprokes Durchdringen der normativen Bedeutungen, Rationalitätsstandards und Relevanzkriterien, die dem jeweiligen Medium zugrundeliegen und in einem entsprechenden Mediencode institutionalisiert sind. So charakterisiert PARSONS z.B. das Wertsystem des Konsumgütermarktes als eine Synthese aus ökonomischer Rationalität und kulturellen Konsumstandards, die sowohl auf der "Haushaltsseite" als auch auf der "Unternehmensseite" institutionalisiert sind. Für Unternehmen geht es nicht nur um die richtige Antizipation von Bedarf und Nachfrage, sie selbst nehmen Teil an der inhaltlichen Definition der Konsumstandards, an denen sich die effektive Nachfrage orientiert. Dies setzt z.B. eine Berücksichtigung und Involvierung expressiver Standards in ökonomisch rationale Orientierungen voraus.[28]

Das Problem der Konvertibilität von Medien untereinander verweist zum einen auf die Reichweite der Medien und zum anderen auf die Erhaltung bestimmter Kontrollbeziehungen. So läßt sich z.B. Einfluß einsetzen, um die Chancen des Gelderwerbs zu erhöhen. Dies ist jedoch nur innerhalb bestimmter Grenzen möglich. Diese müssen selbst durch den Mediencode definiert und durch institutionelle Regeln gegenüber Abweichungen gesichert sein. Die Medien "Wertcommitments" und "Einfluß" zeichnen sich gegenüber den Medien "Geld" und "Macht" dadurch aus, daß sie Handeln über die Beeinflussung von Intentionen steuern.[29] Sie sind insoweit voraussetzungsvoller, als eine solche Beeinflussung nicht nur eine richtige Antizipation möglicher Reaktionen voraussetzt, sondern eine zumindest partielle Perspektivenübernahme notwendig macht. Eine illegitime Substitution von Einfluß und Wertcommitments durch positive oder negative situative Anreize indiziert stets einen Verlust der Steuerungsfähigkeit normativer Strukturen. Das Problem der Steuerungsfähigkeit normativer Strukturen ist jedoch nicht allein eine Frage der Unterscheidung zwischen legitimer oder illegitimer Verwendung generalisierter symbolischer Interaktionsmedien. Die Effektivität der informationalen Kontrolle sozialer Austauschprozesse hängt wesentlich von der Stabilität der Wertschätzung sozialer Medien ab. Prozesse der relativen Auf- oder Abwertung von Medien im Hinblick auf ihre Konvertibilität in gewünschte Werte oder andere Medien ergeben sich sowohl aus den Fluktuationen von fortlaufenden Austauschprozessen als auch aus Prozessen der Medienschöpfung. Während sich die Dynamik der Austauschprozesse in erster Linie aus den wechselnden Bedingungen der Situation oder veränderten Interessenlagen der Akteure ergeben, unterliegen Prozesse der Medienschöpfung einer mehr oder minder restriktiven Steuerung durch soziale Institutionen, die analytisch unterschiedliche Stufen normativer Kontrollen repräsentieren. Veränderungen des Medienwertes können als inflationäre oder deflationäre Erscheinungen aufgefaßt werden; sie indizieren Inkompatibilitäten zwischen normativen Erwartungen und realsierten Zuständen, zwischen kulturell definierten Zielen und den Bedingungen ihrer Realisierung. Eine krisenhafte Zuspitzung dieser Entwicklungen kann schließlich zum Zusammenbruch der institutionellen Grundlagen eines Mediums führen. Wir werden uns mit diesen Aspekten der Medientheorie noch im nächsten Abschnitt ausführlich beschäftigen, da hierbei die Analogie zur ökonomischen Analyse des Geldwertproblems eine zentrale Rolle spielt.

3.4 Die analytische Reichweite des Medienkonzepts

Mit der Theorie der sozialen Interaktionsmedien versucht PARSONS vor allem den Anspruch einzulösen, seine Analyse des sozialen Austauschs zu dynamisieren. Die Medienanalyse stellt primär auf die Eigendynamik und die Mechanismen ab, durch die die Handlungspläne von Akteuren bzw. gesellschaftliche Subsysteme miteinander verbunden werden. Die Eigendynamik generalisierter Interaktionsmedien ergibt sich aus einer eigentümlichen Verkehrung von Zweck und Mittel: Sie sind nicht bloß Mittler von Tauschvorgängen, sondern sie werden für die handelnden Akteure zu einem zentralen Motiv ihrer Teilnahme an Interaktionsprozessen. Medien sind zwar auf die Vermittlung realer Tauschprozesse bezogen, aber ihr Erwerb, ihre Haltung und Verwendung unterliegt eigenen Regeln. Das Bewerten von Werten ist nicht ohne Risiko, da die Validität und Zuverlässigkeit der Wertmaßstäbe selbst ein Resultat von Prozessen ist, die sie zugleich lenken. Die Risiken der Medienverwendung liegen jedoch nicht nur in der Dynamik von Vertrauen bzw. Mißtrauen in deren Wertkonstanz, sondern in den realen Wirkungen auf die Erwartungsstrukturen handelnder Akteure. Hieran lassen sich die zentralen Leitfragen festmachen, durch die sich die Medienanalyse als eine soziale Prozeßtheorie empfehlen kann: Wie und wodurch erhält die Semantik der Medien zugleich ihre soziale Geltung und motivationale Bedeutung? In welcher Weise lassen sich Expansions- oder Kontraktionsprozesse in sozialen Austauschbeziehungen auf Veränderungen in der Zirkulation von Medien beziehen? Wie kommen Medienwertschwankungen zustande und welche Folgen ergeben sich daraus für die Struktur und das Niveau von sozialen Austauschprozessen?

PARSONS Antworten hierzu sind eher programmatische Entwürfe, die darauf abzielen, die Grundkategorien der Medienanalyse in den Bezugsrahmen einer Theorie des normativ regulierten Austauschs einzupassen. Durch die Definition der institutionellen Grundlagen der verschiedenen Medien soll die kulturelle Bedeutung der jeweiligen Mediensprache festgelegt und die soziale Geltung der Medien abgestützt werden. Diese bildet dann wiederum die Basis für die motivationale Bedeutung der Medien als Mittel, gewünschte Resultate in Interaktionsprozessen zu erzielen.

Betrachtet man allerdings das Sanktionsparadigma nur unter dem Aspekt einer wechselseitigen Verhaltenssteuerung, dann führt dies zu einer doppelten Reduktion der analytischen Reichweite. Zum einen bleibt die Analyse auf der Ebene der <u>Interaktion</u>, auf der die institutionellen Bedingungen der Medienverwendung nur als gegebene Daten erscheinen und zum anderen legt sie eine strategische Interpretation der Interaktionsdynamik nahe. Hierbei bleibt unberücksichtigt, daß Medien nur dann ein akzeptiertes und gesuchtes Mittel der individuellen Zielerreichung sind, wenn die wechselseitige Akzeptanz bereits gesichert ist und das System der Zirkulation "funktioniert". Die Eigenart der Verwendung generalisierter Medien beruht zum einen darauf, daß der "Sanktionsfall" erst gar nicht eintritt, weil die Akteure an gemeinsam geteilte Bedeutungen und Regeln anknüpfen können, die die Besonderheit der jeweiligen Interaktionssituation überschreiten. Zum anderen ist die Verwendung generalisierter Medien dort angezeigt, wo es um Abstimmungen zwischen einer prinzipiell unbeschränkten Zahl von Akteuren geht, so daß eine Koordination von Erwartungen weder durch gemeinsame Zugehörigkeiten, kontinuierliche Teilnahme noch durch eine direkte Koinzidenz der Interessen erreicht werden kann. Auf der Ebene der <u>gesellschaftlichen</u> Austauschbeziehungen wird die Anwendung des Sanktionsparadigmas problematisch. Systeme sind keine intentional handelnden Akteure, und System-Umwelt-Relationen lassen sich nicht als eine Aggregation von Situationen auffassen. Medien sind im Kontext der Input-Output-Bilanzen des Interchangemodells als Mechanismen zu interpretieren, die eine hochgeneralisierte Information enthalten, durch die allokative und integrative Prozesse zwischen Systemen gesteuert werden.

Hier bleibt festzuhalten, daß PARSONS' Ausführungen zur Medienanalyse noch keine konsequente Hinwendung zu einer dynamischen Analyse darstellt; sie enthält eher eine komparativ-statische Sicht. So bleiben Fragen nach der zeitlichen Anordnung, nach möglichen Diskontinuitäten und dem Verlauf von Transformationsprozessen konzeptionell ausgeklammert. Auch die Analyse des Zusammenhangs zwischen den verschiedenen Medien bleibt noch weitgehend offen. So stellt sich z.B., wenn man von der Annahme der Zirkulation der Medien ausgeht, das konzeptionelle Problem, welche Bedeutung bzw. Funktion einem bestimmten Medium im Kontext eines anderen Systems zugeschrieben werden soll. PARSONS' erster Ansatzpunkt besteht in dem Hinweis auf die multiple Bedeutung eines Mediums. So symbolisiert z.B. das Medium Geld nicht nur eine generalisierte Kaufkraft, sondern stellt u.U. ein Symbol für Macht, Status oder einen bestimmten Lebensstil dar. Damit ist zugleich gesagt, daß sich die konkrete Verwendung eines Mediums einer unterschiedlichen Rationalität des Handelns in unterschiedlichen Systemen fügt. Wenn Medien aber allein den Systemimperativen unterworfen sind, in denen sie gerade verwendet werden, dann reduziert sich die integrative Funktion der Medien auf reine Tauschvermittlung. Damit müßte sich die Medienanalyse jedoch Beschränkungen auferlegen, die sie von ihrer Programmatik her gerade überwinden wollte.

Die spezifische Dynamik generalisierter Interaktionsmedien liegt für PARSONS primär in Auf- oder Abwertungsprozessen innerhalb oder zwischen institutionalisierten Mediensystemen. Hierbei rücken die Kategorien von Inflation und Deflation in den Mittelpunkt. Die analoge Verwendung dieser ökonomischen Konzepte im Kontext einer sozialtheoretischen Krisenanalyse werden wir im dritten Teil unserer Untersuchung näher beleuchten.

III. DAS PROBLEM DER GENERALISIERUNG DES ÖKONOMISCHEN MODELLS

Problemstellung

Im ersten Abschnitt haben wir uns mit PARSONS' Rezeption ökonomischer Theorietraditionen im Hinblick auf das Verhältnis von Ökonomie und Soziologie als theoretische Systeme beschäftigt. Hier lassen sich drei zentrale Anknüpfungspunkte finden: Der erste besteht in dem aufgezeigten Kritikansatz an ökonomischen Theorien, der die Grenzen der Generalisierung ökonomischer Theorieelemente absteckt. Der zweite besteht positiv in PARSONS' Hinweisen auf bestehende kategoriale und typologische Kongruenzen zwischen ökonomischen und soziologischen Variablen und schließlich verweist PARSONS auf den möglichen theoretischen Zugewinn einer Anlehnung soziologischer Theoriekonstruktion an Kategorien, Analysetechniken und substantielle Befunde ökonomischer Theorien.[1]

Die Analyse des allgemeinen austauschtheoretischen Instrumentariums im vorigen Abschnitt lenkte die Aufmerksamkeit auf verschiedene Theoriekomplexe, die jeweils unterschiedliche Ansatzpunkte und Ebenen für die Lokalisierung ökonomischer Theorieelemente bieten. So bietet sich als theoretisches Pendant zur elementaren Interaktionsanalyse die mikroökonomisch fundierte Analyse der Struktur und Dynamik interpersonaler Tauschbeziehungen an. Das Interchangemodell verweist hingegen auf die Analyse komplexer, indirekter Austauschsysteme, wie sie im Kontext der makroökonomischen Kreislauftheorie und Gleichgewichtsanalyse thematisiert werden. Die Theorie der sozialen Interaktionsmedien macht den Bezug auf die ökonomische Geldtheorie schon im Ansatz augenfällig. Für die soziologische Theoriekonstruktion stellt sich die Frage, inwieweit ökonomische Denkansätze und Erklärungsstrategien genutzt werden können. Dazu ist es sinnvoll, zunächst die generellen sozialtheoretischen Bezüge ökonomischer Konzeptionen herauszuarbeiten. Mit Blick auf das austauschtheoretische Programm PARSONS' stellen sich dabei folgende Fragen:

(1) Welche formalen und substantiellen Anleihen lassen sich innerhalb der o.g. Theoriekomplexe aufzeigen?
(2) Ist eine bestimmte theoretische Strategie der Auswahl und Explikation ökonomischer Theorieelemente erkennbar?
(3) Welche Konsequenzen hat dies für interne Konsistenz des austauschtheoretischen Programms, und welche Probleme ergeben sich bei der Anwendung auf bestimmte soziale Phänomene?

Im Rahmen der Interaktionstheorie werden wir vornehmlich nach dem Stellenwert des markttheoretischen Modells fragen. Auf der Ebene des gesellschaftlichen Austauschs geht es primär um die Frage, inwieweit die makroökonomische Gleichgewichtsbetrachtung ein paradigmatisches Beispiel für die Analyse gesamtgesellschaftlicher Interdependenzen abgibt. Wir werden hier am Beispiel des Vergleichs zwischen DOWNS und PARSONS auf die unterschiedlichen Strategien bei der Auswahl und theoretischen Einbettung ökonomischer Theorieelemente eingehen.

Im Zentrum des abschließenden Kapitels steht das Verhältnis zwischen der ökonomischen Geldanalyse und der Medientheorie. Hier läßt sich die Frage nach einem möglichen ökonomischen Bias bei der Anwendung medientheoretischer Argumentationen erörtern. Als Anwendungsbeispiel bietet sich die Analyse eines nichtökonomischen Objektbereiches an. Wir greifen auf die Krisenanalyse zurück, wie sie PARSONS und seine Mitarbeiter im Rahmen ihrer Arbeiten zum amerikanischen Hochschulsystem entwickelt haben. Diese Analyse bietet einen wichtigen Testfall für die Frage, inwieweit die Integration ökonomischer Theorieelemente auch in Praxis der Theorie gelingt.

1. Ökonomischer Tausch und soziale Interaktion

1.1 Das markttheoretische Modell sozialer Interaktionen

Die sozialtheoretische Bedeutung des ökonomischen Marktmodells des Tausches liegt vor allem in der spezifischen Art und Weise wie die Handlungen individueller oder kollektiver Akteure koordiniert werden. Im ökonomischen Modell bildet die Interdependenz der individuellen Nutzenschätzungen die Grundlage des Austauschs von Gütern und Diensten. Diese Interdependenz beruht auf der Verschiedenheit der Bedürfnislagen und der situationsspezifischen Interessen am Tausch sowie auf der subjektiv eingeschätzen Vorteilhaftigkeit durch die Teilnahme an Austauschprozessen. Einerseits kommt aus dieser Sicht Austausch nur zustande, wenn beide Seiten einen zumindest relativen Vorteil erwarten, andererseits konfligieren die konkreten Interessen über die Relationen und Bedingungen, zu denen relevante Objekte ausgetauscht werden.[2] Die markttheoretische Analyse führt unmittelbar in das soziologische Ordnungsproblem hinein. Die Verschiedenheit der Präferenzen und Interessen eröffnet Möglichkeitsräume bzw. Anreize, durch Austausch die eigene Versorgungslage zu verbessern. Um so wahrscheinlicher ist auch auf Dauer das Entstehen gemeinsamer Interessen an der Konstituierung und Aufrechterhaltung von Regeln, durch die die permanente Gefahr des Rückgriffs auf gewaltsame Lösungen oder des einseitigen Diktats von Bedingungen vermieden werden kann.[3]

Diese spezifische Verknüpfung von Kooperation und Konflikt in der freien Tauschkonkurrenz funktioniert jedoch nur unter der Voraussetzung, daß eine Kontrolle über Objekte oder über die Konsequenzen einer Handlung übertragen werden kann, d.h., daß für die am Austauschprozeß Beteiligten internalisierbare Kosten und Nutzen entstehen.[4] Das Konzept der **Internalisierung externer Effekte** bringt den ökonomischen Zugang zum Ordnungsproblem am besten zum Ausdruck. Das Externalitätenproblem weist sowohl analytische als auch normative Implikationen auf. Analytisch geht es um die Frage, wie die Struktur und Dynamik sozialer Interaktionen auf die Allokation von Ressourcen und Motiven zurückwirkt. Normativ geht es um die Begründung des individualistischen Prinzips, wonach die Koordination der individuellen Handlungspläne möglichst so organisiert sein soll, daß externe Kosten und Nutzen entweder gar nicht anfallen oder aber von denen getragen werden, die sie verursacht haben.[5] Die spezifisch soziale Dimension der Theorie der externen Effekte besteht darin, daß jedes individuelle Handeln bereits auf die erwarteten Reaktionen oder die vermuteten Erwartungen anderer bezogen ist und stets beabsichtigte und unbeabsichtigte Konsequenzen für Beteiligte und nicht beteiligte Dritte haben kann.

Aus dieser Sicht läßt sich das Ordnungsproblem auf zwei Ebenen betrachten: Eine nicht gelingende Internalisierung der Folgen von Handlungen führt zu der ökonomischen Version des Motivierungsproblems sozialer Ordnung: Wie kann jemand zu der Bereitstellung einer Leistung oder auch zur Offenlegung seiner Präferenzen veranlaßt werden, wenn dieser damit rechnen kann, auch ohne eigenen Beitrag in den Genuß von Leistungen zu kommen, die andere bereitgestellt haben? Man kann dies auch, bezogen auf das Problem des abweichenden Verhaltens, so definieren: Gelingt es nicht, die Kosten für sozial unerwünschtes Verhalten den Verursachern aufzubürden, entsteht eine Situation, in der es für den einzelnen lohnender ist, sich regelwidrig zu verhalten, selbst wenn der Gesamteffekt langfristig für alle negativ ist. Ein Organisationsproblem sozialer Ordnung kann so formuliert werden: Mögliche negative, nicht internalisierbare Konsequenzen entstehen nicht nur für die Beteiligten, sondern auch für Dritte, etwa, wenn sich zwei Parteien auf Kosten einer dritten einigen. Wie können die

Interessen Dritter oder unbeteiligter Betroffener in sozialen Austauschbeziehungen gewahrt werden? Hinzu kommt, daß gerade die Unterschiedlichkeit der Präferenzen und die Zahl der Interessenten an kollektiven Leistungen die Entstehung eines Konsens' über die Bedeutung privater bzw. kollektiver Bedürfnisse und die Regeln ihrer Allokation und Distribution erschweren. Der Streit der unterschiedlichen Interessen wird zum Konflikt zwischen unterschiedlichen Rechtsansprüchen und schließlich zum Konflikt über die Kriterien der Bewertung und die Verfahrensregeln der Interessenabstimmung selbst.

1.1.1 Die Marktlösung des Externalitätenproblems

Die klassische Lösung des Ordnungsproblems besteht in einer marktanalogen Organisation sozialer Reziprozitäten. Das Prinzip des wechselseitigen Vorteils des Tausches hat eine doppelte Bedeutung: einerseits verweist es auf eine generelle Motivgrundlage rationaler Akteure, überhaupt in einen Austausch zu treten; andererseits wird die wechselseitige Vorteilhaftigkeit als Ergebnis einer sozialer Stuktur betrachtet, die ein freies Aushandeln zwischen potentiell konkurrierenden Anbietern und Nachfragern ermöglicht.

Ein zentraler Aspekt des Mechanismus der wechselseitigen Vorteilhaftigkeit besteht darin, daß sozialer Austausch nicht notwendig als eine Art Null-Summen-Spiel aufgefaßt werden kann, bei dem nur einer das gewinnen kann, was ein anderer verliert. Diese Idee, die von PARSONS vor allem im Kontext seiner Medientheorie aufgegriffen wird, läßt sich bis auf RICARDOS "Gesetz der komparativen Kosten" zurückverfolgen: RICARDO zeigt am Beispiel des bilateralen Handels von Wein und Tuch zwischen Portugal und England, daß selbst dann die <u>Möglichkeit</u> zu einem wechselseitig vorteilhaften Tausch besteht, wenn eine der beiden Seiten (hier Portugal) beide Güter absolut kostengünstiger herstellen kann.[6] Der Ausgleich zwischen Angebot und Nachfrage bildet den Kern der ordnungstheoretischen Argumentation in der elementaren ökonomischen Interaktionsanalyse. Er enthält die Vorstellung von einer gleichgewichtigen Struktur des Austauschs, der auf die Kompatibilität und wechselseitige Berechenbarkeit der individuellen Handlungspläne abstellt. Aus der Perspektive des einzelnen bedeutet <u>Gleichgewicht</u>, daß Erwartungen eintreffen bzw. die Handlungspläne so erfüllt werden, daß kein Anlaß besteht, das Nachfrage- oder Angebotsverhalten zu ändern. Betrachtet man die Gesamtheit individueller Pläne und Entscheidungen, so bedeutet Gleichgewicht, daß die Erwartungen und Handlungen miteinander verträglich sind, so daß im Idealfall niemand in seinen Erwartungen enttäuscht wird. Wenn auch dieser Idealfall unrealistisch ist, so lassen sich doch zumindest Tendenzen in Richtung eines solchen Gleichgewichtszustandes ausmachen. Geht man von der rein kognitiv-rationalen Orientierung der Akteure aus, impliziert diese Tendenz eine zunehmende Übereinstimmung des Wissens und eine wachsende Komplementarität der Handlungsdispositionen der Akteure. Dies heißt nicht notwendig, daß jeder alles weiß, sondern daß er über eine bestimmte Menge relevanten Wissens verfügt, welches zu richtigen Prognosen der Auswirkungen eigenen und fremden Verhaltens befähigt, soweit diese im Hinblick auf gegebene Bedürfnisse relevant sind.[7]

Der Organisationsmechanismus eines freien Konkurrenzmarktes stellt eine Form der Reziprozität zwischen Akteuren her, bei der der "Verursacher" negativer Effekte zu Kompensationsleistungen herangezogen werden kann bzw. derjenige, der von Leistungen anderer profitieren will, nur dann zum Zuge kommt, wenn er selbst Leistungen für andere anbieten kann. Marktanaloge Strukturen enthalten Anreize, Präferenzen in bezug auf Leistungen anderen gegenüber offenzulegen und gleichzeitig das Leistungsangebot an den Präferenzen der Nachfragenden zu orientieren.[8]

Die Freiheit des Austauschs und die Vollkommenheit der Konkurrenz bilden auch die zentralen Kriterien der Unterscheidung unterschiedlicher <u>Marktstrukturen</u>, von denen angenommen wird, daß sie einen differenzierbaren Einfluß auf das Marktverhalten der Teilnehmer und der Austauschrelationen haben.[9] Zentrale Komponenten der **Marktstruktur** beziehen sich sowohl auf Merkmale der **Situation**, die für alle Teilnehmer gelten, als auch auf die Struktur der **Orientierungen**, die von den Akteuren gemeinsam geteilt werden. Zu ersterem zählen bspw. die Größe des Systems, gemessen an der Zahl der Teilnehmer, die Offenheit des Marktes und die Transparenz der Marktkommunikation. Diese Kriterien laufen darauf hinaus, die Art der **möglichen** Wettbewerbssituation zu charakterisieren. Die Orientierungsseite zielt auf die Einstellungen und Wahrnehmungen der Akteure, die auf Objekte der Situation bezogen sind. Dazu gehört die Annahme, daß zwischen Anbietern und Nachfragern keine partikularen Bindungen oder besonderen Präferenzen bestehen, die ein ökonomisch rationales Marktverhalten begrenzen. Betont wird auch eine generelle Wettbewerbsbereitschaft ("spirit of competition") als soziale Norm <u>und</u> individuelle Handlungsdisposition.[10]

1.1.2 Institutionelle Aspekte des Tauschs: Die Theorie der Eigentumsrechte

Die Reformulierung des Ordnungsproblems als Problem der Internalisierung externer Effekte führt gerade in der neueren Diskussion zu einer Relativierung einer reinen markttheoretischen Lösung. Die grundlegenden Probleme des marktmäßigen Austauschs lassen sich an zwei Punkten verdeutlichen: Der eine betrifft die Frage nach den Voraussetzungen der Stabilität freier und friedlicher Wettbewerbsbeziehungen. Der andere wirft die Frage auf, bei welchen Gütern überhaupt eine Internalisierung technisch möglich, ökonomisch effizient oder sozial erwünscht ist. Wenn die Freiheit des Austauschs impliziert, daß Akteure freie Vereinbarungen nach ihrer jeweiligen Interessenlage treffen können, wie kann dann gesichert werden, daß friedliche Konkurrenzbeziehungen aufrechterhalten werden, da es u.U. vorteilhafter ist, Konkurrenz mittels Zwang oder freier Absprache zu vermeiden als sich ihren Risiken auszusetzen? Wenn aber der Konkurrenzmechanismus entweder gar nicht oder unvollkommen funktioniert, wie kann dann die Internalisierung externer Effekte erreicht werden? Das markttheoretische Modell beruht auf der Annahme, daß die Objekte des Tauschs exklusiv angeeignet und einer privaten Verfügungsgewalt unterworfen werden können. Die Geltung exklusiver und privater Eigentumsrechte ist aber selbst ein erklärungsbedürftiger Tatbestand. Die Theorie muß daher nicht nur der Tatsache Rechnung tragen, daß der Markt versagen kann,[11] sondern weiter fragen, wie sich die Struktur von Kontroll- und Verfügungsrechten auf die Allokation von Ressourcen auswirkt.[12]

Eigentumsrechte in diesem allgemeinen Sinn sind aber nichts anderes als Systeme normativer Regeln, denen sich Akteure unterwerfen, wenn sie Vereinbarungen über einen Austausch treffen. Nun lassen sich unterschiedliche Typen von Eigentumsrechten denken, wie etwa öffentliche, private oder kommunale Rechte. Die grundlegende Funktion dieser Rechte besteht in der Sicherung und Stabilisierung von reziproken Erwartungen in sozialen Interaktionen. Nur wenn Akteure auf die Einhaltung von Eigentumsrechten vertrauen dürfen, können Instabilitäten kontrolliert werden. Unsichere Erwartungen und Instabilitäten entstehen jedoch nicht nur aus dem von PARSONS analysierten Zwangsproblem, sondern vor allem durch eine inadäquate Struktur schon vorhandener Eigentumsrechte, die eigentlich ordnende Funktion haben sollten. Im Unterschied zu dem Modell des freien Tausches bezieht die Theorie der Eigentumsrechte die Existenz unbeteiligter, aber betroffender Dritter explizit mit ein. Mehr noch: Normentstehung, die nur auf der freien

Vereinbarung der Beteiligten beruht, enthält problematische Begrenzungen in der Reichweite der vereinbarten Regeln: Ein System bilateraler Verträge bleibt instabil, da die Regeln immer nur für einen Teil der Akteure gelten, nur für spezifische Situationen präzisiert werden und mühsam immer wieder neu ausgehandelt werden müssen. Darüber hinaus nimmt mit zunehmender Größe des Interaktionszusammenhangs die Möglichkeit der wechselseitigen Kontrolle der Einhaltung frei vereinbarter Normen ab, während gleichzeitig die Anreize zu Regelverletzungen wegen ihrer geringeren Auffälligkeit zunehmen.[13]

Eigentumsrechte implizieren hingegen ein System generereller Regeln, aus der Art, Umfang und Dauer der Rechte für eine Vielzahl von Situationen und Akteurrollen spezifiziert werden können. Die Einhaltung muß von Instanzen überwacht und gesichert werden, die ggfs. zur Durchsetzung dieser Rechte auf Zwangsmittel zurückgreifen. Nun ist damit noch keineswegs geklärt, was denn Akteure veranlassen könnte, der Etablierung solcher Instanzen zuzustimmen, die die Eigentumsrechte definieren und auch die Macht haben sollen, diese durchzusetzen.

So argumentieren bspw. McKENZIE und TULLOCK, daß die Aussicht auf eine Verbesserung der individuellen Versorgungslage durch Austausch einen Möglichkeitsraum schafft, der die Akzeptierung von Regeln bzw. der Einwilligung in die Schaffung oder Beachtung von Sanktionsinstanzen wahrscheinlicher macht.[14] Was aber ist die Motivgrundlage einer solchen Einwilligung aus der Sicht eines rational agierenden Akteurs? Hierbei ist vor allem in Rechnung zu stellen, daß Eigentumsrechte auf Dauer angelegt sind und daher nicht einfach zur Disposition stehen. Um wirksam zu sein, müssen sie von kurzfristigen Schwankungen und situationsspezifischen Kontingenzen abgekoppelt sein. Ihre Internalisierungsfunktion beruht gerade auf der Fähigkeit, die Instabilität des Markt- und Preismechanismus zu stabilisieren, d.h. berechenbarer zu machen. WILLIAMSON verweist auf das Phänomen der Ungewißheit und die Höhe der Transaktionskosten, die durch die Informationssuche und die Verhandlungskosten entstehen. Institutionen reduzieren mögliche Kontingenzen und senken damit die Kosten der Transaktion.[15] Die Argumente zielen darauf ab, die Stabilität sozialer Institutionen mit der Fähigkeit zu begründen, Transaktionskosten zu senken. Dies ist, betrachtet man das Beharrungsvermögen ökonomisch ineffizienter Organisationen, wenig überzeugend. So stellt sich z.B. die Frage, warum Akteure für die Einrichtung einer Institution plädieren sollen, selbst wenn sie sich eine Senkung der Transaktionskosten davon versprechen. Ob ein internalisierbarer Nutzen tatsächlich entsteht, ist zumindest ungewiß; gewiß ist jedoch, daß die Kosten der Etablierung der Institution von denen getragen werden, die entsprechende Präferenzen bekundet haben. Abgesehen davon bleibt die Frage, wovon die Bewertung der Transaktionskosten bestehender und potentieller Institutionen selbst abhängt, völlig offen.

Die Argumentation von McKENZIE und TULLOCK beruht auf der Annahme einer normativen Reziprozität: Aufgrund von Erfahrungen in Interaktionsprozessen werden die Akteure antizipieren, selbst in eine Lage zu kommen, in der die Berufung auf Regeln und ihre Inanspruchnahme notwendig wird, um ihren Interessen Geltung zu verschaffen. Dies schließt ein, daß die aktuelle Beachtung solcher Regeln zusätzliche Kosten verursacht. Die Antizipation der möglichen Reziprozität der Situation oder der zu spielenden Rollen läßt sich entweder als intraindividuelle Optimierung zwischen kurz- und langfristigen Eigeninteressen oder als Produkt eines aufgeklärten Eigeninteresses deuten. Die Theorie der Eigentumsrechte bezieht explizit die institutionelle Dimension sozialen Handelns in ihre Betrachtung ein und überwindet insoweit die Verabsolutierung des markttheoretischen Ansatzes. Die Frage ist allerdings, ob hier nicht eine nutzentheoretischen Deutung zu kurz greift und den Unterschied zwischen der Eigenart marktanaloger Austauschprozesse und solchen, bei denen es um die Festlegung der Spielregeln selbst geht, unzulässigerweise einebnet.

1.2 Die Marktanalogie in der Interaktionstheorie PARSONS

Der institutionalistische Ansatz in der Theorie der Eigentumsrechte sieht in der marktanalogen Organisation von Austausch **eine** mögliche Form der Internalisierung externer Effekte. Sie bleibt der nutzentheoretischen Erklärungsstrategie jedoch insoweit verhaftet, als sie die Existenz und Fortdauer institutioneller Arrangements auf die subjektive oder objektivierbare Kosten-Nutzenkonstellation der Akteure zurückführt. Der Markt wird zwar als konkrete institutionelle Form relativiert, nicht aber das Erklärungsprinzip, das der Analyse von Austauschprozessen zugrundeliegt. Fragt man in umgekehrter Richtung nach dem Stellenwert der Marktanalogie bei PARSONS, dann lassen sich drei Bezugspunkte für mögliche Konvergenzen und Divergenzen ausmachen:

(1) Welcher Art sind die wechselseitigen Orientierungen der Handlungssubjekte, die in Interaktionsprozesse involviert sind?

(2) Wie läßt sich die Struktur der sozialen Beziehungen beschreiben, durch die die Relation zwischen den Akteuren definiert und die Koordination des reziproken Handelns gesteuert wird?
(3) Was läßt sich über die Mechanismen sagen, durch die Interaktionsprozesse in Gang gesetzt und durch die Strukturmuster des Austauschs aufrechterhalten werden?

1.2.1 Der Ökonomismus der Interaktionstheorie: Perspektiven der Rezeption

In der gängigen soziologischen Rezeption der Arbeiten PARSONS' finden sich verschiedene Hinweise auf einen "ökonomischen" Zugang zur Interaktionsanalyse. So sieht z.B. VANBERG in PARSONS' Interaktionsanalyse im wesentlichen eine Paraphrasierung einer individualistischen Austauschtheorie, die sich ohne Mühe als Anwendungsfall einer verhaltenstheoretischen Grundkonzeption rekonstruieren läßt. Dies trifft im wesentlichen auch auf die ökonomische Analyse von Austauschbeziehungen zu.[16] Bezogen auf die grundlegende motivationale Orientierung der Akteure bediene sich PARSONS des utilitaristischen Postulats, wonach Individuen grundsätzlich nach einer Maximierung von Gratifikationen streben.[17]

Eine individualistische Linie bei der Analyse sozialer Austauschbeziehungen sieht auch MENZIES vor allem in den frühen Arbeiten PARSONS' angelegt.[18] Im Gegensatz zu VANBERG sieht er gerade in der Analyse elementarer Interaktionsbeziehungen eine Abkehr von einem früheren "sozialen Utilitarismus". Die Wende besteht darin, daß PARSONS die gemeinsame Orientierung an Regeln nicht als Bezugspunkt für die Maximierung individueller Bedürfnisse betrachtet, sondern deren unbedingten, moralisch verpflichtenden Charakter betont.[19]

Auch LEVINE verweist auf einen instrumentalistischen Bias, der mit PARSONS' Rezeption des Ziel-Mittel-Schemas der Ökonomie zusammenhängt. PARSONS' Grundhaltung lasse sich als Versuch kennzeichnen, das verengte ökonomische Handlungsmodell systematisch zu erweitern, ohne den instrumentalistischen Kern zu verändern. Anders als MENZIES sieht LEVINE eine Kontinuität, die sich vom "unit act" bis zum A-G-I-L Schema verfolgen läßt. PARSONS erweitere zwar das ökonomische Handlungsmodell, aber er bleibe einem gewissen Instrumentalismus verfangen. Die immanente Begrenzung des wie immer modifizierten Ziel-Mittel-Schemas liegt darin, daß Handeln lediglich als Resultate "instrumenteller" und "normativer" Faktoren aufgefaßt wird. Aus dieser Sicht wird das emergente Phänomen der "Reziprozität" von Interaktionsbeziehungen als konstitutives Merkmal sozialer Strukturen und Prozesse aufgelöst. Soziale Beziehungsstrukturen wie Kooperation, Konflikt, Konkurrenz oder Herrschaft lassen sich hierbei nur unbefriedigend erfassen.[20]

Während MENZIES und LEVINE, wenn auch mit unterschiedlicher Gewichtung, auf einen ökonomischen Bias in der **handlungstheoretischen** Grundlegung verweisen, sieht VANBERG die Gemeinsamkeit zur ökonomischen Theorie in der **verhaltenstheoretischen** Anlage. VANBERG geht noch weiter: Die Strukturen sozialer Interaktionssysteme werden sowohl bei PARSONS als auch in der ökonomischen Theorie als ein kumuliertes und gleichgewichtiges System von Einzelentscheidungen betrachtet. Das Institutionalisierungskonzept läßt sich folglich auch in verhaltenstheoretischer Diktion lesen: Kulturelle Symbole stellen diskriminierende Stimuli dar, die die Angemessenheit von Verhaltensweisen definieren. Im Prozeß der wechselseitigen Verhaltenssteuerung kommt es durch Generalisierung von gratifizierenden bzw. deprivierenden Erfahrungen zum Aufbau gemeinsamer Symbolsysteme, die als eine elementare Form von Kultur betrachtet werden können.[21] Die Mechanismen wechselseitiger Motivierung zu konformem Verhalten beruhen nach VANBERG auf Verstärkungseffekten, wonach ein Verhalten um so häufiger auftritt, je häufiger es mit der Erfahrung positiver Belohnung verbunden ist.

Zunächst fällt auf, daß sich die Rezeption zwar auf ähnliche Punkte bezieht, diese aber in einem recht unterschiedlichen theoretischen Zusammenhang verortet werden. Für VANBERG ist die Unterscheidung zwischen verhaltenstheoretischer oder handlungstheoretischer Grundlegung eher unbedeutend. Dies mag, betrachtet man nur die formale Ebene der Aussagenstruktur, durchaus plausibel erscheinen. Für die inhaltliche Ausrichtung der Analyse ist es jedoch wichtig, ob man das Verhalten von Individuen im wesentlichen als Konditionierungsprozeß auffaßt, oder als Wahlhandlung, wie dies die ökonomische Theorie tut.[22] Gerade die voluntaristische Komponente ist für die Frage der symbolischen und normativen Steuerung des Handelns von Bedeutung. Ohne die handlungstheoretische Grundlegung sind zentrale sozialtheoretische Instrumente bei PARSONS, etwa das Institutionalisierungskonzept, das Pattern-Variables Schema oder die Medientheorie, gar nicht zu rekonstruieren.

Betrachtet man die Kritik von MENZIES und LEVINE, dann erscheint PARSONS' Interaktionsanalyse vor allem einem instrumentalistischen Handlungskonzept verhaftet. Tatsächlich verweist PARSONS immer wieder auf die Bedeutung interessengeleiteter, objektivierender Einstellungen und universalistischer und performativer Beurteilungskriterien. Aber es wäre verfehlt anzunehmen, daß soziale Interaktionssysteme allein auf dieser Grundlage entstehen und fortbestehen würden. Die Kritik an der Eindimensionalität des ökonomischen Rationalitätskonzepts macht dies deutlich.[23] Selbst wenn man PARSONS' Ablehnung der rein instrumentalistischen Interpretation des Handelns und der ökonomischen Maximierungsthese in Rechnung stellt, so bleibt die Dimension der akteurbezogenen Interessen von großer theoriestrategischer Bedeutung. Sie bilden, in der Sprache der kybernetischen Kontrollhierarchie, die Energie, die Austauschprozesse in Gang hält und auf bestehende normative Strukturen dynamisierend wirkt. Auch PARSONS betont den Mutualismus der Interessen als eine Bedingung des Zustandekommens und der Aufrechterhaltung sozialer Austauschbeziehungen. Die Wechselseitigkeit des Vorteils beschreibt, in der Sprache der A-G-I-L Dimensionierung, die primäre Zielkomponente (G) sozialer Austauschbeziehungen.[24]

Die Rezeption verkennt die **multidimensionale** Anlage des handlungs- und sozialtheoretischen Bezugsrahmens. Der Versuch, PARSONS' Sozialtheorie auf lerntheoretische oder auch utilitaristische Erklärungsmuster zu reduzieren, kann sich nur auf eine äußerst selektive Kenntnisnahme des theoretischen Programms stützen. Zu diesen "Mißverständnissen" gehört z.B. auch die bei VANBERG und z.T. bei MENZIES wiederzufindende These, PARSONS' Akteur strebe ebenso wie im utilitaristisch-ökonomischen Modell nach maximaler Gratifikation. Eine solche Deutung ist nur möglich, wenn man PARSONS' Interaktionsanalyse aus dem Kontext seines antibehavioristischen Programms herauslöst. Dabei entgeht VANBERG, daß PARSONS sich selbst dort, wo er scheinbar behavioristisch oder utilitaristisch argumentiert, ausdrücklich gegen eine solche Deutung schützen will.[25] So spricht PARSONS nicht von einer Maximierung von Gratifikationen, sondern von deren Optimierung. Damit ist keine Beschreibung einer personalen Eigenschaft oder einer Intention gemeint, sondern es wird ein genereller Bezugspunkt definiert, unter dem eine Vielzahl von Bedürfnisdispositionen aus der Sicht des Akteurs integriert werden. Problematisch ist vielmehr das duale Schema, bei dem zwischen dem "objektiven" Standort des Beobachters und der "subjektiven" Sicht des Akteurs unterschieden wird. Dies kann zu der Annahme verleiten, daß es PARSONS primär um eine motivationale Erklärung sozialer Phänomene gehe. Die Tendenz zur "Optimierung von Gratifikationen" bezieht sich auf die Persönlichkeit als psychosoziales Gleichgewichtssystem. Dies ist nicht gleichbedeutend mit der

Beschreibung der Intentionen eines konkreten Akteurs, der in einer bestimmten Situation agiert. Der Begriff der Optimierung soll gerade auf Interrelationen zwischen unterschiedlichen Motiven und Bedürfnisdispositionen verweisen. Das Problem der persönlichen "Gratifikationsbilanz" ist von dem Problem der Stabilisierung eines Interaktionssystems zu trennen. Weder ist also individuelles Handeln eine einfache Funktion genereller Dispositionen, noch läßt sich die Integration eines Interaktionssystems auf den Gratifikationswert der ausgetauschten Stimuli zurückführen. Man muß PARSONS' Grundüberlegung eher als Konsequenz aus seiner ursprünglichen Utilitarismuskritik verstehen: Ebenso wie die Ziele zweckorientierten Handelns nicht zufällig variieren oder als "psychologische" Daten der Situation betrachtet werden können, so wenig variieren Form und Inhalt von Gratifikationen "zufällig" über Situationen oder die rein subjektiven Präferenzen der Akteure hinweg.

1.2.2 Formale und substantielle Kongruenzen

Nun ist nicht zu übersehen, daß sich PARSONS in der strukturfunktionalen Phase einer verhaltenstheoretischen Diktion bedient, durch die die Interpretation von VANBERG zunächst plausibel klingen mag. Bei der Wahl dieser Sprechweise spielt sicher das Bemühen um interdisziplinäre Verständigung eine theoriestrategische Rolle. Dies kommt auch in **Economy and Society** zum Ausdruck, wo PARSONS und SMELSER explizit auf kategoriale und konzeptionelle Kongruenzen zur ökonomischen Theorie hinweisen. So wird z.B. das Angebots- und Nachfrageschema als ökonomischer Anwendungsfall der generellen Kategorien von Performanz und Sanktion gedeutet. Die Wechselseitigkeit des Vorteils in ökonomischen Tauschbeziehungen erscheint als Spezialfall eines Gleichgewichts von Performanz und Sanktion.[26]

Dabei bleibt unklar, worauf sich die Kongruenzvermutung genau bezieht: Unproblematisch, aber wenig aufschlußreich ist z.B. die generellere Umschreibung des ökonomischen Nachfragebegriffs als soziale Sanktion. Problematisch ist allerdings die These, das "Gesetz von Angebot und Nachfrage" korrespondiere mit einem generellen "Gesetz" von Performanz und Sanktion.

> "The amount of performance contribution in a function of expection (in the long run, receipt) of sanction, or as psychologists would put it, of 'reward'."[27]

Die Aussage ist, ebenso wie ihr ökonomisches Pendant, nahezu nichtsagend: Wichtig ist nicht, daß performatives Handelns irgendwie vom Ausmaß der Belohnungen abhängt, sondern wodurch sich die Art der Sanktion und Leistung im Kontext unterschiedlicher Interaktionssysteme unterscheiden und handlungswirksam werden. PARSONS und SMELSER bedienen sich reduktionistischer und reifizierender Argumentationstrategien, die sie selbst immer wieder beklagen: Zumindest in kurzfristiger Sicht lasse sich das psychologische "Effektgesetz", das ökonomische "Gesetz" von Angebot und Nachfrage oder das soziologische "Gesetz" von Performanz und Sanktion als Spezialfall des Gesetzes von der Äquivalenz von Aktion und Reaktion auffassen. Genauer betrachtet entpuppt sich hier die ökonomische Analogie als Versuch, empirisch bezogene Generalisierungen in verschiedenen Disziplinen mit Hilfe von Analogien zur klassischen Mechanik zu systematisieren.[28] Konsequenterweise müßte man eher von einem physikalischen Bias sprechen.

PARSONS betrachtet Märkte als soziale Systeme eigener Art, deren Funktionweise von den Motiven der Akteure relativ unabhängig ist. Der Preisbildungsmechanismus kann Austauschprozesse nur innerhalb eines bestimmten institutionellen Kontextes regulieren. Die Eigenart der Marktsituation besteht darin, daß die Akteure keine weiteren persönlichen Beziehungen oder Bindungen zu haben brauchen, um in Interaktion zu treten. Märkte sind als ein Netzwerk von Beziehungen anzusehen, das prinzipiell zu beliebiger Zeit von jedem potentiellen Teilnehmer genutzt werden können, sofern sich die Beteiligten der institutionalisierten Sprache des Geldes bedienen bzw. dieses als generalisierte Sanktion akzeptieren.[29] Das ökonomische Preisbildungskonzept spielt bei PARSONS' Austauschtheorie nur insoweit eine Rolle, als ihm eine handlungskoordinierende Funktion zukommt. Das Modell der freien Preisbildung ist aber nur eines unter möglichen anderen institutionellen Arrangements. HUPPES verweist z.B. auf eine Kongruenz zwischen dem ökonomischen Preis- und dem soziologischen Normkonzept. Preise sind demnach in Geldform ausgedrückte Normierungen.[30] Dagegen läßt sich einwenden, daß Preise weder der Geldform bedürfen,[31] noch daß sie ihre regulative Funktion ausschließlich der Geltung sozialer Normen verdanken. Die Funktionsfähigkeit <u>freier</u> Preisbildung hängt gerade davon ab, daß eine Moralisierung der Preisgestaltung ("gerechter Preis") eng begrenzt wird. Aus der moralischen Indifferenz freier Preisbildung darf jedoch nicht auf eine völlige Ablösung von institutionell normativen Grundlagen geschlossen werden. Zum einen können Preise nur Knappheiten indizieren, wenn Knappheit von Ressourcen auch thematisiert werden darf.[32] Zum anderen sind marktliche Preisbildungsprozesse selbst Gegenstand interventionistischer Stategien in Form von direkter oder indirekter Preiskontrollen, durch die sozial unerwünschte Marktergebnisse korrigiert bzw. Preise aus gesellschaftspolitischen Gründen administriert werden. Die hiermit verbundenen Begrenzungen freier ökonomischer Disposition und marktlicher Koordinationsmechanismen bedürfen i.d.R. der Rechtfertigung und Legitimation. So wird auf die Priorität kollektiver Ziele, z.B. die Sicherstellung eines hohen öffentlichen Versorgungsniveaus oder die Verbesserung der internationalen Wettbewerbsfähigkeit hingewiesen, oder es wird die moralische Höherwertigkeit von gesellschaftspolitischen Zielen wie soziale Gerechtigkeit, Chancengleichheit etc. beschworen.[33] Festzuhalten bleibt, daß in PARSONS' Austauschtheorie das Phänomen der Preisbildung nicht Grundlage weiterer theoretischer Kodifikation, sondern als Spezialfall der Selbstregulation sozialer Interaktionssysteme behandelt wird. PARSONS' Marktanalogie stützt sich also weder auf die Verallgemeinerung bestimmter Motive zum sozialen Austausch noch auf das Problem der hierbei entstehenden Tauschverhältnisse in Form von monetären oder nichtmonetären Preisen ("Schattenpreise"). Der theoretisch generalisierbare Kern des Marktmodells liegt in der Charakterisierung sozialer Kontexte als **Opportunitätsstruktur**, die für eine Vielzahl von Akteuren und Handlungsoptionen offen steht.

1.3 Die Grenzen des Marktes als theoretisches Problem

Die Unterschiede der theoretischen Einbindung des Marktmodells werden deutlicher, wenn man die Versuche betrachtet, die Grenzen des Marktes theoretisch zu bestimmen. Aus ökonomischer Sicht sind Marktmängel dort zu suchen, wo infolge der mangelnden Internalisierbarkeit von externen Effekten suboptimale Marktergebnisse zustandekommen.[34] Soziologisch interessant sind vor allem das Problem der Marktmacht, das Kollektivgutproblem und das Problem der monetären Werterfassung. Aus ökonomischer Sicht besteht das Problem der Marktmacht u.a. darin, daß die Internalisierung negativer Effekte nicht gelingt, weil der Mächtige sich leisten kann, Kompensationsforderungen abzuweisen. Dem Kollektivgutproblem liegt eine Konstellation zugrunde, bei der private und exklusive Eigentumsrechte entweder nicht angemeldet werden können oder die Kosten der Durchsetzung des sogenannten Ausschlußprinzips prohibitiv hoch sind. Kollektivgüter sind dadurch gekennzeichnet, daß ihr Konsum nichtrivalisierend ist oder prinzipiell niemand vom

Konsum ausgeschlossen werden kann oder soll. Die Bewertung von Güter in monetären Einheiten wirft das Problem auf, daß über den Geldmaßstab nur solche externen Effekte erfaßt werden, die einen Marktpreis erhalten. Es geht dabei nicht nur um die Fähigkeit oder Unfähigkeit von Preisen, tatsächliche oder erwartete Knappheiten zu indizieren, sondern um den Ausschluß von Werten, die in einer Gesellschaft als nicht tangibel gelten (z.B. ästhetische Werte, ein bestimmtes Arbeitsethos, Werte wie Kreativität und Selbstbestimmung) oder die dem offiziellen Austauschprozeß entzogen sind (Hausfrauenarbeit, Erziehung, Betreuung). Das Preissystem schafft hier eher Knappheiten, weil es die ökonomische Allokation an Ressourcen und Werten vorbeilenkt, für die kein (Markt-)Preis existiert.

Wettbewerbsverzerrungen infolge monopolitischer Marktmacht, die Selektivität der Preisinformation und das Kollektivgutproblem werfen die Frage auf, durch welche institutionellen Vorkehrungen die hier angelegten Kontingenzen in sozialen Austauschprozessen in Grenzen gehalten werden können. Die Verbindung der Perspektive der externen Effekte mit der Theorie der Eigentumsrechte eröffnet die Möglichkeit, das Problem des Zwangs und das Problem der Berücksichtigung der Interessen Dritter zu reformulieren, so daß wesentliche Aspekte der sogenannten "nicht-kontraktuellen Elemente" des Vertrages analytisch in Reichweite gelangen.[35] Einerseits haben normative Regeln selbst Kollektivgutcharakter, da niemand von der Nutzung ihrer möglichen Vorteile ausgeschlossen werden kann; andererseits besteht die Möglichkeit einer moralischen "free rider" Position, da nicht automatisch sichergestellt werden kann, daß jeder die notwendigen Kosten der Regelbefolgung tragen will. Aus Parsonsianischer Sicht verschiebt das Konzept der Eigentumsrechte das Problem der Erklärung von normativen Austauschstrukturen auf eine andere Ebene, ohne die prinzipiellen Defizite einer am Prinzip der wechselseitigen Vorteilssuche orientierten Erklärungsstrategie zu überwinden. Beim ökonomischen Tausch ist es gerade die Unterschiedlichkeit der Ressourcenausstattung und der Präferenzen eigeninteressierter Akteure, die es für jeden der beteiligten Akteure nützlich erscheinen läßt, in Austauschbeziehungen zu treten. Andererseits bildet gerade die gemeinsame Erwartung der Vorteilhaftigkeit geregelter Austauschbeziehungen die Basis für die Akzeptanz von Regeln und Institutionen. Diese können jedoch nur ein Minimum an Regeln hervorbringen; nämlich solche, die die Möglichkeit zu individuell beliebigen Optionen erweitern. Das Ordnungsproblem wird uminterpretiert in ein Problem der Aufrechterhaltung von Opportunitätsstrukturen. Da diese auch Möglichkeit zu endogenen Instabilitäten, z.B. als Resultat unvollkommener Konkurrenz oder ungeregelter individueller Willkür, aufweisen, bleibt als Ausweg nur der kollektiv organisierte Zwang.

Zwar verweist die ökonomische Internalisierungsperspektive auf die Notwendigkeit, privaten Zwang durch einen legitimen kollektiven Zwang zu ersetzen, der auf einer möglichst freien Vereinbarung oder freiwilligen Zustimmung beruht; jedoch muß dieser Ansatz unzureichend bleiben: So bleibt unklar, wodurch eine wie immer entstandene Regelstruktur des Handelns eine dauerhafte normative Geltung erlangt, so daß bestimmte denkbare und gleichnützliche Alternativen unwählbar sind und die Regel selbst einem strategischen Kalkül entzogen bleibt. Die Wirksamkeit eines als legitim geltenden Zwangs unterliegt u.U. den gleichen Beschränkungen, unter denen auch das Anreizsystem Markt nicht funktioniert: Wo die dauerhafte Bindung an eine Ethik der Leistung und des Konkurrierens als eines fairen Spiels fehlt, können Märkte nur unvollkommen funktionieren.[36] Wo die Legitimität der Spielregeln des sozialen Austauschs oder des kollektiven Entscheidens brüchig wird, fehlt den Regeln eine von wechselnden Situationen und individuellen Kosten-Nutzenverhältnissen unabhängige Verpflichtungskraft. Solche Defizite können nur kurzfristig durch den vermehrten Einsatz negativer Sanktionen kompensiert werden.

Der Mangel an theoretischer Generalität wird vor allem dort offenkundig, wo Ordnungsbildung durch Reziprozitätsmechanismen nicht oder nur eingeschränkt möglich ist und trotzdem ein Bedarf an normativer Reguliertheit im individualistischen System besteht. Was könnte bspw. selbst den im aufgeklärten Eigeninteresse Handelnden motivieren, Regeln des Minderheitenschutzes oder der Toleranz zu akzeptieren, wenn er nie damit rechnen muß, zu dieser Minderheit zu gehören oder die Toleranz der Mehrheit in Anspruch nehmen zu müssen. Was interessiert die Einhaltung von Menschenrechten, solange deren Verletzung nicht in die Freiheit von Eigentumsrechten eingreift? Was ließe sich gegen die Aufrechterhaltung von Sklaverei oder die Vorenthaltung von Bürgerrechten einwenden, zumal deren Abschaffung einen Eingriff in die Eigentumsrechte der Sklavenbesitzer notwendig machen würde? Die Beispiele von Regeln des sozialen Austauschs, in denen das Reziprozitätskalkül allein nicht ausreicht, um deren Befolgung zu erklären, ließen sich beliebig erweitern. Zu der Einhaltung solcher Regeln gehört offensichtlich mehr als die Orientierung, auch selbst in eine Situation geraten zu können, in der man von ihrer Geltung profitieren oder von ihrer Nichtgeltung Schaden nehmen könnte.

Das Kollektivgutproblem lenkt nicht nur den Blick auf die unterschiedlichen Bedingungen und die spezifische Rationalität kollektiv organisierten Handelns, sondern wirft auch das Problem der Legitimation kollektiven Handelns auf. In der Theorie der Eigentumsrechte und der ökonomischen Theorie der Verfassung wird auf das rationale Kalkül der Individuen verwiesen, die einem Konsens über die Spielregeln sozialer Austauschbeziehungen zugrundeliegen.[37] Eine besondere Variante dieses Problems stellt das Konzept der **meritorischen Güter** dar. Dieses Konzept ist für die interparadigmatische Diskussion schon deshalb interessant, weil es die traditionellen Diskussionsschemata innerhalb der ökonomischen Theoriediskussion in Frage stellt. Dazu gehört z.B. die Unterscheidung zwischen privaten und öffentlichen Gütern, die von der Voraussetzung ausgeht, daß der Modus der Bereitstellung primär von der materiellen Beschaffenheit der Güter selbst abhängt.

MUSGRAVE hat den Begriff des meritorischen Gutes in die Diskussion eingeführt. Er wollte damit der Tatsache Rechnung tragen, daß für eine Vielzahl öffentlich organisierter Leistungen die Bedingungen des Kollektivgutes eigentlich nicht erfüllt sind und eine Bereitstellung prinzipiell auch über private Initiative erfolgen könnte.[38] Kennzeichnend für meritorische Güter ist die "verdienstvolle" Korrektur bzw. die Einmischung in private Präferenzen. Die Gründe für diese Eingriffe im "wohlverstandenen" Interesse der Betroffenen können vielschichtig sein. So verweist HEAD z.B. auf sozialpolitische Gründe, die auf die Kompensation von Nachteilen für einkommensschwache Schichten hinauslaufen und auf verzerrte, d.h. irrationale Präferenzstrukturen bei bestimmten Nachfragergruppen, so daß es zu einer Unterschätzung erwünschter oder eine Überschätzung unerwünschter Güter kommt.[39]

Das Konzept fällt in doppelter Weise aus dem individualistischen System heraus: Zum einen erwies die Diskussion, daß eine überzeugende Rechtfertigung von Eingriffen innerhalb eines normativen Individualismus nicht gelingt.[40] Zum anderen zeigte sich, daß die hier aufgeworfenen Probleme nicht in das übliche theoretische duale Schema von privaten und öffentlichen Gütern passen. Die Frage der Meritorisierung hat offensichtlich mit der kulturellen und normativen Bedeutung von "Gütern" zu tun, die das Ergebnis eines öffentlichen Definitionsprozesses sind. Das Rechtfertigungsproblem läßt sich daher nicht als normative Diskussion zwischen Theoretikern abhandeln, sondern ist dem Gegenstand immanent. Das Problem der Meritorisierung stellt sich offensichtlich immer dann, wenn individuelle oder kollektive Akteure den Anspruch erheben, in Vertretung bzw. im wohlverstandenen Interesse anderer handeln zu dürfen. Diese Probleme stellen sich z.B. typischerweise in sozialisatorischen, herrschaftlichen und professionellen Austauschbeziehungen. Hier sind, anders als im idealtypischen Marktmodell, strukturelle Asymmetrien eingebaut, die einer besonderen Legitimation bedürfen.

PARSONS hatte dieses Problem schon sehr früh erkannt, als er dem Tauschmodell eigeninteressierter Akteure das Modell der professionellen Arzt-Patient-Beziehung gegenüberstellte.[41] Dabei ging es gerade um die Überwindung der unfruchtbaren Dichotomien wie z.B. "Eigeninteresse oder Altruismus" oder "Markt oder kollektivem Plan". PARSONS stellte die besondere Form der Kollektivbezogenheit des ärztlichen Handelns heraus, durch die bestimmte Formen der ökonomischen Eigeninteressen kanalisiert werden. Die Arzt-Patienten Interaktion ist nur eine Variante einer Experten-Laien-Beziehung, in der das Problem der Rechtfertigung von Eingriffen virulent wird. Das Grundproblem besteht hier darin, daß nicht nur einfach Informationen ausgetauscht werden, sondern daß der Laie i.d.R. die Validität der Information oder die Glaubwürdigkeit des Experten gar nicht überprüfen kann. Der Glaube in die fachliche Autorität kann durch das rationale Kalkül auf individueller Ebene nur z.T. abgestützt werden.[42] Offensichtlich hängt die individuelle Investition von ungesichertem Vertrauen von der Fähigkeit des professionellen Systems ab, generalisiertes Vertrauen zu erzeugen. Das Interesse der Theoriekonstruktion richtet sich hier auf die spezifischen Legitimationskriterien, die innerhalb eines sozialen Systems gelten und die Mechanismen, durch die generalisiertes Vertrauen in gerechtfertigte und realistische Erwartungen konvertiert werden kann. Wir werden hierauf im Rahmen der Analogie zwischen Geld und den sogenannten Interaktionsmedien weiter eingehen. Hier bleibt festzuhalten, daß das ökonomische Konzept des meritorischen Gutes wichtige Anknüpfungspunkte bietet. Die rein ökonomische Sichtweise kann das Konzept theoretisch nur als Residualkategorie behandeln und verengt das Rechtfertigungsproblem auf die Frage nach ihrer eigenen ideologischen Konsistenz.

2. Makroökonomisches Gleichgewicht und der gesellschaftliche Kreislauf

2.1 Der makroökonomische Ansatzpunkt

Für die Systematik ökonomischer Theoriebildung ist die Unterscheidung zwischen Mikro- und Makroökonomie charakteristisch. Dieses Schema scheint sich aus der Eigenart ökonomischer Phänomene aufzudrängen. Auf der einen Seite steht die Analyse individueller Entscheidungsparameter, auf der anderen Seite die Analyse von Aggregatgrößen, die sich aus der Summe individueller Akteure und Aktivitäten ergeben. Dementsprechend scheint die Einteilung in mikro- und makroökonomische Gegenstandsbereiche unproblematisch. Konjunktur-, Wachstums-und Beschäftigungtheorie behandeln die Wirtschaft als eine Gesamtheit, Haushalts- und Unternehmenstheorie betrachten einzelwirtschaftliche Phänomene. Das Kriterium der Größe erzeugt jedoch nur eine scheinbare Plausibilität: Enthält nicht jede mikroökonomische Theorie der Preisbildung, des Wettbewerbs oder der Verteilung Aussagen über soziale oder physische Aggregate?[1] Kann eine Geldtheorie rein makroökonomisch ansetzen, ohne das einzelwirtschaftliche Verhalten des Publikums in Rechnung zu stellen?[2] Hat der Außenhandel primär mit makro- oder mikroökonomischen Beziehungen zu tun? Es ist offensichtlich, das solche Zuordnungen nicht stringent durchzuhalten sind, solange die Mikro- Makroklassifikation als empirisch konkrete Größenrelation betrachtet wird. Makro- und Mikroökonomie umschreiben unterschiedliche Formen theoretischer Abstraktion und machen daher unterschiedliche Sichtweisen desselben Gegenstandsbereichs möglich. Die Unterschiedlichkeit läßt sich jedoch nicht einfach als Komplementärverhältnis beschreiben.

So entsteht für die empirische Analyse das Aggregationsproblem, welches zwei grundlegende Typen von Fehlschlüssen beim Wechsel der Ebenen umfaßt: Der **individualistische** Fehlschluß besteht in unzulässigen Aussagen über kollektive Zusammenhänge oder Zustände aufgrund von individuellen Daten. Der umgekehrte Fall, der sogenannte **ökologische** Fehlschluß, besteht in dem voreiligen Schluß von Aggregatdaten auf individuelle Zusammenhänge.[3] Die methodologische Diskussion zwischen Mikro- und Makroanalyse führt zumeist in die bekannte Gegenüberstellung zwischen holistisch-kollektivistischen und reduktionistisch-individualistischen Erklärungsstrategien.[4] Auf der Ebene der inhaltlichen Theoriekonstruktion stellt sich folgendes Problem: Die mikroökonomische Theorie hält an einem, wenn auch entscheidungslogisch reduzierten Handlungsmodell fest. Wirtschaftliche Akteure können zwischen verschiedenen Zielen und Mitteln im Rahmen einer gegebenen Situation und gegebenen individuellen Präferenzstrukturen wählen. Makroökonomische Systeme beschreiben typischerweise funktionale Interdependenzen oder quantitative Gesetzmäßigkeiten, die prinzipiell unabhängig von individuellen Kosten- und Nutzenschätzungen sind. Hier stellt sich die Frage, wie makroökonomische Variablen und Variablenzusammenhänge theoretisch konsistent gedeutet werden können, ohne die prinzipielle Unabhängigkeit von Mikro- und Makrotheorie durch reduktionistische Strategien aufzugeben.

Die Tradition makroökonomischer Kreislaufanalyse läßt sich bis auf FRANCOIS QUESNAY (1694-1774) zurückverfolgen, dessen "tableau economique" seinerzeit als Beginn einer exakten Physiologie der Wirtschaftsgesellschaft gefeiert wurde. Bemerkenswert an QUESNAYS Analyse ist vor allem, daß er seine Analyse von einem holistischen Bezugsrahmen aus vorantreibt. Es ist die Idee eines geordneten, organischen Ganzen, welches nach physikalischen <u>und</u> moralischen Gesetzmäßigkeiten funktioniert. Der ökonomische Güterkreislauf erscheint als ein "Blutkreislauf" des gesellschaftlichen Lebens, durch den das ökonomische Band zwischen den verschiedenen ökonomischen Funktionen und sozialen Klassen erhalten wird.[5]

Der Bezug zu einem Gesamtsystem kennzeichnet auch die Analyse des gesellschaftlichen Gesamtkapitals bei MARX. MARX stellt dabei nicht nur auf die enge Verflechtung zwischen ökonomischen Verwertungsprozessen und sozialer Klassenstruktur ab, sondern entwickelt eine Vorstellung von der Unabhängigkeit und Interdependenz zwischen individuellen Elementen und sozialen Gesamtheiten: Einerseits besteht die Bewegung des gesellschaftlichen Kapitals aus der Gesamtheit der individuellen Kapitalumschläge und andererseits bestimmt die strukturierte Einheit des Waren-, Kapital- und Geldkreislaufs die individuellen Bewegungsformen.[6] Das treibende Motiv ist der ständige Umschlag des Kapitals in eine andere Wertform, "die rastlose Bewegung des Gewinnens".[7] Dies kann nicht einfach als Ausdruck eines individuellen Bereicherungstriebes gesehen werden, sondern als Struktureffekt der Konkurrenz, die zur fortwährenden, progressiven Akkumulation des Kapitals nötigt, um es zu erhalten.[8]

Auch KEYNES, der als der Begründer der modernen makroökonomischen Theorie gilt, betont immer wieder die relative Unabhängigkeit zwischen einzelwirtschaftlicher und einer makroökonomischen Betrachtung, die sich auf ein System als <u>Ganzes</u> bezieht.[9] KEYNES formuliert seine Makrotheorie als Beziehungssystem zwischen Sektoren und ökonomischen Aggregatgrößen, ohne weiter auf das Verhältnis zwischen Makro- und Mikroebene einzugehen und ohne die Frage der adäquaten Analysetechnik systematisch zu verfolgen. Dabei ist sich KEYNES durchaus der möglichen Fehlschlüsse bewußt, die sich aus der Verallgemeinerung der Analyse von wirtschaftlichen Teilbereichen auf einen Gesamtsektor ergeben können. Offen bleibt auch das Problem, wie individuelle Entscheidungsparameter wie z.B. der "Hang zum Verbrauch", die "Liquiditätsvorliebe" oder "subjektive" Ertragserwartungen in makroökonomischen Verhaltensfunktionen aggregiert und sinnvoll interpretiert werden können.[10] Die relative Eigenständigkeit der makroökonomischen Betrachtungsweise kommt vor allem darin zum Ausdruck, daß KEYNES die Beziehungen zwischen Makrogrößen als kontextabhängig interpretiert, d.h. makroökonomische Relationen sind nicht einfach Derivate individueller Verhaltensfunktionen, sondern zugleich von Niveau und Struktur der übrigen gesamtwirtschaftlichen Interdependenzen abhängig.

Makroökonomisches Denken enthält zumindest implizit eine Abkehr vom Elementarismus mikroanalytischer Theorie. Auf der Ebene individueller Verhaltensentscheidungen spielt eine kaum kontrollierbare Vielzahl von Beziehungen zwischen individuellen Nutzenkalkülen und konkreten Situationsbedingungen eine Rolle. Dabei erweisen sich u.U. mikroökonomisch wichtige Determinanten für die makroökonomische Analyse als irrelevant.[11] Makroökonomische Analysen zielen auf Niveau- und Strukturgrößen, die sich aus der Vielzahl interdependenter Einzelentscheidungen ergeben und diese zugleich steuern. Sie sind insofern genereller Natur, da für jede Makrostruktur eine Vielzahl alternativer Mikrostrukturen denkbar ist. Eine makroökonomische Theorie beschreibt Strukturen komplexer interindividueller ökonomischer Austauschbeziehungen. Sie umgeht damit zugleich die Schwierigkeiten einer Mikroökonomie, die die Veränderlichkeit und Komplexität mikroökonomischer Relationen durch restriktive Annahmen reduziert.[12]

Der Unterschied zwischen mikro- und makroökonomischer Sicht kommt auch in der unterschiedlichen Verwendung des Gleichgewichtsbegriffs zum Ausdruck. Ganz allgemein bezeichnet Gleichgewicht einen Zustand der Übereinstimmung, Konsistenz und Kompatibilität zwischen erwarteten und ex post realisierten Größen. Für die mikroökonomische Gleichgewichtsanalyse ist die Übertragung von Veränderungen durch den Mechanismus der <u>relativen Preise</u> entscheidend, d.h., Veränderungen ökonomischer Größen in einem Bereich lösen eine Kette von Substitutions- und Einkommenseffekten aus, die sich durch das ganze System verfolgen lassen. Makroökonomische Interdependenzbeziehungen, wie sie vor allem KEYNES entwickelte, zeichnen sich dadurch aus, daß Gleichgewichte innerhalb von Wertebereichen simultanen Niveaugrößen lokalisiert werden; es kommt sozusagen auf die "richtigen", d.h. gleichgewichtigen Relationen zwischen partiellen Gleichgewichtswerten an.[13]

Kennzeichnend für die ökonomische Gleichgewichtsanalyse ist der Versuch, diese mit Hilfe multipler, quantitativ spezifizierter Funktionsgleichungen zu formalisieren und nach eindeutigen Lösungswerten für das gesamte Gleichungssystem zu suchen, durch die bei gegebenen Parametern und angenommenen Variablenverknüpfungen die Variablenwerte simultan definiert werden können. Dabei entsteht nicht nur das Problem, ob das theoretische Modell soweit spezifiziert werden kann, daß ein vollständiges und identifizierbares Modell entsteht, sondern ob eine mögliche eindeutige Lösung theoretisch verstanden werden kann. Die ökonomische Gleichgewichtsanalyse folgt dem Modell der klassischen Mechanik. Im mechanistischen wie im ökonomischen Modell erscheint die Bewegung der Elemente streng determiniert und gleichartig. Die generelle Gleichgewichtsanalyse ist prinzipiell mikroanalytischer Natur, so daß durch unterschiedlich komplexe Systeme lediglich eine Wiederholung mikroökonomischer "Gesetzmäßigkeiten" auf quantitativ höherer Datenlage erfolgt.

2.2 Die kreislauftheoretische Analogie

2.2.1 Der Ökonomismus der Interchangeanalyse: Perspektiven der Rezeption

Bei der Kodifikation des Interchangemodells bedient sich PARSONS weitgehend eines kategorialen und theorietechnischen Instrumentariums, dessen ökonomische Herkunft schwerlich zu leugnen ist: man denke an die Darstellung gesellschaftlicher Austauschbeziehungen als Input-Output Ströme, an die Inderdependenz von Faktor-Produkt Beziehungen oder an die Unterscheidung zwischen "realer" Ressourcenallokation und ihrer "symbolischen" Kontrolle durch gesellschaftliche Medien. Es ist daher kaum verwunderlich, daß das Interchange- und Medienmodell im Zentrum kritischer Interpretationen liegt. Auffallend ist dabei, daß sich Kritiker wie Anhänger PARSONS' in der Darstellung der vermeintlichen Kongruenzen weitgehend einig sind; Unterschiede reflektieren hier eher die methodologische Grundposition des jeweiligen Rezensenten.

Für MULKAY stellt das Interchangemodell eine makroanalytische Erweiterung der austauschtheoretischen Interaktionsanalyse dar. Daß PARSONS sich hierbei auf das Instrumentarium ökonomischer Kreislaufanalyse stützt, dient MULKAY als Beleg für die Kontinuität einer individualistischen Linie in der Sozialtheorie PARSONS'.[14] Auch für MARTINDALE stellt die systemfunktionale Perspektive des Interchangeparadigmas lediglich einen Wechsel in der Größe der zugrundeliegenden Analyseeinheiten dar.[15] Während MULKAY hierin einen immanenten Widerspruch zwischen impliziter indiviualistischer Austauschtheorie und explizitem kollektivistisch-funktionalistischen Argumentationsstil vermutet, sieht ROCHER die innere Konsistenz des Theorieprogramms durch die Anleihen aus der ökonomischen Theorie keineswegs gefährdet. Vielmehr bilden diese einen grundlegenden Kristallisationspunkt für das Verständnis der generellen Theorie.[16] ROCHER veranschlagt den substantiellen Einfluß des ökonomischen Denkens im Bereich der gesamtgesellschaftlichen Analyse besonders hoch:

> "The influence of economics no doubt explains why Parsons sees societies as a vast market in which exchange takes place between individual and collective units, and in which not only money but power, influence and commitments circulate."[17]

Für ROCHER besteht die Generalisierung ökonomischer Theorieelemente darin, daß das Konzept der marktlichen Koordination und der Vermittlung ökonomischer Austauschbeziehungen durch Geld um nichtökonomische Märkte und nichtmonetäre Austauschmedien erweitert und auf die Analyse von Austauschbeziehungen zwischen Systemen angewandt wird. Materielle Objekte, politische Entscheidungen, Solidarität und Wertbindungen stellen die spezifischen "Produkte" der gesellschaftlichen Subsysteme dar. Gesellschaftlicher Austausch vollzieht sich, ähnlich wie im makroökonomischen Modell, über gesamtgesellschaftliche Märkte.

Auch ADRIAANSENS stellt die Verwendung ökonomischer Theorieelemente in das Zentrum seiner Deutung des gesellschaftlichen Austauschs. Ähnlich wie ROCHER bemüht ADRIAANSENS das Bild von den multiplen "Austauschmärkten", betont jedoch den metaphorischen Charakter dieser Sprachregelung.[18] ADRIAANSENS sieht den ökonomischen Beitrag nicht substantiell, sondern lediglich als Übernahme einer Methodik. Während ADRIAANSENS solche formalen, methodischen Anleihen für unproblematisch hält, solange sie nicht mit ihrem ökonomischen Bedeutungsgehalt vermischt werden, sieht PEARSON hierin den eigentlichen Kern eines Ökonomismus. Dies gelte für die Übertragung der ökonomischen Gleichgewichtsanalytik auf die gesamtgesellschaftliche Analyse ebenso wie für die Explikation der Systemrelationen als marktähnliche Austauschbeziehungen.[19] Der tiefere Grund für diese Kongruenzen liegt nach PEARSON in der der <u>formalanalytischen</u> Realitätsperspektive, die PARSONS von der orthodoxen Ökonomie übernehme. PEARSON zeichnet folgendes Dilemma auf: Entweder man faßt z.B. die AGIL-Funktionen als "Ziele" der betreffenden Systeme auf, dann bleibt die Frage, über welche institutionalisierten Strukturen dies erreicht werde, empirisch offen. Oder man betrachtet das Schema als eine Klassifikation von Typen, dann werde implizit die Existenz bestimmter sozialer Strukturen vorausgesetzt. Der historische Typus des formal rationalen wirtschaftlichen Handelns kann jedoch nicht mit dem universellen Erfordernis der Adaption gleichgesetzt werden. Damit bleibe PARSONS also entweder in einem empirisch gehaltlosen Formalismus stecken oder aber tradiere in der substantiellen Anwendung die rationalistischen Vorurteile ökonomischer Theorien mit anderen kategorialen Mitteln.[20]

Während ROCHER und ADRIAANSENS im großen und ganzen die ökonomischen Analogien für unproblematisch und heuristisch nützlich betrachten, sehen MULKAY und MARTINDALE hierin den Ausdruck eines theoretischen Widerspruchs zwischen einer systemfunktionalistischen Rhetorik und einer impliziten individualistischen Austauschtheorie. Für PEARSON wiederum liegt der Kern der ökonomischen Analogie in der Übernahme des formalanalytischen, ahistorischen Theoriekonzepts. PEARSONS Argumentation verstrickt sich in einen Widerspruch: Einerseits weist er, durchaus mit guten Gründen, auf vorschnelle Konkretisierungen abstrakter theoretischer Begriffe bei PARSONS hin und akzeptiert damit implizit die von PARSONS immer wieder getroffene Unterscheidung zwischen empirischer Einheiten- und analytischer Elementanalyse. Andererseits stellt er dem ahistorischen Formalismus in Ökonomie und Soziologie das Konzept einer substantiellen Theoriebildung gegenüber, die induktiv und empirisch-historisch verfährt. Er gerät damit aber genau in das Dilemma der institutionalistischen Kritik, welches PARSONS von Anfang an vermeiden wollte: nämlich entweder auf allgemeine Theoriebildung ganz zu verzichten oder die systematische Theoriebildung mit enzyklopädischen Ansprüchen zu überfrachten.[21]

2.2.2 Formale und substantielle Kongruenzen

Die einschlägige Rezeption begnügt sich oft damit, einzelne theoretische Begriffe ausfindig zu machen, die sowohl im ökonomischen wie im soziologischen Kontext verwendet werden. Eine differenziertere Einschätzung wird nicht nur prüfen müssen, ob gleichlautenden Begriffen oder theoretischen Aussagen tatsächlich eine gleiche inhaltliche Bedeutung in unterschiedlichen Theoriekontexten zukommt, sondern ob und inwieweit die systematische Anlage der primären Abstraktionen vergleichbar ist oder nicht. Betrachtet man das Interchangemodell zunächst unter diesem formalen Aspekt, dann lassen sich zwei wichtige Berührungspunkte ausmachen. Zum einen stellt das ökonomische Wertschöpfungsmodell einen logischen Prototyp der AGIL Dimensionierung des gesellschaftlichen Austauschmodells dar.[22] Zum anderen liegt der Schwerpunkt der Modellanlage auf der Systematisierung doppelter, indirekter Austauschbeziehungen zwischen Systemen bzw. Sektoren.

In der ökonomischen Kreislauftheorie werden zumeist drei Ansatzpunkte der Kreislaufanalyse genannt: die Analyse der Entstehung, der Verwendung und der Verteilung von realen Einkommensgrößen. Bei PARSONS findet sich eine ähnliche Unterscheidung von verschiedenen Phasen der Ressourcenverarbeitung, die als Generierung von Faktoren und Produkten, als Verwendung dieser Ressourcen innerhalb bestimmter Einheiten bezeichnet werden.[23] In der ökonomischen Theorie wird Produktion als ein kontinuierlicher Prozeß der Kombination von Faktorleistungen und gelieferten Vorleistungen betrachtet. Wichtig ist dabei die Vorstellung, daß Produktionsfaktoren die generellsten, analytisch nicht weiter reduzierbaren Komponenten darstellen, aus denen jedwede ökonomische Produktion als fortgesetzte Kombination derselben betrachtet werden kann.[24] Die Konstruktion des AGIL Schemas und dessen sukzessive Anwendung auf verschiedene Ebenen folgt prinzipiell der gleichen Logik.

Eine interessante Parallele ergibt sich auch zwischen dem Generalisierungs- und Spezifikationsschema, der sequentiellen Anordnung des Vierfunktionenschemas bei PARSONS[25] und den Versuchen in der ökonomischen Theorie, Güter bzw. Güterkategorien in eine hierarchische Ordnung im Hinblick auf ihre Konsumreife zu bringen. Güter niedriger Ordnung, z.B. Konsumgüter, entstehen immer aus einer Kombination bzw. Transformation von Gütern höherer Ordnung, wobei die Produktionsfaktoren schließlich als die letzten Glieder dieser Kette betrachtet werden: Je höher ein Gut in der Ordnungsskala rangiert, um so genereller wird seine produktive Verwendungsmöglichkeit sein, aber um so mehr Stufen der Spezifikation und Kombination muß es durchlaufen, um einen konkreten konsumativen Wert zu erlangen.[26] Das ökonomische Produktionsfaktorenschema und das funktionale Systemschema zielen vor allem darauf ab, Streitigkeiten über kausale Prioritäten durch einen multidimensionalen Rahmen zu vermeiden. So wie die ökonomischen Produktionsfaktoren für die Entstehung von Nutzwerten gleich unentbehrlich sind und daher Debatten über den allein wertschöpfenden Produktionsfaktor analytisch unergiebig werden, so vermittelt die Frage nach einem kausalen Primat normativer oder nichtnormativer Faktoren von vornherein eine verzerrte theoretische Perspektive: Theoretisch relevant ist die Kombination der analytisch trennbaren Faktoren, wobei diese in eine analytische Rangordnung und sequentielle Anordnung gebracht werden können. Man denke hier an das kybernetische Informations- Energiemodell, durch welches PARSONS sein Vierfunktionenschema in eine bestimmte hierarchische Anordnung bringt. Der Begriff der Produktion beinhaltet für PARSONS drei generelle Elemente: erstens, die Mobilisierung von Ressourcen aus der Umwelt, zweitens, den Prozeß der Kombination und Wertschöpfung selbst und drittens, die Anpassung der Produktion an die Bedingungen der "effektiven" Nachfrage.[27]

Das Prinzip der effektiven Nachfrage oder des effektiven Angebots soll den Bedarf oder die Leistungsangebote ausdrücken, die über Austauschsysteme bzw. entsprechende Medien artikuliert bzw. genutzt werden. Nicht die Gesamtheit der Bedürfnisse zählt, sondern der "kaufkräftige" Begehr, nicht das potentielle Angebot an "Faktoren" zählt, sondern dasjenige, welches tatsächlich zur Verfügung steht und genutzt wird.[28] Die generelle Logik des Arguments zielt auf die Charakterisierung der Austauschsysteme nach ihrer jeweils typischen Kommunikations-, Koordinations- und Sanktionsstruktur ab. Auch hierbei spielt das Konzept der Medien und die Form ihrer Institutionalisiertheit eine zentrale Rolle. Die Interdependenzbeziehungen weisen eine doppelte Verflechtung jedes "Sektors" bzw. jedes Subsystems mit seiner Umwelt auf. Dies kann aus zwei Perspektiven betrachtet werden: Austausch vollzieht sich typischerweise nicht als direkter Realtausch, sondern der Austausch von Input- oder Outputgrößen erfolgt gegen eine Forderung, die durch Geld bzw. Medien symbolisiert wird. Der andere Aspekt bezieht sich auf die doppelte Abhängigkeit jedes Sektors oder jedes Systems vom Bezug von "Faktoren" aus der Umwelt und der Abnahme von "Produkten" durch die Umwelt. Dies impliziert eine Differenzierung von Austauschbeziehungen im Hinblick auf verschiedene Klassen von Ressourcen ("Faktoren",

"Produkte") und im Hinblick auf die handelnden Einheiten selbst. Die "produzierenden" Einheiten tauschen ihre Produkte nicht direkt mit denjenigen, die die notwendigen Faktorleistungen eingebracht haben, und umgekehrt 'konsumieren' diese Einheiten nicht notwendig die 'Produkte', zu deren Erstellung sie beigetragen haben.[29]

Es stellt sich die Frage, inwieweit sich innerhalb dieses allgemeinen Rahmens **substantielle** Kongruenzen ergeben. Dabei geht es nicht nur um die Plausibilität möglicher Analogien, sondern es gilt zu fragen, worin die vermeintlichen oder tatsächlichen Kongruenzen bestehen. PARSONS' Hinweis, daß sich diese Kategorien im Rahmen der ökonomischen Analyse bewährt haben, ist nur ein dürftiges Argument, da die Behauptung, ein theoretisches Instrumentarium habe sich bewährt, kein Ersatz für den Nachweis der theoretischen Fruchtbarkeit in einem anderen objekttheoretischen Kontext sein kann.[30] Es stellt sich zum einem die Frage, worin sich die spezifisch ökonomische Bedeutung von einer nichtökonomischen unterscheidet und zum anderen, welche Strategie der theoretischen Verallgemeinerung und Respezifikation bei der erweiterten Anwendung dieser Kategorien eingeschlagen wird. Wir wollen der Frage nach dem substantiellen Gehalt der ökonomischen Analogien an zwei Beispielen nachgehen:

(1) die Analogie zwischen dem Produktionsfaktor "Boden" und der Strukturkategorie "gesellschaftliche Werte"
(2) die Analogie zwischen gesamtwirtschaftlichem und gesellschaftlichem Gleichgewicht.

Die Gemeinsamkeit zwischen dem Produktionsfaktor **Boden** und der Kategorie **Werte** liegt für PARSONS in der Ähnlichkeit der funktionalen Bedeutung für das jeweilige Bezugssystem. Bei der Begründung hierfür stützt sich PARSONS auf zwei Punkte: "Boden" und "Werte" gehören in beiden theoretischen Systemen zu den **konstanten** Elementen, den sogenannten Gegebenheiten.[31] Beiden Komponenten ist gemeinsam, daß sie zwar genutzt werden, aber Menge und Qualität keine direkte Funktion der in Austauschprozessen zustandekommenden "Preise" sind. Der Faktor "Boden" wird weder verbraucht noch kann er produziert werden, d.h., er ist nicht beliebig vermehrbar.

Auf den ersten Blick erscheint die Analogie durchaus einleuchtend. Für RICARDO, aber auch für MARSHALL lag die Besonderheit des "Bodens" darin, nicht auf einen höheren Preis zu reagieren. Bodenrenten, so lautete die klassische Diagnose, gehen nicht in die Preise ein, sondern ergeben sich umgekehrt als Folge der Preisbildung.[32] Auf den zweiten Blick stellt sich die Situation anders dar. RICARDOS Versuch, den Faktor

"Boden" bzw. die Bodenrente aus der Werttheorie auszuklammern, beruht, wie SCHUMPETER zeigt, darauf, daß im Rahmen der klassischen Arbeitswerttheorie bzw. einer Kostentheorie des Wertes Bodenrenten nicht hinreichend erklärt werden können. Die marginalistische Revolution in der Wert- und Preisanalyse machte die Konstruktion eines besonderen theoretischen Instrumentariums jenseits des allgemeinen Angebots-/Nachfrageschemas überflüssig.[33] PARSONS bezieht sich hier auf theoretische Argumentationen, die zumindest im Rahmen der modernen ökonomischen Theorie nicht haltbar sind. Aber auch der Verweis auf empirische Kriterien der Vermehrbarkeit bzw. Unveränderlichkeit des Faktors "Boden" kann nicht plausibel machen, warum der Faktor "Boden" normalen Austauschprozessen entzogen sein soll.

Gerade der Einschluß des "Bodens" in den ökonomischen Verwertungsprozeß macht "Boden" erst zu einem **ökonomischen** Produktionsfaktor. In diesem Ökonomisierungsprozeß wird "Boden" überhaupt erst als knappes Gut definiert, welches marktfähig ist und als disponible Größe in die ökonomischen Plänen von individuellen und kollektiven Akteuren eingeht. Knappheit und Mobilität des Faktors "Boden" hängen vor allem von der angestrebten Verwendung als Anbau-, Abbau- oder Standortboden ab. Je stärker die Verwendbarkeit physisch, etwa durch Seltenheit oder sozial, z.B. durch Normen oder politische Eingriffe eingeschränkt ist, um so unelastischer ist das Angebot bei einer gegebenen Nachfrage. Dies ist jedoch kein Spezifikum des Faktors "Boden", sondern gilt für alle Produktionsfaktoren. Eine Analogie zur Rolle gesellschaftlicher Wertsysteme innerhalb des Austauschmodells läßt sich so nicht plausibel begründen. Diese müßte entweder an den Kriterien ansetzen, durch die die ökonomische Verwendung von Ressourcen und Gütern selbst eingeschränkt oder begrenzt wird oder aber auf differentielle Konsequenzen der Bereitstellung bzw. Verfügung über "Produktionsfaktoren" abstellen. Ähnlich wie der Boden durch eine begünstigte Lage eine Differentialrente abwerfen kann, so verschafft ein hohes Niveau von Wertverpflichtungen, eine Vorteilslage, die innerhalb oder zwischen Gesellschaften, Kollektiven oder Individuen zu einer Schichtung der Chancen führt. Hierin liegt, und das macht diese Deutung reizvoll, ein wichtiges askriptives Moment von Werten und darauf bezogenen Wertverpflichtungen; sie werden zwar durch soziale Lernprozesse erworben und binden motivationale Energie, aber sie stellen für sich noch kein individuell zurechenbares Verdienst dar, welches sich aus der Bereitstellung einer spezifischen Leistung in Austauschprozessen ergibt.[34] Wertstrukturen stellen, von der Verwendungsseite aus gesehen, hochgeneralisierte Ressourcen dar, die Austauschprozesse ermöglichen, aber nicht Gegenstand des Austauschs selbst sind.[35] PARSONS verfolgt aber bei seiner Interpretation des Faktors "Boden" noch eine andere Strategie, die man in juristischer Diktion als eine erweiterte Auslegung bezeichnen könnte. Er nimmt eine Erweiterung des Bedeutungsspektrums des Faktors "Boden" vor, indem er technisch-kulturelle Parameter, z.B. einen "gegebenen Stand der Technik und des Wissens" und sozial-motivationale Parameter, z.B. einen "gegebenen Stand der Produktionsorganisation oder der Leistungsbereitschaft", diesem Faktorkomplex zurechnet.[36] "Boden" im engeren Sinn verkörpert dann nur noch eine physische Form von Commitments zur ökonomischen Produktion.[37] Diese Deutung ist durchaus einleuchtend, wenn man vom Konzept des Wertcommitments bei PARSONS ausgeht. Das Problem ist jedoch, daß sich hierüber die behauptete Besonderheit des Produktionsfaktors "Boden" nicht mehr begründen läßt; vielmehr enthält jeder Produktionsfaktor Elemente eines nichtkonditionalen Commitments. Umgekehrt betrachtet, bleibt die generalisierende Deutung für die ökonomische Analyse des Produktionsfaktors wenig hilfreich, weil hier eine theoretische Kategorie lediglich eine diffusere Bedeutung erhält.

Betrachten wir den Begriff des **Gleichgewichts.** Eine dem ökonomischen Modell analoge Gleichgewichtsdefinition in sozialen Systemen liefe auf die Behauptung hinaus, Gleichgewicht zwischen interagierenden Akteuren bestehe dann, wenn Akteure eine soziale Beziehungskonstellation erreichen, die ihnen die Befriedigung der erwarteten Bedürfnisse ermöglicht, so daß sie keine Veranlassung haben, ihre Erwartungen und ihr Verhalten zu ändern. Tatsächlich ist die Realisierung von Erwartungen nur <u>ein</u> Aspekt, der sich auf die Gratifikationsbilanz einer <u>Persönlichkeit</u> bezieht und nur insofern relevant ist, als diese die individuelle Motivation des Akteurs, die Erwartungen anderer zu erfüllen, tangiert. Das "Gleichgewicht" eines individuellen Akteurs bezieht sich auf Strukturelemente und Mechanismen des <u>Persönlichkeitssystems</u>. Davon zu unterscheiden sind Gleichgewichtszustände, die die Relation zwischen den Akteuren in einem <u>interaktiven</u> Handlungszusammenhang betreffen.[38]

Hier werden <u>zentrale Unterschiede</u> zwischen der makroökonomischen Kreislaufanalyse und dem Interchangemodell bei PARSONS deutlich. Während in der ökonomischen Theorie die Mikro-Makro-Dimensionierung als empirisch konkrete begriffen wird, unterscheidet PARSONS zwischen einer empirischen und analytischen Bedeutung des Problems. PARSONS interessiert sich dabei nicht für das methodisch-technische Problem der Aggregation und

Disaggregation in quantitativen Analysemodellen, sondern er fragt vielmehr nach den metatheoretischen Voraussetzungen, die eine generelle Theorie erfüllen muß, um verschiedene Analyseebenen berücksichtigen zu können. Für PARSONS läßt sich eine Unterscheidung zwischen Mikro- und Makroebene nur relativ zu einem theoretisch definierten Systembezug definieren. Dabei stellt das Individuum, anders als in der ökonomischen Theorie, keinesfalls die kleinste Aggregationsebene dar, wie umgekehrt kein empirisches Aggregat von Individuen schon automatisch ein Makrophänomen darstellt. So läßt sich das wechselseitige Verhalten zweier Großmächte oder nationaler Wirtschaftseinheiten mit Hilfe einer generellen "mikroanalytischen" Interaktionstheorie untersuchen. Umgekehrt enthält die Analyse der Strukturierung des Handelns durch Marktmechanismen makrostrukturelle Elemente, die auf die Organisation des wirtschaftlichen und gesellschaftlichen Systems als Ganzes verweisen.

Ein soziales System, welches von Komplementarität konkreter Handlungsziele aller Akteure abhinge, käme entweder gar nicht zustande oder wäre völlig instabil. Ein soziales Gleichgewicht besteht eher darin, die Variabilität individueller Gleichgewichte über Mechanismen der Sozialisation und durch die institutionalisierten sozialen Kontrollmechanismen innerhalb bestimmter Grenzen zu halten.[39] Die Bedingungen des Gleichgewichts auf der Ebene des Individuums und des sozialen Systems sind unterschiedlicher Natur und daher nicht aufeinander reduzierbar. Soweit man hier von einer ökonomischen Anlehnung reden kann, besteht sie eher in der Anlehnung an KEYNES' makroökonomischem Gleichgewichtskonzept.[40] Gleichgewicht wird hier im Hinblick auf die Reproduktion bzw. die relative Konstanz der Proportionen zwischen endogenen Größen beschrieben. Exogene Veränderungen, also Veränderungen in der Umwelt des betrachteten Systems, führen zwar stets zu Größenveränderungen innerhalb des Systems, nicht aber notwendig zu Gleichgewichtsstörungen, da sich das betreffende System auf höherem Niveau bei relativer Konstanz der Beziehungsmuster oder Größenrelationen einpendeln kann. Endogene Spannungen führen dann zu Ungleichgewichten und induzieren Strukturveränderungen, wenn Kontrollmechanismen die Beziehungsstruktur zwischen den Einheiten nicht mehr restituieren können, so daß das System instabil wird.[41]

Instabilität liegt also nicht schon dann vor, wenn z.B. Erwartungen der Wirtschaftssubjekte enttäuscht bzw. die Konformität mit normativen Erwartungen verletzt wird, sondern wenn sich kein neues Gleichgewicht einspielt. Allerdings ist der von PARSONS gewählte normative Bezugspunkt in zweifacher

Hinsicht genereller als im ökonomischen Modell: Zum einen impliziert die Übereinstimmung zwischen kognitiven Erwartungen in bezug auf den Erfolg ökonomischer Aktivitäten und die Wahrnehmung und Beurteilung der "Tatsachen" die Orientierung an kognitiven Standards des relevanten, gültigen und zuverlässigen Wissens. Interessant ist, daß in der ökonomischen Theorie die Möglichkeit von instabilen Marktgleichgewichten mit einem atypischen, anormalen Verlauf von Angebot und Nachfrage erklärt wird. Dieser liegt z.B. dann vor, wenn die Wirtschaftsubjekte ökonomisch nicht rational reagieren.[42] Zum anderen bezieht sich das Kriterium der Konformität mit Normen nicht notwendig auf bestimmte Verhaltensweisen, sondern auch auf eine generelle Orientierung des Verhaltens. Daher kann von Instabilität oder strukturellen Veränderungen in PARSONS' System nur dann gesprochen werden, wenn sich die Eigenart und Struktur der bislang geltenden normativen Erwartungen verändert, auf die sich die Akteure in einer jeweils spezifischen Handlungssituation beziehen.

Diese analytische Konstruktion darf nicht verwechselt werden mit einer präskriptiven Verwendung des Gleichgewichtsbegriffs. Dazu gehört die Vorstellung eines ökonomischen oder gesamtwirtschaftlichen Gleichgewichts als eines wünschenswerten und praktisch anzustrebenden Zustandes. Im Kontext wirtschaftspolitischer Aussagen wird z.B. von einem gesamtwirtschaftlichen Gleichgewicht gesprochen, indem eine ideale Situation der Gesamtwirtschaft durch bestimmte Niveau- und Strukturgrößen wie Geldwertstabilität, außerwirtschaftlicher Bilanzausgleich, Vollbeschäftigung, Wachstum etc. charakterisiert wird. Diese Zielgrößen sind logisch kompatibel; dies schließt jedoch die Möglichkeit von empirischen Antinomien oder Konflikten bei der gleichzeitigen Realisierung dieser Ziele nicht aus.[43] In ähnlicher Weise läßt sich auch PARSONS' Interchangemodell interpretieren: Ökonomische Effizienz und Wachstum, politische Effektivität und Durchsetzungsfähigkeit, gemeinschaftliche Solidarität und sozialer Konsens, sozialkulturelle Integrität und Wertkonsistenz sind generelle Kriterien, die in einem ausbalancierten Verhältnis zueinander stehen sollten und deren gleichzeitige Verwirklichung stets prekär ist.[44]

Wir wenden uns nunmehr der Frage zu, wie die Strategie der Verallgemeinerung ökonomischer Theorieelemente beschrieben werden kann. Gerade mit Blick auf die Theorieentwicklungen in der sogenannten Neuen Politischen Ökonomie erscheint eine vergleichende Darstellung angezeigt. Als Beispiel dient uns die Generalisierungsstrategie, die DOWNS in der "Ökonomischen

Theorie der Demokratie" einschlägt. Hier interessiert nicht nur, wie ökonomische Kategorien theoretisch verarbeitet werden, sondern auch, welche aus der Generalisierungsstrategie ausgelassen werden.

2.3 Strategien der Generalisierung: PARSONS und DOWNS

Die Besonderheit des Generalisierungsprogramms bei PARSONS wird deutlicher, wenn man es dem Erweiterungsprogramm in der Neuen Politischen Ökonomie gegenüberstellt. Als Beispiel dient uns DOWNS' ökonomische Demokratietheorie. Es geht dabei nicht um eine vollständige Darstellung der Theorie als Beitrag zu einer Theorie der politischen Wahl oder um eine Beurteilung der Plausibilität und der empirischen Relevanz einzelner Schlußfolgerungen, sondern um die Frage, auf welche Weise ökonomische Theorieelemente aufgegriffen werden.[45]

Inhaltlicher Bezugspunkt bei DOWNS ist die Analyse politischer Wahlen unter der Bedingung demokratischer Systeme, in denen mindestens zwei Parteien um politische Unterstützung durch das Wahlvolk konkurrieren. Das Modell folgt grundsätzlich dem ökonomischen Interaktionsschema von Angebot und Nachfrage. Politische Parteien sind als politische Unternehmer zu betrachten, die auf dem Wahlmarkt bestimmte Produkte, d.h. politische Programme, anbieten. Wähler sind die Nachfrager nach solchen Programmen, aus deren Realisierung jeder Wähler ein bestimmtes Nutzeneinkommen erwartet.[46]

Die Struktur des politischen Wettbewerbs wird mit Hilfe **markttheoretischer** Begriffe analysiert. Die institutionellen Spielregeln, wie z.B. die Akzeptierung des Wahlergebnisses durch die Verliererpartei bzw. die Respektierung der politischen Freiheiten der Opposition durch die Gewinnerpartei, werden als gegeben angenommen.[47] Die Konkurrenz um die Mehrheit zwingt die politischen Unternehmer dazu, sich an den Bedürfnissen der Wähler zu orientieren. Dies geschieht, wie im ökonomischen Modell, dadurch, daß sie einerseits die artikulierten Präferenzen der (politischen) Nachfrager aufgreifen und andererseits Güterbündel, d.h. Programme, anbieten, die auf die vermuteten, mehrheitsfähigen Bedürfnisse zugeschnitten sind. Zwischen Wählern und Politikern findet ein Leistungsaustausch nach dem Do ut des-Prinzip statt, der jedoch im Unterschied zu privaten Märkten nicht teilbare Leistungen enthält ("kollektive Güter"), zumindest aber solche, deren meßbare Zurechnung schwierig ist.[48] Marktunvollkommenheiten können -

wie im Fall ökonomischer Märkte - die Bedingungen und Resultate des politischen Austauschprozesses erheblich modifizieren. Sie ergeben sich vor allem aus der fehlenden Information bei Politikern und Wählern ("Markttransparenz"), aus partikularen Loyalitäten und aus Koalitionsbildungen, die zu Interdependenzen führen, wie sie in der Oligopoltheorie analysiert werden.[49]

Für die Orientierungen der am Austausch beteiligten Akteure gilt, daß sich Wähler wie Parteien rational verhalten und bestrebt sind, ein nutzenmaximales, politisches Einkommen zu beziehen bzw. als Anbieter eine Strategie der Stimmenmaximierung zu verfolgen. Bei DOWNS geht es Wählern wie Politikern primär um die privaten Vorteile, die mit der Erwartung des Nutzens aus politischen Entscheidungen bzw. mit der Machtausübung verbunden sind. Entscheidend ist das Zustandekommen des politischen Austauschs durch die Verknüpfung unterschiedlicher selektiver Anreize. Diese beruhen darauf, daß die Anreize, sich zur Wahl zu stellen und Macht auszuüben, dem Anreiz entsprechen, den die Wähler aus den Effektivitätsvorteilen einer politischen Vertretung erwarten. Der Konkurrenzmechanismus sichert die Nachfrageorientierung bzw. die Verantwortlichkeit politischer Führer gegenüber dem Wählerwillen. Die Beachtung des Wählerwillens in politischen Programmen bzw. die wechselseitige Anpassung von politischer Nachfrage und politischem Angebot ist eher ein Nebenprodukt des politischen Prozesses, wie die Güterproduktion ein Nebenprodukt ökonomischen Erwerbsstrebens ist.[50]

Soweit institutionelle Varianten explizit in die Analyse aufgenommen werden, z.B. die Anzahl der Parteien, die Möglichkeit von Koalitionen oder die ideologische Präferenzverteilung innerhalb der Wählerschaft, so werden diese als Bedingungen interpretiert, die zwar die Ergebnisse strategischen Verhaltens beeinflussen, nicht aber die Ratio des politischen Handelns selbst. Diese ist substantiell identisch mit den ökonomischen Rationalitätsprämissen, d.h. der Dominanz eigennütziger Motive, rationaler Kosten-Nutzenabwägung und der Ausrichtung des Handelns am maximalen Ertrag. Unterschiede ergeben sich auf der Objektebene. Politische Güter sind typischerweise aggregierte Güterbündel, die oft aus nichtteilbaren oder schwer vergleichbaren Leistungen bestehen.[51] Diese Eigenart bildet zwar eine technische Grenze für den Grad der Anpassung politischer Leistungen an die artikulierten Präferenzen, aber der generalisierbare Sinngehalt bleibt der gleiche: Ökonomische wie politische Produktion ist "letztlich" auf die Bereitstellung von konsumierbaren Nutzwerten bezogen. PARSONS verfolgt eine grundsätzlich andere Strategie, die auf einer Generalisierung durch Abstraktion und Reinterpretation des theoretischen Bedeutungsgehalts der ökonomischen Theorieelemente beruht. Dies zeigt sich a) an der Auswahl der Theorieelemente, die in die kategoriale Grundstruktur der Analyse eingehen, b) an der formalen und inhaltlichen Interpretation der Struktur der "Austauschmärkte" und c) an der Beziehung zwischen den institutionellen Rahmenbedingungen und den zentralen Handlungsorientierungen der Akteure.

Während DOWNS von dem elementaren, mikroanalytischen Angebots-/Nachfragemodell ausgeht, welches den Fokus der Betrachtung auf den "realen", reziproken Leistungsaustausch legt, orientiert sich PARSONS am kreislauftheoretischen Modell, bei dem die Betonung auf indirekten, generalisierten Austauschbeziehungen liegt. Ausgangspunkt ist das Konzept der Doppelung von Austauschbeziehungen: Dies betrifft die strukturelle Differenzierung zwischen "Faktor"- und "Produktmärkten", die Unterscheidung zwischen generalisiertem und spezifiziertem Austausch und die Rolle generalisierter Medien, durch die Austauschprozesse vermittelt werden. Hieraus ergeben sich wesentliche Unterschiede bei der inhaltlichen Interpretation: Bei DOWNS stellt die Stimmabgabe eine Form der Interessenpolitik dar, die mit der Erwartung einer spezifischen, wenn auch nicht notwendigerweise teilbaren politischen Gegenleistung verbunden ist. In PARSONS' System stellt die Artikulation spezifischer, politischer Präferenzen eine Voraussetzung für die Übernahme politischer Verantwortung dar, die jedoch nicht direkt gegen politische Güter getauscht wird. Politische Entscheidungen beanspruchen verbindliche Befolgung, auch bei denjenigen, die kein Interesse daran bekundet haben. In ökonomischer Sprache ausgedrückt: Politische Konsumenten beziehen politische Leistungen nicht nur von denjenigen, an die sie sich mit konkreten Präferenzen gewandt haben. Zwar mag die individuelle Stimmabgabe aus partikularen Interessen und Motiven erfolgen, für das politische System sind jedoch nur die aggregierten Konsequenzen relevant: Sie können keine spezifischen Erwartungen repräsentieren, sondern begründen eine generalisierte Erwartung an günstige Entscheidungen, die dem Gewählten einen relativ weiten Spielraum lassen, sein Stimmenkapital in bestimmte politische Unternehmungen anzulegen und dafür Gefolgschaft erwarten zu können. Die Stimmenabgabe hat zwar keinen unmittelbaren Einfluß auf die zukünftigen Entscheidungen, aber sie ist gleichwohl bindend: Sie entscheidet über die Auswahl der entscheidungsberechtigten Verantwortlichen und sie bindet die Wähler an Entscheidungen, die innerhalb des Zeitraums und der geltenden Spielregeln aufgrund dieses Mandats getroffen werden. Sie ist daher eine Form der politischen Machtausübung, durch die politische Macht zu einem generalisierten Medium wird, welches, ähnlich wie Geld, für bestimmte Zwecke verwendet werden kann.[52]

Politische Unternehmer sind für PARSONS weniger mit Anbietern spezifischer Leistungen zu vergleichen, sondern mit Bankiers, die über die Einlage ihrer Kunden in bestimmten Grenzen frei verfügen können. Dieser mit spezifischen Entscheidungen verbundene Anspruch auf verbindliche Befolgung bedarf nicht allein des Hinweises auf die Legalität und Legitimität des Machtgebrauchs, sondern auch der Mobilisierung von Einfluß, durch den Entscheidungen eine konsensuelle Basis und Rechtfertigung erhalten.[53] Politische Güter bzw. politische Entscheidungen werden nicht als direkt konsumierbare Nutzwerte aufgefaßt, sondern als Möglichkeit, kollektives Handeln effektiver zu organisieren. Dies schließt typisch integrative Probleme, wie Konflikte über Prioritäten, über die Verteilung von Lasten und Vorteilen oder über die Gleichheit der Chancen der Einflußnahme, ein.[54]

Bei DOWNS stellen Beeinflussungsprozesse zwischen Wählern und Gewählten eine Folge von Ungewißheit, mangelnder Information bzw. des Kostenaufwandes für Informationen dar. Die Wirksamkeit von Einfluß beruht - wie bei der Werbung bei Konsumgütern - auf Marktunvollkommenheiten, die eine vollkommene Rationalität des Handelns begrenzen. Für den Wähler ist z.B. das Eingehen auf Parteiideologien ein Mittel, Informationskosten für die Wahlentscheidung zu senken, für die Parteien ein Mittel, die politischen Präferenzen der Wähler "aufzubauen", um ihren Stimmanteil zu vergrößern.[55] Was für DOWNS ein unvermeidliches Einfallstor irrationaler Mechanismen ist, interpretiert PARSONS präziser als nichtrationale Mechanismen, die die Vertrauensbasis zwischen Führer und Geführten betreffen. Es ist nicht allein wichtig, für was man stimmt, sondern mit wem man stimmt.[56] Politische Meinungsbildung entsteht nicht nur dann, wenn strukturelle Informationsdefizite vorliegen bzw. die Beschaffung valider Informationen, gemessen am erwartbaren Ertrag, zu teuer ist. Sie ist ein zentraler Mechanismus, der den Wahlakt für den einzelnen als Ausdruck der Solidarität mit bestimmten Bezugsgruppen sinnvoll macht. Sie ermöglicht zugleich eine konsensuelle Abstützung von laufenden Entscheidungen innerhalb des politischen Mandats. Die Informations- und Kompetenzlücke wirft ein Vertrauensproblem auf, das kaum durch den Einsatz von "objektiven" Informationen geschlossen werden kann, sondern ein hohes Maß an generalisiertem Commitment und Konsens erfordert, welches relativ situationsunabhängig gewährt wird. Selbst wenn politischer Austausch aufgrund perfekter Einsicht in Bedingungen und Konsequenzen politischer Entscheidungen nach dem Mechanismus wechselseitiger Vorteilssteigerung zustande käme, wäre dies eine äußerst kostspielige und labile Grundlage. Jede Veränderung äußerer Umstände oder jeder Wissensfortschritt müßte zu einer Veränderung der Entscheidungsgrundlagen und damit tendenziell zur Auflösung des "Vertretungsvertrages" zwischen Politikern und Wählern führen.

Während DOWNS' Modell auf der Annahme einer strukturellen Isomorphie zwischen ökonomischem und politischem Austausch und Wettbewerb beruht, bleibt von PARSONS' Marktanalogie kaum mehr als ein heuristisches Prinzip, das die Rückkoppelung zwischen generalisierter Verantwortung und Unterstützung einerseits und zwischen Interessenartikulation und kollektiv verbindlichen Entscheidungen andererseits veranschaulichen soll.

Die Grundstruktur politischer Austauschbeziehungen wird nach PARSONS nur deutlich, wenn man sich den unterschiedlichen Wertbezug des Handelns, die Verschiedenheit der institutionellen Einbettung und die Unterschiedlichkeit des politischen Anreizsystems vor Augen führt. Der zentrale Wertbezug politischer Entscheidungen ist nicht wie bei DOWNS die optimale Befriedigung von Bedürfnissen durch kollektive Nutzleistungen, sondern der Effektivitätsgewinn, der durch die soziale Verbindlichkeit und Organisiertheit kollektiver Entscheidungsprozesse entsteht.

Der Wettbewerb um Stimmanteile ist prinzipiell anderer Natur als das Streben nach wirtschaftlicher Marktmacht, da die ungeteilte politische Macht in der Regel nur an diejenigen fällt, die eine Stimmenmehrheit hinter sich bringen können. Der Wahlsieg begründet keine unmittelbare Verpflichtung zu <u>bestimmten</u> Entscheidungen gegenüber den Unterstützenden, sondern rechtfertigt die <u>Autorität</u>, verbindliche Entscheidungen gegenüber <u>allen</u> Kollektivmitgliedern zu treffen. Die konkrete Nutzenerwartung aus der Wahlstimme bildet darum ebensowenig ein tragfähiges Motiv zur Wahl wie umgekehrt der Gewinn einer Mehrheit i.d.R. etwas über die spezifische Qualität und Struktur der Nachfrage aussagt. Die Erkundung des Wählerwillens bzw. die Implementation verbindlicher Entscheidungen beruht auf einem Wechselspiel zwischen Einfluß und politischer Machtausübung. Beides funktioniert nur, wenn Einfluß und Macht generalisiert werden können.[57]

Der Vergleich macht die unterschiedliche Logik der Analogisierung ökonomischer Modelle deutlich. DOWNS' Methode besteht primär darin, den Bedeutungsgehalt ökonomischer Kategorien zu **erweitern.** Politische Rationalität, politischer Wettbewerb und politische Güter sind lediglich andere, z.T. unvollkommene Formen ökonomischer Rationalität, ökonomischer Märkte und Güter. DOWNS' inhaltliche Argumentation folgt einem elementaren ökonomischen Interaktionsmodell, dessen Grundlage das do ut des-Prinzip eines Realtausches ist. Dies wird verbunden mit einer Ableitung inhaltlicher Hypothesen aus quasi-ökonomischen Rationalitätsannahmen.[58] PARSONS hingegen abstrahiert von ursprünglich ökonomischen Kategorien, indem er diese in einem allgemeineren Bezugsrahmen lokalisiert und in ihrem spezifischen Anwendungsbezug neu interpretiert. Dabei bezieht sich PARSONS auf kreislauftheoretische Theorieelemente, die Austauschprozesse auf einer höheren Aggregatebene als indirekte, generalisierte Interdependenzen zwischen arbeitsteilig differenzierten Struktureinheiten analysieren. Bei der inhaltlichen Spezifikation politischer Prozesse rekurriert PARSONS überwiegend auf theoretische und empirische Ergebnisse politikwissenschaftlicher Literatur.

Bei PARSONS geht es nicht um die Ableitung von Hypothesen aus elementaren ökonomischen Verhaltensgesetzen, sondern um die Frage, wie ökonomische Kategorien, Schemata und Relationsmuster, ihres ursprünglich ökonomischen Bedeutungsgehalts entkleidet, als kognitiver Wegweiser für die Sichtung und Reinterpretation nichtökonomischen Materials eingesetzt werden können. Dabei ist die Grenze zwischen metaphorischer Verwendung ökonomischer Kategorien und einer Übernahme einzelner Hypothesen schwer zu ziehen. Dies wird vor allem dort deutlich, wo PARSONS mit Hilfe ökonomischer Theoriemodelle völlig neue theoretische Perspektiven und Fragestellungen aufwirft. Dies ist z.B. bei der Analyse indirekter, generalisierter Austauschbeziehungen der Fall, in deren Mittelpunkt immer der Verweis auf das Medium Geld als analytischer Prototyp steht. Dabei stößt man auf eine scheinbare Paradoxie: Während für PARSONS die Rolle des Geldes in ökonomischen Austauschprozessen zu einem zentralen Bezugspunkt des theoretischen Generalisierungsprogramms wird, vermeidet DOWNS hier jede direkte Analogie. Es ist lediglich von "Stimmanteilen" der Parteien oder den "Nutzeneinkommen" der Regierten die Rede. Für DOWNS ist offensichtlich die Verwendung eines generalisierten Austauschmittels lediglich eine empirische Besonderheit moderner Wirtschaftssysteme, von der abstrahiert werden muß, um eine Ausweitung des Kompetenzbereichs ökonomischer Theorie auf nichtmonetär erfaßbare Austauschprozesse rechtfertigen zu können. Auch für PARSONS bildet die metrische Sprache des Wertmessers Geld die zentrale Anwendungsgrenze ökonomischer Theorien.[59] Es handelt sich jedoch in beiden Fällen um eine rein empirische Begründung, die die Probleme der Operationalisierung theoretischer Konstrukte, nicht aber die Logik der Theoriekonstruktion betreffen. So gibt DOWNS bspw. keinesfalls die marginalistische Wert- und Austauschlogik auf, um politische Austauschprozesse zu analysieren. Der entscheidende Unterschied besteht in der Beurteilung der theoretisch generalisierbaren Aspekte des Geldes in Austauschprozessen. DOWNS braucht keine geldtheoretische Analogie, weil Geld nur eine Form von Anreizen darstellt, die in reziproken Leistungsbeziehungen zum Tragen kommen und die auf der generellen Wertdimension eines zurechenbaren Nutzens abgebildet werden können. Bei PARSONS ist die Suche nach einer adäquaten Geldanalogie nur eine logische Konsequenz aus dem Interchangemodell, das an die kreislauftheoretische Analyse anknüpft und dessen generalisierbarer Kern in der Idee doppelter, medienvermittelter Intersystembeziehungen liegt. Die multiplen Systemreferenzen verweisen auf die unterscheidbare funktionale Signifikanz und auf die normativ-symbolische Bedeutung des Kontextes und der der Interaktionsmedien. Der geldtheoretischen Analogie kommt daher eine besondere Rolle zu. Diese wird Gegenstand des abschließenden Kapitels sein.

3. Das Geldmodell und die Medientheorie

3.1 Sozialtheoretische Implikationen des ökonomischen Geldbegriffs

Die zentrale Stellung der Medientheorie im Gesamtkonzept des sozialen Austauschs bei PARSONS kommt schon dadurch zum Ausdruck, daß PARSONS das Instrumentarium der Medienanalyse sowohl für die Ebene der allgemeinen Handlungstheorie als auch für die Ebene des "Human-Condition"-Systems rekonstruiert. Wir haben bereits an anderer Stelle auf die theoretische und methodologische Brückenfunktion der sozialen Medientheorie hingewiesen.[1] Bezogen auf die Rolle ökonomischer Theorieelemente ist die Analogie zum Geldmodell der wohl wichtigste Anknüpfungspunkt, der sich bis in die letzten Arbeiten PARSONS' nachweisen läßt.

Das Geld ist immer schon ein Gegenstand historischer, kultursoziologischer und sozioökonomischer Forschung gewesen. Die ökonomiekritische Perspektive dieser Ansätze liegt a) in dem Nachweis multipler, nichtökonomischer Funktionen des Geldes in traditionalen und modernen Gesellschaften[2], b) in der Betonung der institutionellen Bedingtheit der Geltung des Tauschmittels Geld[3] und c) in dem Nachweis, daß Prozesse der Allokation des Geldes und Schwankungen des Geldwertes die Beziehungen zwischen sozialen Kollektiven und gesellschaftlichen Werten widerspiegeln und gleichzeitig Bedingung des Wandels gesellschaftlicher Strukturen sind.[4] Die soziale Verankerung des Geldes ist an sich kein strittiges Phänomen zwischen Ökonomen und Soziologen. Allerdings erscheint die geläufige Gegenüberstellung zwischen rein ökonomischen und sozialen Funktionen des Geldes eher geeignet, das gemeinsame sozialtheoretische Potential der Geldanalyse zu verdecken. So erscheint die Frage nach den außerökonomischen Funktionen des Geldes und die Frage seiner sozialen Geltung im wesentlichen ein Problem phänomenologischer und historischer Analysen des Geldwesens zu sein, während der harte Kern der Geldtheorie einer rein ökonomischen Analyse vorbehalten ist. Im Zentrum steht hier die Frage nach der Funktion des Geldes als generalisiertem Tauschmittel und den Bedingungen, Mechanismen und Folgen von Veränderungen der Kaufkraft des Geldes.[5]

Die allgemein akzeptierte Klammer ökonomischer Geldtheorien besteht in dem Verweis auf die verschiedenen ökonomischen Grundfunktionen des Geldes als Tauschmittel, als Wertmesser, Recheneinheit und als Wertaufbewahrungsmittel. Es sind diese

Funktionen, durch die die Geltung des Geldes selbst erklärt und damit auch zugleich der Ansatzpunkt zur Erklärung der Kaufkraft geliefert wird. Geld ist nur soviel wert, wie es die ökonomischen Funktionen erfüllt, und es erfüllt die Funktionen solange, wie es generell als Mittel der Zahlung, der Recheneinheit und der Wertaufbewahrung akzeptiert wird.[6] Dies ist nicht notwendig ein Zirkel, der der Theoriekonstruktion angelastet werden kann, sondern als Umschreibung dessen zu deuten, was LUHMANN die Selbstreferenz des Geldes nennt.[7]

Problematisch ist jedoch der Versuch einer rein nutzentheoretischen Erklärung der Akzeptanz und der Kaufkraft des Geldes. Die <u>nutzentheoretische</u> Erklärung stößt an die gleichen Grenzen, an denen auch die nutzentheoretische Deutung sozialer Ordnung scheitern muß. Der Hinweis auf die individuellen oder gesamtwirtschaftlichen Effizienzgewinne durch die Verwendung von Geld vermag weder das Problem der Entstehung des Geldes als einer sozialen Tatsache zu erklären, noch eine theoretisch konsistente Erklärung dafür zu liefern, was den einzelnen motivieren könnte, wertlose Symbole anstelle realer Gebrauchswerte zu akzeptieren. Die Erklärung der Geltungsgrundlage von Geld - auf der Basis einer ökonomischen Werttheorie - versucht den Nutzen des Geldes auf ein eigenständiges Bedürfnis nach steter Tauschbereitschaft (Liquiditätspräferenz) zurückzuführen oder als reines Vermögensobjekt zu deuten, welches <u>eine</u> mögliche Anlageform unter anderen (z.B. Wertpapiere, Sachkapital, Humankapital) darstellt.[8] Geld und reale Aktiva stehen in enger Substitutionsbeziehung zueinander: Der vermögenstheoretische Ansatz stellt im gewissen Sinne eine Reorientierung an der Warentheorie des Geldes bzw. an metallistischen Konzepten dar. Der Unterschied besteht lediglich darin, daß nunmehr abstraktere Nutzeneigenschaften definiert bzw. entsprechende Bedürfnisse erfunden werden. Dies ist, betrachtet man den allgemeinen Wertbegriff der ökonomischen Theorie, durchaus konsequent.[9] Damit wird jedoch das grundsätzliche Problem, unter welchen Bedingungen Geld oder andere nichtmaterielle Vermögenswerte als Gegenleistung oder Forderung akzeptiert werden, nicht gelöst. Die gleiche Überlegung läßt sich anstellen, wenn man die unterschiedlichen Substitutionsmöglichkeiten zwischen den verschiedenen "Anlageformen" in Betracht zieht: Im Rahmen der ökonomischen Theorie müssen diese als technische Eigenart des betreffenden Gutes oder als <u>gegebene</u> normative Begrenzung (z.B. beim Humankapital) angenommen werden. Die Bedeutung der allgemeinen Akzeptanz als "letzte" Grundlage des Geldwertes wird durchaus anerkannt. Das Problem besteht jedoch darin, daß es logisch keine Möglichkeit gibt, diesen Tatbestand im Rahmen eines rein ökonomischen Theoriemodells konsistent zu deuten.[10] In diesem Zusammenhang ist auch die Diskussion um den **Tauschwert** des Geldes zu sehen. Die Erklärung der Kaufkraft des Geldes aus den subjektiven Nutzenschätzungen unterliegt - wie SCHUMPETER darlegt - einem Zirkelschluß, da jede subjektive Kaufkraftschätzung bereits die Existenz eines überindividuellen Maßstabs voraussetzt, der dann mit Hilfe aggregierter subjektiver Nutzenschätzungen erklärt werden soll.[11] Das Vertrauen in die allgemeine Akzeptanz bildet nur eine Komponente, die den Aspekt der Legitimität der Ordnung widerspiegelt. Diese muß zusätzlich abgesichert werden durch einen Komplex von Institutionen, durch den die legitime Verwendung des Mediums präziser geregelt wird (z.B. Festlegung des Nennwertes beim Geld). Aus dieser institutionellen Absicherung läßt sich jedoch weder die faktische Geltung eines allgemeinen Medienvertrauens ableiten, noch läßt sich hieraus der reale Wert der zirkulierenden Medien deduzieren. KNAPP scheiterte mit seiner staatlichen Theorie des Geldes vor allem deshalb, weil seine Theorie weder das Phänomen der allgemeinen Repudiation des Geldes noch die Schwankungen des "realen" Geldwertes erklären konnte.[12] KNAPPS Position läßt sich auch vor dem Hintergrund der Kontroversen zwischen markttheoretischer und institutionalistischer Analyse beleuchten. Einerseits kommt seiner Theorie das Verdienst zu, auf die rechtliche Verankerung des Geldes als Grundlage seiner Akzeptanz und auf die politische Steuerung des Nominalwertes des Geldes aufmerksam gemacht zu haben. Andererseits ist es kurzschlüssig, aus der gesetzlichen Annahmeverpflichtung des Geldes und der politischen Setzung von Nominalwerten auf die faktische Akzeptanz und den Realwert des Geldes zu schließen.[13]

Von theoretisch allgemeiner Bedeutung erweist sich auch das Phänomen des Kredits, d.h. im Falle von Geld, die Überlassung bzw. Beschaffung von Kaufkraft gegen das Versprechen späterer Rückzahlung und einer vereinbarten monetären Gegenleistung.

Von besonderer Bedeutung ist hierbei die **Kapitalfunktion** des Geldes, wodurch Geld zum weiteren Erwerb von Geld und zur Umwandlung von Geld in Realkapital, d.h. zu Investitionen, genutzt werden kann.[14] Unter rein ökonomischem Gesichtspunkt erscheint dies lediglich als ein Tausch von Gegenwartsgütern gegen Zukunftsgüter.[15] Die allgemeinere Funktion besteht in der Möglichkeit, durch Kreditgewährung die Realkapitalbildung zu steuern und durch zusätzliche Kaufkraftschöpfung zu einer Erweiterung wirtschaftlicher Tätigkeit beizutragen. Hierin liegt der spezifisch politische Aspekt des Mediums Geld, da es primär um die Erweiterung der Chancen zu einer "realen" Wertschöpfung durch das Zusammenlegen und die Rekombination von Ressourcen in einem kollektiven Kontext geht und nicht nur um einen zusätzlichen Bedarf bzw. einen individuellen Nutzenzugang.

Die Verbindung zwischen der Frage nach den allgemeinen Geltungsgrundlagen des Geldes und der Frage nach den Veränderungen des Geldwertes i.e.S. ergibt sich schon aus der grundlegenden Funktionswertbestimmung des Geldes. Diese zeichnet sich ja gegenüber einer rein nominalistischen Position vor allem dadurch aus, daß der Wert bzw. die Wertveränderungen des Geldes auf dessen Funktion in Tausch- bzw. Kreislaufprozessen bezogen wird.[16] Dies ist unmittelbar einleuchtend für die **Tauschmittelfunktion**, die nur solange erfüllt werden kann, als ein bestimmtes Symbol oder Zeichen als legitimes Zahlungsmittel akzeptiert wird. Die **Rechenmittelfunktion** betont den Anweisungscharakter des Geldes in ökonomischen Kreislaufprozessen als eine abstrakte, quantitativ bestimmte Forderung an das Sozialprodukt.[17] Nach der gleichen Logik lassen sich auch die nichtmonetären Medien als ein Geltendmachen von Ansprüchen gegenüber der <u>Gesellschaft</u> als übergeordnetem Bezugssystem begreifen. Der theoretisch generalisierbare Kern dieser Betrachtungsweise liegt darin, daß soziale Medien ein spezifisches Verhältnis zwischen potentiellen Interaktionspartnern und der sozialen Gesamtheit begründen. Medien stellen kein unmittelbares "Abgelten" von Verpflichtungen dar, die sich aus konkreten, stets partikularen Austauschvorgängen ergeben, sondern sie symbolisieren eine Anweisung auf sozial relevante Ressourcen, deren Bereitstellung von einer Gesamtheit der teilnehmenden Akteure abhängt. SIMMEL drückt diesen Gedankengang am Beispiel des Geldes in paradigmatischer Form aus:

> "Indem der Naturaltausch durch den Geldkauf ersetzt wird, tritt zwischen die beiden Parteien eine dritte Instanz: die soziale Gesamtheit, die für das Geld einen entsprechenden Realwert zur Verfügung stellt. Der Drehpunkt der Wechselwirkung jener beiden (gemeint ist der Tausch zwischen zwei Individuen, Anm. KHS) rückt dann weiter fort, er entfernt sich aus der unmittelbaren Verbindungslinie zwischen ihnen und verlegt sich in das Verhältnis, das jeder von ihnen als Geldinteressent zu dem Wirtschaftskreise hat, der das Geld akzeptiert und dies durch die Prägung seiner höchsten Vertretung dokumentiert."[18]

Die Rechenmittelfunktion läßt sich auf das Problem der technisch möglichen Rationalisierung des Handelns i.S. gesteigerter Berechenbarkeit von Tauschchancen und der Formalisierung und Anonymisierung der Kommunikationsbeziehungen beziehen. Die Betonung der **Wertaufbewahrungsfunktion** des Geldes stellt primär auf die Kapitalfunktion bzw. auf die Bedingungen ab, unter denen sich die Akteure mit Liquidität versorgen. Das Ausmaß und die Form, in der Geld gehalten wird, hängt direkt mit den ökonomischen Erwartungen und dem Vertrauen in das Geld als einer Vermögensanlage zusammen. Dies impliziert grundsätzlich die Möglichkeit, daß Geld gehortet, also dem Wirtschaftskreislauf entzogen wird, Geld primär zur Deckung eines gegebenen Tauschbedarfs verwendet oder in bestimmte Unternehmungen angelegt wird. Hieraus ergeben sich wiederum unterschiedliche Rückwirkungen auf das Kreislaufgeschehen. Der generalisierbare Kern der Wertaufbewahrungsfunktion von Medien besteht vor allem darin, die Risiken, die mit wechselnden Situationsbedingungen des Handelns und sozialen Austauschbeziehungen verbunden sind, zeitlich auszugleichen und Effektivitätschancen zu nutzen.

Dieser Gedanke taucht bei PARSONS in der Deutung sozialer Medien als Kapazitäten auf, die im Interesse der verfügenden Handlungseinheit in unterschiedlicher Weise und Kombination "gehalten" bzw. "angelegt" werden können.[19] Für die Akteure ist der Erwerb von Medien mit Kosten verbunden; die Anlage von Medien in verschiedenen sozialen Unternehmungen ist an die generelle Erwartung geknüpft, daß sich solche Anlagen künftig auszahlen. Erträge und Kosten sind keineswegs nur im monetären Sinn zu interpretieren und müssen nicht notwendig auf die Erzielung eines internalisierbaren Vorteils ausgerichtet sein.

Die Ausführungen machen deutlich, wie eng verzahnt eine ökonomische Theorie des Geldes mit einer allgemeinen Theorie des sozialen Austauschs sein muß. Der gemeinsame Ausgangspunkt einer sozialen Medien- und ökonomischen Geldtheorie besteht in der Konzeption der Allgemeinheit der Geltung, deren Zustandekommen weder mit den Effizienzgewinnen der Medienverwendung noch durch Hinweis auf die Logik individueller Nutzenschätzung und reziproker Vorteilsgewährung zureichend erklärt werden kann. Will man die Reichweite der Geldanalogie in der Austauschtheorie PARSONS angemessen erfassen, dann ist es notwendig, sich von der Vorstellung zu lösen, daß jede funktionale Analyse des Geldes genuin ökonomisch ansetzen müsse und daher jeder Versuch der Generalisierung zu einem unvermeidlichen Bias führe.

3.2 Die geldtheoretische Analogie

3.2.1 Der Ökonomismus der Medientheorie: Perspektiven der Rezeption

Betrachtet man die kritische Aufnahme der Medientheorie in der soziologischen Theoriediskussion, dann bestätigt sich eher der o.g. Verdacht. Auch hier zeigt sich, daß prominente Kritiker, je nach eigenem Standort, zu völlig entgegengesetzten Beurteilungen kommen.

So vertritt z.B. HABERMAS die These von der Übergeneralisierung des ökonomischen Modells, die er explizit an der Medientheorie festmacht.[20] Der Vorwurf der Übergeneralisierung läßt sich auf unterschiedliche Argumentationsebenen beziehen: HABERMAS sieht in der geldanalogen Medienkonzeption eine empirisch nicht gerechtfertigte Ausdehnung des Geltungsbereichs der ökonomischen Theorie. Die Generalisierung des Geldmodells könne allenfalls eine gewisse Plausibilität für Lebensbereiche beanspruchen, in denen Kommunikation technisch rationalisiert und von lebensweltlichen Bezügen abgekoppelt sei. Dies sei jedoch typischerweise in Bereichen der kulturellen Reproduktion, der sozialen Integration und Sozialisation nicht oder nur eingeschränkt möglich.[21] Auf theoretischer Ebene zeigen sich diese Defizite daran, daß wesentliche Merkmale von Medien, wie z.B. die Zirkulationsfähigkeit, Meßbarkeit und Deponierbarkeit, nicht erfüllt werden und die Explikation von Institutionalisierungsbedingungen vage gehalten wird. Der ökonomische Bias liegt für HABERMAS vor allem in dem Instrumentalismus der handlungs- und sozialtheoretischen Analyse. Dem Geldmodell liege gerade die Logik instrumenteller Rationalität zugrunde, die über alle Stufen der theoretischen Generalisierung hinweg aufbewahrt wird und nur auf Kosten begrifflicher Unschärfen und inkonsistenter Interpretation kaschiert werden könne.[22] PARSONS fasse das Medium Geld als eine funktional spezialisierte Sprache auf und verpasse gerade damit die Pointe: nämlich Geld als einen Ersatz für das verständigungsorientierte Potential der Sprache zu fassen.[23] Geld funktioniere dadurch, daß es die Interaktionen von dem lebensweltlichen Kontext der Akteure ablöse und damit von dem Zwang zu konsensueller, verständigungsorientierter Kommunikation zugunsten einer formalen, instrumentell orientierten Koordination suspendiere.[24] Die Plausibilität der Analogien zwischen Geld und Macht beruht nach HABERMAS gerade auf dem Ersatz rationaler Diskussion von Geltungsansprüchen durch Rationalisierung des Handelns in Form manipulierbarer und berechenbarer

Ziel-Mittel-Relationen.[25] Dieser Verengung entspreche auf metatheoretischer Ebene die Einbindung des Theorieprogramms in einen systemtheoretischen Bezugsrahmen, der den Dualismus zwischen Handeln und System aufbewahrt. Die Wende von einem handlungstheoretischen zu einem systemtheoretischen Bezugsrahmen werde bei PARSONS durch eine Reifikation vollzogen: Aus ursprünglich analytischen Aussagen über Beziehungen zwischen Handlungselementen werden Aussagen "über empirische Beziehungen zwischen Systembestandteilen".[26]

Eine völlig entgegengesetzte Position nimmt COLEMAN ein. Dies ist zunächst nicht weiter verwunderlich, gehört COLEMAN doch zu denjenigen Soziologen, die einer Ökonomisierung der Soziologie durchaus positiv gegenüber stehen. Nicht die zu enge Anbindung an das ökonomische Modell, sondern die inadäquate Rezeption und unzureichende Nutzung des theoretischen Potentials führt nach COLEMAN in theoretische Sackgassen.[27]

PARSONS' Rezeption der ökonomischen Geldtheorie bleibt für COLEMAN oberflächlich und vage; sie beruht z.T. auf Fehldeutungen der verwendeten Theorieelemente. So vermische PARSONS unzulässigerweise das Problem der Umschlagshäufigkeit mit dem Prozeß der Geldschöpfung, wobei gerade die Unterscheidung zwischen beiden Mechanismen von allgemeiner theoretischer Bedeutung sei. Bissig vermerkt COLEMAN, daß PARSONS' Bankensystem offensichtlich noch auf dem Goldstandard beruhe.[28] Man mag gegen diesen Kritikansatz einwerfen, daß er weitgehend irrelevant bleibt, da es nicht um den spezifisch ökonomischen Inhalt der Geldtheorie, sondern um deren generalisierbare theoretische Grundstruktur geht und daß selbst dort, wo Mißverständnisse und Fehldeutungen ökonomischer Theorien sichtbar werden, dadurch keineswegs die Tragfähigkeit der Konstruktion an sich in Frage gestellt wird. Interessanter erscheint jedoch die Frage, welche generelle Sichtweise ökonomischer Prozesse mit der Generalisierung des Geldmodells verbunden ist und inwieweit sich in PARSONS' Medientheorie systematische Probleme aufzeigen lassen, die auch in der geldtheoretischen Diskussion eine Rolle spielen. Die ökonomische Theorie ist eher als Generator von theoretisch weiterführenden Fragen und weniger als Lieferant von fertigen Antworten zu nutzen.

COLEMAN schlägt noch eine andere Richtung in seiner Kritik ein. Er will zeigen, daß PARSONS das Potential ökonomischer Theorien nur unzureichend ausnutzt und infolgedessen zu vagen Andeutungen, ad hoc Argumentationen und unnötig komplizierter Theoriesprache greift. Der Vorwurf der suboptimalen Nutzung läßt sich an verschiedenen Punkten veranschaulichen. Er beklagt, daß die Medientheorie nicht auf einer ökonomischen

Interaktionstheorie basiert, wie sie etwa HOMANS, BLAU, u.a. vertreten.[29] Die Medientheorie könne weiterhin ihren Anspruch auf Dynamisierung nicht einlösen, da sie sich im wesentlichen auf die Konstruktion von Typologien beschränke, statt präzise Vorstellungen über den Ablauf medialer Interaktionen zu entwickeln.[30]

COLEMAN deutet das Problem der generellen Akzeptanz und das Risiko der Medienverwendung nicht als Problem der Überbrückung dieser Unsicherheiten durch ein generalisiertes, normativ gestütztes Vertrauen in die Geltung des Mediums, sondern als Ungewißheit über den möglichen Erfolg von Investitionen in "Güter", die sich nicht exakt kalkulieren lassen. So unterscheide sich das Medium Einfluß von Geld gerade dadurch, daß Einfluß nur in begrenztem Maße zirkulationsfähig und stets an die Besonderheiten seiner Quelle rückgebunden ist. Dies bringe zusätzlich Unsicherheitsfaktoren ins Spiel.[31] Medien unterscheiden sich also nicht wie bei PARSONS durch die normative Wertbedeutung und die damit verbundenen unterschiedlichen Ansatzpunkte ihrer Sanktionswirkung, sondern durch die Besonderheiten der realen Belohnungswerte, die sie verkörpern.

PARSONS setze z.B., so COLEMAN, die Fragerichtung beim Einflußkonzept unangemessen an. Es ist weniger interessant zu fragen, welche Ziele jemand mittels bestimmter Medien verfolgt, sondern unter welchen Bedingungen sich jemand veranlaßt sieht, sich von Medien "beeinflussen" zu lassen. Das heißt für COLEMAN, sich auf Investitionen in Güter einzulassen, deren Wert unsicher ist.[32]

COLEMANS Argumentation muß natürlich aus der Sicht PARSONS' aus den gleichen Gründen problematisch sein, aus denen eine Werttheorie des Nutzens inadäquat erscheint: Die Reduktion des Wertbegriffs auf eine subjektive Nutzenvorstellung und die Reduktion komplexer Austauschprozesse auf reziproke, reale Tauschbeziehungen.[33] So beklagt PARSONS in seiner Antwort auf COLEMAN zu Recht, daß dieser die Unterscheidung zwischen symbolischen, wertlosen Medien und den realen, intrinsisch wertvollen Objekten nicht konsequent durchhalte und die Dynamik von Tauschbeziehungen auf eine direkte wechselseitige Steuerung durch konkrete Anreize reduzieren will.[34] COLEMANS Argumentation wirft aber auch die Frage auf, ob eine Generalisierung ökonomischer Modelle - wenn auch nicht logisch zwingend, so doch in der praktischen Handhabung - ohne Übernahme ökonomischer Grundprämissen überhaupt möglich oder sinnvoll ist. Auch hier läßt sich erneut die Frage aufgreifen, auf welche Geldtheorie PARSONS eigentlich rekurriert, wenn er vom Geld als dem logischen Prototyp seiner Medientheorie spricht.

3.2.2 Die strukturtheoretischen Elemente der Geldanalogie

Medien sind für PARSONS generalisierte Spezialsprachen, die eine spezifische Sinnbedeutung und Handlungsrelevanz aufweisen. Sie unterliegen dabei Kontraktions- oder Expansionseffekten, die sich aus der Rolle der Medien in Zirkulationsprozessen ergeben. Wir werden HABERMAS' Vorbehalte aufgreifen und auf drei Thesen konzentrieren, in denen jeweils eine Verbindung zwischen generalisierbaren Aspekten des Geldes und bestimmten inhaltlichen Implikationen zum Vorschein kommt:

(1) Das Merkmal der Medienzirkulation legt eine marktanaloge Tauschorganisation nahe, da Medien institutionell auf der individuellen Zurechenbarkeit von Ansprüchen beruhen.[35]

(2) Die Analyse von Interaktionsmedien folgt dem Modell einer sozialen Koordination rein instrumentellen Handelns, so daß die Dimension verständigungsorientierter diskursiver Austauschprozesse aus dem Blick gerät.[36]

(3) Mit der Konzeption von Interaktionsmedien verbindet sich die Vorstellung von meßbaren, teilbaren und deponierbaren Wertgrößen, durch die eine gesteigerte instrumentelle Rationalität erst möglich wird.

Zum ersten Punkt muß man zunächst feststellen, daß weder die Verwendung von Geld an bestimmte institutionelle Formen ökonomischer Tauschorganisation unmittelbar gebunden ist, noch deren Verwendung ausschließlich innerhalb des ökonomischen Systems erfolgt. Zirkulationsfähigkeit des Geldes bedeutet nicht nur, daß Geldeinheiten von "Hand zu Hand" gehen, sondern auch für nichtökonomische Zwecke verwendet und in außerökonomischen Kontexten eine andere symbolische Bedeutung annehmen können. Ein Geldgeschenk ist sicherlich ein ökonomisch relevanter Transfer, aber es ist weder ökonomisch bedingt noch Gegenstand eines spezifisch ökonomischen Interesses. Die Zirkulationsfähigkeit eines Mediums ist überdies unabhängig von der individuellen Zurechenbarkeit der Objekte oder Aktivitäten, die ausgetauscht werden.

Die Frage, inwieweit die durch ein Medium symbolisierten "Leistungen" exklusiv angeeignet werden können oder nicht, berührt die Zirkulationsfähigkeit des Mediums als solches nicht, sondern hängt von der institutionellen Definition von Eigentums- und Verfügungsrechten ab. Die Anwendung von Eigentumsrechten auf die Allokation und Verteilung ökonomischer Nutzwerte ist zwar naheliegend, aber dies kann nicht heißen, daß die politische Herrschaftsordnung, die institutionelle Regelung von Gemeinschaftsverhältnissen oder die Einbettung des Mediums "Wertcommitment" in eine "moralische Ordnung" nach dem gleichen Muster einer Eigentumsordnung funktionieren. Das Merkmal der Zirkulationsfähigkeit von Medien muß vielmehr im Zusammenhang mit der Idee der Kreisförmigkeit sozialer Austauschprozesse gesehen werden. Medien erfüllen ihre Austauschfunktion nur, solange sie zirkulieren und dadurch sozial wirksam bleiben. Die Quantität der wirksamen Medienmenge kann als eine Funktion des zugrundeliegenden Prozesses bzw. der Entscheidungen der handelnden Akteure betrachtet werden.

Hier wird eine Parallelität zu Konzepten in der ökonomischen Theorie deutlich: Es handelt sich um eine Verallgemeinerung des ursprünglich ökonomischen Kreislaufmodells als einem kontinuierlichen Prozeß von produktiven Aufwendungen und konsumtiven Verwendungen innerhalb einer betrachteten Zeitperiode. Für das Wirksamwerden von Medien ist entscheidend, welche "Menge" zirkuliert und wie häufig sie umgeschlagen wird. Dies erinnert an FISHERS Verkehrsgleichung im Rahmen der sogenannten Quantitätstheorie. Der generalisierte Kern der Unterscheidung zwischen "Medienmenge" und "Umlaufgeschwindigkeit" besteht jedoch nicht in der Annahme einer Mechanik des Medienkreislaufs. Die Unterscheidung verweist auf zwei unterschiedliche, logisch voneinander unabhängige Ansatzpunkte, um expansive oder kontraktive Veränderungen der Medienzirkulation zu lokalisieren. Eine Übertragung dieses Analyseschemas setzt voraus, daß die spezifische, nichtökonomische Bedeutung beider Größen expliziert wird und die Bedingungen angegeben werden, von denen der Umschlag von Medien oder die Schöpfung zusätzlicher Medien abhängen.[37]

Aus dem Merkmal der Generalisierung sozialer Interaktionsmedien läßt sich nicht unmittelbar auf die Handlungsorientierungen der Akteure rückschließen. Die Erweiterung individueller Handlungsspielräume ist nicht gleichbedeutend mit der Schaffung moralfreier Sphären, innerhalb derer Akteure nur noch der Verfolgung egoistischer Ziele "verpflichtet" sind. Sie implizieren ein höheres Maß an individueller Verantwortung für die Art und Weise der Implementierung normativer Verpflichtungen und setzen ein höheres Niveau der Generalisierung der zugrundeliegenden Wertmuster voraus. Ein Rationalisierungsdruck ergibt sich aus der Bedingung der Knappheit, sowohl der Medien als auch der durch sie bezeichneten Ressourcen. Würden Medien nach dem generativen Sprachmodell allein durch eine regelrechte Anwendung von Sprachregeln von jedem kompetenten Akteur "erzeugt" und in "Umlauf" gebracht werden können, müßten Medien ihre Steuerungs- bzw. Motivierungsfähigkeiten verlieren.

Soweit Medien stets in Relation zu der Zahl möglicher, wünschenswerter und gewünschter Aktivierungen knapp sind, können sie selbst unter ökonomischer Perspektive betrachtet werden.

> "Each of the generalized media is subject to scarcity imperatives; a "stock" of medium will be depleted by some form of "spending" and its aquisition must be "paid for" by incurring some kind of cost. Moreover, the "income" of a medium can be enhanced by the indirect effects of judicious "spending", much as business can increase their future income through investing funds in productive operation."[38]

Hinter diesen Analogien steckt zunächst nur die allgemeine Aussage, daß eine gegebene Handlungseinheit oder ein gegebenes System eine gewisse Balance zwischen empfangenen Inputs und abgesendeten Outputs herstellen muß, um in einer gegebenen Situation bzw. Umwelt auf Dauer austauschfähig zu bleiben. In diesem allgemeinen Sinn läßt sich sicherlich von einer Ökonomie sozialer Medien bei PARSONS sprechen; fraglich ist jedoch, ob sich hieraus Verhaltenshypothesen nach der Maßgabe einer Theorie des rationalen Handelns ableiten lassen. So ließe sich bspw. argumentieren, daß nichtökonomische Medien wie Wertcommitments oder Einfluß selbst Bezugspunkt eines strategischen Handlungskalküls sein können: Ego appelliert an Wertbindungen bei Alter, die er selbst nicht teilt, um ihn dadurch zu einem Handeln zu motivieren, das ihm selbst Vorteile bringt.[39]

Tatsächlich ist die Formulierung "Appell an Wertbindungen" mißverständlich, weil die damit verbundene Erinnerung an die Verantwortung eines anderen das Element des gemeinsam geteilten Wertsystems nicht notwendig impliziert und der Appell selbst eher Teil der Sicherungsgrundlage des Mediums ist.[40] Für Wertbindungen und Einfluß ist jedoch gerade die Bezugnahme auf gemeinsame Werte und Normen als Grundlage einer generellen, situationsunabhängigen "inneren" Verpflichtung konstitutiv. Derjenige, der an Wertbindungen anderer appelliert, ohne diese zu teilen oder gegen sich selbst gelten zu lassen, wird zumindest auf Dauer seinen Einfluß verspielen oder zu "härteren" Motivationsmitteln greifen müssen. Beide Medien funktionieren nur insoweit, wie sich die Akteure auf eine generelle Kooperationsbereitschaft verlassen können. Dies schließt das faktische Eintreten von Commitmentillusion und Scheinkonsens nicht aus; nur läßt sich hier eine grundlegende Instrumentalisierung der Handlungsorientierung theoretisch nicht festmachen.

In diesem Zusammenhang ist auch HABERMAS' These interessant, daß die Mediensprache ein duales Schema von Zustimmung und Ablehnung enthalte und dies die Kommunikationsbeziehungen auf ein wechselseitiges Konditionieren durch Offerten reduziere. Der generalisierbare Kern der Argumentation liegt bei PARSONS darin, daß Medienangebote einen konditionalen Modus enthalten und den Adressaten in eine Entscheidungssituation bringen. Unterschiedlich hingegen ist die Strukturierung der Situation und der möglichen Reaktionen. Wer z.B. Einfluß ausüben will, muß u.U. in der Lage sein, dies mit Bezug auf ein gemeinsames Interesse zu rechtfertigen. Wer Einfluß ausübt, vertraut darauf, daß seine Meinung ein Recht auf Aufmerksamkeit und Zuhörerschaft hat, bevor er zu spezifischen Rechtfertigungen greift. Derjenige, der sich beeinflussen läßt, räumt dem anderen ein Kommunikationsrecht ein. Er investiert ein allgemeines Vertrauen in die Glaubwürdigkeit und Rechtfertigbarkeit von Argumenten, ohne sich vorher von dem spezifischen Inhalt überzeugen zu können. Einfluß steht nicht für ein begründungsfreies Kommunizieren, sondern schafft unter der Bedingung komplexerer Sozialsysteme erst die Voraussetzung dafür, daß Begründungen und Rechtfertigungen über verschiedene Kollektive und Gemeinschaften hinweg Gehör finden.[41]

Ein weiterer Punkt betrifft das Problem der **Quantifizierbarkeit.** Die Geldmessung ist eine institutionalisierte Form ökonomischer Bewertung des Nutzens von Gütern und Leistungen in modernen Gesellschaften. Ihre Leistungsfähigkeit als Vergleichsmaßstab unterschiedlicher Nutzwerte für einen gegebenen Akteur hängt u.a. davon ab, inwieweit die Leistungen, die ausgetauscht werden, individuell zurechenbar sind bzw. dem sogenannten Ausschlußprinzip unterliegen. Wollte man die besondere Form des Mediums Geld zum Strukturmerkmal sozialer Medien erklären, liefe das darauf hinaus, nichtmonetäre Medien nur als eine unterentwickelte Form des Geldes zu betrachten.

Man kann zwar mehr und intensivere Wertverpflichtungen eingehen, mehr oder weniger Anspruch auf die Aufmerksamkeit und Solidarität anderer haben, über mehr oder weniger Macht zur Aktivierung verbindlicher Kooperation verfügen, aber dies impliziert keinesfalls ein "metrisches Meßniveau" als konstitutives Merkmal medialer Steuerung und Moment der Rationalisierung sozialer Entscheidungen. Es ist unsinnig zu sagen, Akteur X tausche 5 Einheiten Wertcommitments gegen die Zugehörigkeit zu einer Gruppe Y. Wertcommitments symbolisieren vielmehr eine generelle Bereitschaft, sich für die Implementation gemeinsamer Werte oder Ziele einzusetzen, ohne daß im vorhinein der Ablauf und die konkrete Form der Einlösung genau spezifiziert oder überhaupt Gegenstand einer expliziten Vereinbarung ist.[42] Geld erlaubt eine präzise Spezifikation von Leistung und Gegenleistung, so daß Klarheit darüber besteht, wann eine Schuld beglichen ist. Wertcommitments, als moralische Sanktion verstanden, erlauben diese Kalkulation nicht. Im Gegenteil! Ihr Generalisierungseffekt liegt gerade darin, das Prinzip von Leistung und Gegenleistung als Verflichtung zur Reziprozität auf Dauer einzustellen. Wertversprechen sind nicht durch einmalige Akte in günstigen Situationen einzulösen, sondern lassen sich auf eine Vielzahl unterschiedlicher Handlungen und Situationen beziehen.[43] PARSONS hat in seinen Medienaufsätzen verschiedentlich auf die unterschiedliche "quantitative" Dimension der sozialen Medien hingewiesen. Dies ist insoweit mißverständlich, da es PARSONS nicht um die Konstruktion einer Meßvorschrift für theoretische Variablen geht, sondern um die Explikation qualitativer Unterschiede zwischen den Medien.

Die quantitative Dimension von Einfluß besteht in der Rangordnung von Prioritäten.[44] Hierin ist sowohl ein hierarchisches Element i.S. einer Prestigehierarchie als auch ein egalitäres Element wie beim Geld enthalten. Dies besteht grundsätzlich in der Freiheit, sich beeinflussen zu lassen. Das Medium Geld weist zwar das formal höchste Meßniveau auf, aber es verkörpert nicht nur "Kaufkraft" und das Vermögen, Einkommen zu erzielen, sondern symbolisiert gleichzeitig wenig berechenbare soziale Geltungsfaktoren wie sozialkulturellen Habitus, soziales Prestige oder Einfluß.[45] Im Rahmen der Medientheorie wird dies als ein Problem der Konvertierbarkeit der Medien untereinander gedeutet. Mit Einfluß läßt sich zwar nichts kaufen, aber es lassen sich durchaus die Chancen zum Erwerb von Geld und Einkommen verbessern. Dies wird zum Beispiel besonders deutlich im Fall von Beteiligungen an Aktiengesellschaften, die ja nicht nur eine Vermögensanlage von Geld bedeuten, sondern durch den Erwerb von Stimmrechten eine Form von Macht darstellen bzw. Einfluß auf Managemententscheidungen ermöglichen. Umgekehrt gilt: Mit Geld läßt sich kein Prestige als kompetenter oder glaubwürdiger "Meinungsmacher" erwerben, aber es erhöht beträchtlich die Chancen, Dinge zu tun, durch die Reputation erworben wird.

PARSONS' Versuch, quantitative Dimensionen der verschiedenen Medien herauszuarbeiten, läßt bei aller Interpretationsbedürftigkeit der Formulierung erkennen, daß es gerade nicht darum geht, Geld mit den anderen Medien "auf eine Stufe" zu stellen, wie HABERMAS meint. Es ist verfehlt, die Metrik des Geldes als allgemeines Merkmal zu kennzeichnen.[46] Zweifellos verbindet sich mit der Konzeption der Medien die Idee, quantitative Aspekte von Handlungsprozessen zu erfassen. Medien abstrahieren von spezifischen Qualitäten von Objekten, indem sie deren Bewertung auf einen generellen Wertnenner reduzieren und damit vergleichbar und "meßbar" machen. Hier sind jedoch zwei Argumentationsebenen auseinanderzuhalten: Aus der Sicht eines wissenschaftlichen Beobachters, der an der Konstruktion von Theorien interessiert ist, stellt sich u.a. das Problem, wie zentrale theoretische Variablen expliziert und ggfs. durch entsprechende logische Operationen "gemessen" werden können und welche Annahmen dabei über das Meßniveau der relevanten Variablen sinnvollerweise gemacht werden können. Davon zu unterscheiden sind Aussagen über das mögliche oder tatsächliche Ausmaß quantifizierender Wertschätzungen durch die Akteure, deren Handeln analysiert werden soll.

3.2.3 Die implizite Geldtheorie der Medienanalyse

Die Geldtheorie bildet bereits im Ansatz eine zentrale Nahtstelle zwischen einer ökonomischen und einer sozialtheoretischen Perspektive, so daß von einer rein ökonomischen Geldtheorie nicht die Rede sein kann. Wir haben weiterhin gezeigt, daß die Konzeption sozialer Medien keine Übernahme spezifisch ökonomischer Bedeutungen allgemeiner Medienmerkmale oder bestimmter theoretischer Annahmen notwendig impliziert. Zunächst ist festzuhalten, daß PARSONS' Medienanalyse interessante Parallelen zu thematischen und konzeptionellen Schwerpunkten in der Geldtheorie aufweist. Dies kann an folgenden Punkten aufgezeigt werden:

(1) am Problem der Geldhaltung,
(2) am sogenannten Transmissionsproblem,
(3) und am Problem der Medienschöpfung.

Die Betonung der Wertaufbewahrungsfunktion des Geldes lenkt die Aufmerksamkeit auf die verschiedenen Motive, Situationsbedingungen und Formen der **Geldhaltung.** Die Bereitschaft, Geld als Zahlungsmittel aufzubewahren, spielt für Betrachtungen von Abläufen bzw. Störungen des Geld- und Güterkreislaufs eine wichtige Rolle. Gegenstand der ökonomischen Diskussion ist hier vor allem die unterschiedliche Einschätzung der Substituierbarkeit von Geld in andere Aktiva und damit die Abgrenzung der "Geldmenge". In PARSONS' Medienkonzept spielt die Medienhaltung implizit eine ähnliche Rolle. Medien können für "Konsumzwecke" ausgegeben, in verschiedene Unternehmungen "investiert" oder in Erwartung gesellschaftlicher Erträge "gehalten" werden. PARSONS' Position weist vor allem keynesianische Züge auf. Er setzt, wie KEYNES, seine Analyse auf der Ebene eines Gesamtsystems an. Die Funktion der Medien wird bei KEYNES primär unter dem Gesichtspunkt von Einkommens- und Ausgabenströmen analysiert; bei PARSONS ist es das generelle Input-Output-Modell. Gegen KEYNES wird der Einwand erhoben, daß die werttheoretische Fundierung seiner Geldtheorie unvollständig bleibt. Dies betrifft z.B. die Betrachtung des Geldes als Vermögensbestandteil. Die Liquiditätspräferenztheorie kann, wie LEIJONHUFVUDS Interpretation nahelegt, auch als eine rudimentäre Vermögenstheorie des Geldes gedeutet werden.[47] Aus einer vermögenstheoretischen Perspektive wird der Unterschied zwischen Geld und realen Aktiva nur graduell bestimmbar.

Die generellen Implikationen dieser Auffassung sind für das allgemeine Medienkonzept durchaus relevant. Medien besitzen zwar keinen intrinsischen Gratifikationswert, der auf Eigenschaften ihrer physischen Träger zurückgeht, sind aber deshalb nicht wertlos. Nicht nur das Erwerben und Ausgeben von Medien ist von theoretischer Bedeutung, sondern vor allem die Bedingungen, unter denen Medien gehalten werden. Eine Übertragung der **vermögenstheoretischen** Sicht läuft darauf hinaus, das Halten von Medien als eine andere Form der Verausgabung zu betrachten. Damit erscheint auch die Beziehung zwischen Medien und den realen Einsätzen in einem anderen Licht. Medien und Nichtmedien lassen sich nur graduell entlang der Dimensionen der Generalität vs. Spezifität und symbolisch vs. real unterscheiden.[48] Andererseits erhält der symbolische Charakter von Medien eine spezifische Bedeutung, die über die Konvertierbarkeit in reale Größen hinausgeht. Sie besteht in der Bereitstellung von Tauschbereitschaft, die jederzeit abgerufen bzw. eingesetzt werden kann.[49] Die besondere Bedeutung der Geldhaltung besteht in der vergleichsweise hohen Liquidität. Sie besteht nicht nur, wie PARSONS dies interpretiert, in einem langfristigen Ausgleich von Ausgaben und Einnahmen, sondern in den Vorteilen, die die Geldhaltung gegenüber anderen, weniger liquiden Vermögenswerten hat.[50]

PARSONS' Koordinationsstandard "Solvenz" für das ökonomische System beruht auf dem **Liquiditätskonzept** bei KEYNES. Bei PARSONS ist jedoch der Koordinationsstandard "Solvenz" eine soziale Norm und keine subjektive Präferenz wie bei KEYNES. KEYNES' Rekurs auf vorgeblich elementare psychologische Grunddispositionen oder spezifische ökonomische Motive ist für PARSONS kein gangbarer Weg.[51] PARSONS muß vielmehr im Rahmen seiner Theorie deutlich machen können, unter welchen Bedingungen und durch welche Mechanismen monetäre Koordinationsstandards für die Wirtschaftssubjekte **bedeutungsvoll** werden. Ansätze zu einer vermögenstheoretischen Perspektive lassen sich auch bei PARSONS' allgemeiner Medientheorie identifizieren. Hierbei tritt insbesondere der Zusammenhang zwischen Koordinationsstandards, dem Problem der Ungewißheit, den Risiken der Medienlage und dem Freiheitsgrad des Handelns in den Mittelpunkt.

Die Koordinationsstandards der verschiedenen Medien sind nicht nur Bezugspunkt der systeminternen Kostenkontrolle, sondern gleichzeitig Orientierungsgrößen für die Struktur der Medienhaltung. So läßt sich z.B. das Bereithalten von Macht als Sicherstellung einer potentiellen Gefolgschaft deuten. Durch kollektiv verbindliche Entscheidungen wird Macht ausgegeben, d.h., es werden Ressourcen gebunden, andere, gleich mögliche Realisierungen ausgeschlossen; es entstehen Ansprüche Dritter gegenüber dem Kollektiv, und die Loyalität der Betroffenen und Beteiligten wird für bestimmte Ziele verpflichtet.[52] Man kann dies auch so deuten, daß das Treffen kollektiv verbindlicher Entscheidungen eine weniger generelle Form der Machtanlage darstellt. Die verschiedenen Anlagen sind mit verschiedenen Risiken und nichtmonetären Ertragsaussichten verbunden. Macht, die nicht verausgabt wird, wirft - ähnlich einem Girokonto - keine Erträge ab; der Halter trägt zusätzlich ein Realwertrisiko im Machtsystem durch inflationäre Prozesse. Andererseits werfen zwar Entscheidungen gewisse "Erträge" an kollektiver Effektivität ab, aber dies ist stets ungewiß, da die Konsequenzen politischer Entscheidungen nicht im vorhinein abgeschätzt werden können. Solche Risiken können durch die Mobilisierung und Verausgabung anderer Medien - wie Einfluß oder Wertcommitments - in Grenzen gehalten werden. Dies ist z.B. dann der Fall, wenn politische Führer "Überzeugungsarbeit" leisten bzw. die moralische Qualität von Entscheidungen zu begründen suchen. Die "vermögenstheoretische" Deutung läßt sich sowohl auf die Beziehung zwischen Medien als auch auf die Relation zwischen Medien und den realen Einsätzen beziehen. Hier kommt vor allem die Idee der Wahlfreiheit, die der einzelne Akteur durch die Verwendung von generalisierten Medien gewinnt, deutlicher zum Ausdruck.[53] Diese Interpretation bleibt noch offen gegenüber bestimmten inhaltlichen Annahmen: So muß nicht notwendig angenommen werden, daß die Akteure nur am eigenen Erfolg interessiert sind oder eine optimale Struktur ihrer Medienanlagen nach einem Nutzenmaximierungsprinzip erreichen wollen. Diese rationalistische Ausdeutung steht dem voluntaristischen Handlungskonzept entgegen, das die

Bedeutung nichtrationaler Mechanismen immer wieder betont. Mit der Unterscheidung zwischen "realen" und "monetären" Größen, "güterwirtschaftlichen" und "geldwirtschaftlichen" Kreislaufströmen tritt das Problem der **Übertragung** monetärer Impulse auf. Dieses Problem ist von der klassischen Schule der Ökonomie lange Zeit verkannt worden, da die Klassiker explizit oder implizit von der Neutralität des Geldes ausgingen.[54] Entsprechend wurde die reale Wert- und Verteilungstheorie von der Geldtheorie separiert. Dieser Dualismus erwies sich jedoch weder als theoretisch konsistent, noch als empirisch gehaltvoll.[55] Mit der Überwindung dieser Position durch die KEYNES'sche Geldtheorie rückt die Frage der theoretischen Erklärung des Transmissionsproblems in den Vordergrund: Über welche Kanäle werden monetäre Impulse auf welche Größen, in welcher Zeitspanne und mit welchen Konsequenzen für die Dispositionen der Wirtschaftssubjekte übertragen? Die ökonomische Diskussion steht hier überwiegend im Zeichen der Kontroverse zwischen Keynesianern ("Fiskalisten") und der Chicago Schule ("Monetaristen").[56]

Das Problem der **Transmission** von sozialen Medien auf konkrete soziale Prozesse stellt sich auch in der Theorie PARSONS'. Hier bietet das Sanktionsschema der sozialen Medien mit der Unterscheidung zwischen intentionalen und situativen Kanälen einen Ansatzpunkt.[57] Dieses Schema läßt sich zwar ohne Mühe in das sozialtheoretische Programm der Interaktionsanalyse einordnen, es bietet für sich jedoch noch keine dynamische Betrachtungsweise. Erstens ist die analytische Generalisierungsfähigkeit dieses Schemas auf die sozialtheoretische Ebene der Analyse von Interaktionsbeziehungen begrenzt. Zweitens lassen sich hieraus keine Anhaltspunkte für den Faktor Zeit erkennen und drittens bleibt die Frage, wie man sich die Mechanismen situativer und intentionaler Steuerung und Kontrolle in den Begriffen der allgemeinen Handlungs- und Sozialtheorie vorzustellen hat, weitgehend im Dunkeln.

Einen zentralen geldtheoretischen Bezugspunkt bildet die Frage nach der Bestimmung des Geldangebots im allgemeinen und der Rolle von Kreditschöpfungsprozessen im besonderen. Die ökonomische Theoriediskussion verlagert sich hier von einer Analyse des Kreditschöpfungsprozesses, in deren Mittelpunkt die Bankenliquidität und Zinsveränderungen stehen, zu einer Analyse der Geldbasis, die von der ausgabewirksamen Zentralbankgeldmenge ausgeht und sich mit der vermögenstheoretischen Analyse der Geldhaltung verknüpft. Es ist natürlich wenig aussichtsreich, sich eine Medienmenge als eine Summe von Teilmengen vorzustellen, die, wie im Geldfall, mathematischen Operationen unterworfen werden kann. Die Idee, daß Medien fließende, veränderliche Größen sind und in bestimmten Mengen erworben oder verausgabt werden können, stellt in PARSONS' Medientheorie ein heuristisches Prinzip dar. Allerdings berührt dies nicht die Grundstruktur der Argumentation: Es müssen jeweils Einheiten definiert werden können, die Medieneinlagen in bestimmte bankähnliche Institutionen vornehmen und solche, die "Medienkredite" in Anspruch nehmen. PARSONS' Vorstellungen von Prozessen der Medienschöpfung sind weitgehend am kredittheoretischen Modell orientiert.

Im ökonomischen Modellfall ist es dem Banksystem möglich, aufgrund der sogenannten Überschußreserve ein Mehrfaches an Krediten gegenüber den Einlagen zu gewähren. Beschränkungen ergeben sich daraus, daß jede Bank mit einem gewissen Satz an laufenden Rückforderungen der Einlagen rechnen und zusätzlich bestimmte Auflagen hinsichtlich der Höhe und Struktur von Mindestreserven erfüllen muß. Diese werden von der Zentralbank festgesetzt, die eine treuhänderische Verantwortung für Sicherung der Währung und die Geldversorgung übernimmt. PARSONS betrachtet nun Zentralbank und Bankensystem nicht als konkrete ökonomische Institution, für die es direkte, nichtökonomische Äquivalente gibt, sondern fragt zunächst nach dem generalisierbaren Prinzip: Medienschöpfung entsteht durch ein Pooling von Ressourcen und einer Regelung des Zugangs zu diesem Pool. Dies beinhaltet die Definition von Verpflichtungen und Auflagen, die den Spielraum für Kreditmöglichkeiten steuern. Die Auflagen der Zentralbank sind in diesem Prozeß mit der Rolle von grundlegenden normativen Mustern vergleichbar, durch die die allgemeinen Bedingungen des Handelns in bestimmten Kontexten definiert und allen Beteiligten mehr oder minder spezifische Verpflichtungen auferlegt werden. Innerhalb dieses Rahmens nehmen soziale Institutionen bzw. einzelne Kollektive "bankenähnliche" Funktionen wahr. Die Vergabe von "Medienkrediten" ist, ähnlich wie im ökonomischen Bereich, i.d.R. nicht an eine bestimmte Verwendung seitens des Kreditnehmers gebunden, jedoch übernimmt die "Bank" die Verantwortung für die Auswahl der Kreditnehmer und die Festlegung der "Rückzahlungsbedingungen".

So vergleicht PARSONS z.B. eine Universität mit einer Einfluß- bzw. Intelligenzbank, in die Studenten und Professoren entsprechende Einlagen einbringen. Dies erlaubt der Universität, Überschüsse im Rahmen der Auflagen ihrer treuhänderischen und sozialkulturellen Funktion als Wissensproduzent und Vermittler der Standards kognitiver Rationalität zu bilden. Diese werden an Studenten gegeben, die, im Rahmen der akademischen

Freiheit, diese wiederum in einen weiteren Wissenserwerb investieren oder auch "konsumieren" können. Die Vergabe von Krediten ist an bestimmte Bedingungen, wie z.B. Aufnahmeprüfungen, Studienzeiten und Qualifikationserwartungen gebunden.[58] Ähnlich wie im kredittheoretischen Modell stellt die Bankenliquidität (bei PARSONS: Solvenz) eine wichtige Größe für die gesamte zirkulierende Medienmenge dar. Die Analogie zum monetären Kreditschöpfungsprozeß hat jedoch nur eine begrenzte theoretische Reichweite. Es wird lediglich ein Mechanismus analysiert, der allenfalls die Entstehung eines Spielraums für eine Medienschöpfung erklärt, aber noch einen Zugang zu dem Problem eröffnet, aufgrund welcher Bedingungen und Mechanismen es zu einer wirksamen Medienvermehrung kommt. Für eine dynamische Analyse, wie PARSONS sie sich erhoffte, bedarf es einer weitergehenden Spezifikation.

Kreditschöpfungsmöglichkeiten im Geldsystem stellen eine Form politischer Macht dar, die letztlich auf der politischen Garantie des Geldes beruhen. Durch die exogene Steuerung wird die Erweiterung des Geldkreislaufs erst in institutionalisierter Form möglich. PARSONS erweitert diesen Gedankengang auf die anderen Medien. Der normale Kreislauf von Macht, verstanden als eine ausgeglichene Gesamtbilanz von Machtgewinn und Machtverlusten, wird durch das Medium Einfluß durchbrochen. Die Rolle des Staates bzw. der Zentralbank als exogener Quelle der Kaufkraftschöpfung ist nunmehr in den Institutionen der <u>gesellschaftlichen</u> <u>Gemeinschaft</u> zu suchen.

Theoretisch bildet sich hier eine Kette, bei der das jeweils höhere kybernetische System Prozesse der Medienschöpfung im unteren System steuert.[59] Gleichzeitig stellt PARSONS die zirkulierende Medienmenge als eine Funktion von Prozessen innerhalb eines Systems dar.[60] Dies ist kein Widerspruch, da die Medienschöpfung zwar exogen ermöglicht wird, aber über deren Inanspruchnahme und Zirkulation <u>innerhalb</u> des Systems entschieden wird. Es gelingt PARSONS jedoch nicht, zu einer präzisen sozialtheoretischen Deutung und Respezifikation zu gelangen. PARSONS kommt hier über eine Paraphrasierung des Geldmodells nicht hinaus. Der Grund dafür dürfte in der Tatsache zu suchen sein, daß die unterschiedlichen Bedingungen und Formen der Institutionalisierung der beiden Medien theoretisch unterbelichtet bleiben.

Es ergibt sich insgesamt eine zwiespältige Situation. Das ökonomische Modell erweist sich als eine Art Wegweiser. Es werden zwar eine Reihe von zusätzlichen Fragen und Perspektiven aufgeworfen, die sich in einem hinreichend allgemeinen sozialtheoretischen Bezugsrahmen deuten lassen, aber die objekttheoretische Reinterpretation bereitet häufig Schwierigkeiten. Ein Indikator dafür ist der häufige Gebrauch ökonomischer Fachtermini in nichtökonomischen Aussagezusammenhängen, ohne daß die veränderte Bedeutung klar wird. PARSONS begibt sich damit in Situationen, in denen er von ökonomischen Analogien immer abhängiger wird, weil er die Logik ökonomischer Kategorien weiterverfolgt, bevor er sie auf ihre Tragfähigkeit sorgfältig ausgewogen hat. PARSONS' implizite Geldtheorie ist primär keynesianisch eingefärbt. Schwächen und Leerstellen der KEYNES'schen Geldtheorie bleiben auch auf der Ebene der Medientheorie weiße Flecken. Dies betrifft vor allem die Analyse der Medienhaltung und die Analogie zur Mechanik der Kreditschöpfung. In der Systematik ökonomischer Geldtheorie haben wir bislang das Kaufkraftproblem bzw. Veränderungen des Medienwertes in Austauschprozessen ausgespart. Die Analyse von Inflation und Deflation bildet ohne Zweifel den Kern der geldtheoretischen Analogie. Sie wird zu dem zentralen Instrument einer sozialtheoretischen Krisenanalyse.

3.3 Der latente Ökonomismus der Medienanalyse

Das Problem von Schwankungen des Geldwertes, seiner Ursachen, Wirkungsmechanismen und Auswirkungen steht seit jeher im Zentrum der ökonomischen Krisenanalyse. Es erscheint daher nur konsequent, wenn sich PARSONS eines ökonomischen Theoriebestandes versichert, dessen allgemeine theoretische und empirische Signifikanz kaum überschätzt werden kann: Schwankungen des Geldwertes stellen die Informations- und Kontrollfunktion des ökonomischen Preismechanismus in Frage und führen zu unrealistischen Erwartungen hinsichtlich der Bedingungen und Möglichkeiten, die ökonomischen Handlungspläne zu verwirklichen.

In analoger Weise müssen Funktionsdefizite nichtökonomischer Medien zu kognitiven und normativen Erwartungen führen, die realistischerweise nicht eingelöst werden können. Es ist daher von einem theoretischen Standpunkt aus nur konsequent, das Konzept von Inflation und Deflation auf seine sozialtheoretische Generalisierbarkeit zu prüfen.

3.3.1 Das Problem des Medienwertes: Inflation und Deflation

Die ökonomische Perspektive bei PARSONS läßt sich an folgenden Punkten veranschaulichen:

(1) PARSONS thematisiert Schwankungen des Medienwertes als Mengenproblem.

(2) Das Inflations-/Deflationskonzept enthält ein implizites Marktmodell der Inflation-/Deflationsentstehung.

(3) Das Problem der Erwartungsbildung wird primär als Problem der rationalen Allokation von Medien gedeutet.

Sowohl in der ökonomischen Theorie als auch bei PARSONS erscheint die Analyse von Medienkrisen als ein **Mengenproblem.** Der Medienwert, bei PARSONS "interchange-value", ergibt sich aus einem wie immer bestimmten mengenmäßigen Verhältnis von Medien und realen, bewerteten Objekten. Dabei entgeht PARSONS offensichtlich der Unterschied zwischen "Preisen", d.h. in Geldeinheiten ausdrückbare Tauschrelationen zwischen Objekten und dem reziproken "Medienwert" als Äquivalent für die Kaufkraft des Geldes.[61] Inflation im ökonomischen Modell wird zumeist als Anstieg des allgemeinen Preisniveaus umschrieben. PARSONS nimmt dieses Konzept auf, ohne allerdings klar explizieren zu können, was Steigerung oder Senkung eines allgemeinen Preisniveaus im Kontext nichtökonomischer Medien theoretisch bedeuten könnte. Die Definition eines Preisniveaus impliziert logisch, daß nicht schon die Steigerung einzelner Kosten und Preise inflationär sein kann. PARSONS argumentiert zumeist von der Kostenseite her: Es wird von Akteuren ein höherer Aufwand bzw. ein stärkerer Verzicht auf alternative Verwendungen von Medien verlangt, um an bestimmten sozialen Unternehmungen, bspw. Lernprozessen an der Universität, teilnehmen zu können.[62] Die Frage allerdings ist, wie sich Kosten und Preise aus den Austauschbeziehungen bilden. Hier taucht automatisch die Frage nach den Nachfrage- und Angebotsbedingungen und dem Prozeß der Preisbildung selbst auf. PARSONS fehlt hier ein explizites Konzept, welches sich eindeutig von ökonomischen Deutungen des Herantastens, des wechselseitigen Konditionierens oder des "recontracting" unterscheiden ließe.

Aus der Sicht ökonomischer Theorie gelangt PARSONS allenfalls zur Konstatierung partieller Preisentwicklungen, die nicht einmal inflationär oder deflationär sein müssen, sondern nur veränderte Knappheitsrelationen indizieren. Von einer Inflation/Deflation kann strenggenommen nur ausgegangen werden, wenn das allgemeine Preisniveau ständig steigt bzw. sinkt. Eine weitere Ungenauigkeit liegt darin, daß PARSONS inflationäre bzw. deflationäre Trends analytisch nicht sauber von den möglichen Wirkungen auf das Niveau und die Struktur der realen Größen trennt. Deflation wird implizit mit rezessiven Entwicklungen gleichgesetzt; eine Unklarheit, die auch in der ökonomischen Literatur zu finden ist. Dagegen werden einzelne empirische Hypothesen aufgegriffen und auf die nichtökonomischen Medien übertragen: so z.B. die gängige These, daß mäßige Inflationsraten einen belebenden Effekt auf Beschäftigung und Wachstum haben.[63]

Die Betrachtung von Inflation und Deflation als Problem von Mengen und Proportionen rückt das Problem der steuerbaren bzw. kontrollierbaren Vermehrung oder Verknappung von Medien in den Blickpunkt. Hier ist vor allem an das Problem der Kreditschöpfung zu denken. Diese Analogie ist von besonderer Bedeutung, weil sie die Interdependenz unterschiedlicher Steuerungsstufen zwischen den Medien berücksichtigt, durch die Kreditschöpfungsmöglichkeiten eröffnet werden, deren Nutzung jedoch wieder endogenen Bedingungen unterliegt. Ein weiterer Aspekt des Mengenproblems besteht darin, geeignete quantitative Indikatoren zu finden, durch die ein Ansteigen des allgemeinen Preisniveaus oder zumindest inflationäre Trends zuverlässig und valide erfaßt werden können. PARSONS hält die Konstruktion entsprechender Indices für nichtökonomische Medien für notwendig, wenngleich er einräumt, daß eine analoge Quantifizierbarkeit nicht anwendbar ist.[64] Dies wäre, solange es "nur" um ein meßtheoretisches Problem ginge, für die interne Konsistenz des theoretischen Modells nicht von entscheidender Bedeutung; es betrifft jedoch das Problem der empirischen Umsetzung und Überprüfung theoretischer Aussagen.[65]

Die Frage nach den Ursachen, Verlaufsmustern und Wirkungen setzt die Konstruktion genereller Erklärungsmodelle voraus. Unter **marktorientiertem** Inflations-/Deflationskonzept verstehen wir eine Erklärungsperspektive, die implizit oder explizit mit einem Angebots-/Nachfragemodell arbeitet. Inflationäre Tendenzen werden dabei im Zusammenhang mit Nachfrageüberschüssen, deflationäre Tendenzen als Folge des Abbaus von Angebotsüberschüssen interpretiert. Das KEYNES'sche Konzept der "inflationären" bzw. "deflationären" Lücke stellt eine Variante dieser Sichtweise dar. Eine besondere Betonung der Angebotsseite liegt bei Ansätzen vor, die von der Kostendeterminiertheit der Preise in Folge von Marktmacht, administrierten Preisen oder einer Aufschlagskalkulation, die von kurzfristigen Schwankungen unabhängig ist, ausgehen.[66]

PARSONS' implizites Inflationsmodell folgt in seinen Grundzügen dem Konzept der Nachfrageinflation bzw. der "inflationären Lücke". Ausgangspunkt ist stets ein Nachfrageüberschuß. Im Fall von Macht bedeutet Nachfrageüberschuß ein zu hohes Erwartungsniveau an die Quantität und Qualität politischer Entscheidungen. Es ist gleichgültig, ob dies aus einem verstärkten Ruf nach verbindlichen Entscheidungen durch Wähler, Interessengruppen oder durch die Öffentlichkeit erfolgt oder aus Versprechungen von Parteien und Politikern resultiert.[67] Ein Nachfrageüberhang von Einfluß liegt vor, wenn z.B. von Informationen, Deutungen oder Empfehlungen eine Validität erwartet wird, die sie unter gegebenen Bedingungen nicht haben können.[68] Ein Überhang an Wertcommitments bedeutet, daß ein Maß an freiwilligen Verpflichtungen eingegangen wird, das realistischerweise nicht erfüllt werden kann.[69] Das Grundmuster der Argumentation folgt dem ökonomischen Vorbild. Eine verstärkte Nachfrage nach sozial erwünschten Leistungen führt zu Knappheiten, die bei einem kurzfristig unelastischen Angebot an Leistungen zu Preiserhöhungen führen müssen.

Die Argumentation kann am Beispiel von inflationären Entwicklungen des akademischen Systems verfolgt werden. Die Erweiterung des Bildungssystems der letzten Jahrzehnte erhöhte die Kosten, die potentielle Teilnehmer in Form von genereller Lernbereitschaft aufbringen mußten, um an Prozessen höherer Bildung teilnehmen zu können. Die höhere Bewertung von akademischer Bildung im Hinblick auf Prestige, zukünftige Berufschancen etc. ließ insbesondere solche Bildungsinstitutionen attraktiv werden, die hohes Ansehen genossen. Diese konnten der gestiegenen Nachfrage nur zum Teil durch eine höhere Leistung - gemessen an der Produktion von Wissen und Einfluß in der Gesellschaft - gerechtwerden.[70]

Zur eigentlichen Krise kommt es in PARSONS' Modell jedoch nicht schon durch einen Anstieg des Kosten- und Preisniveaus, sondern durch das Umschlagen von Inflation in eine "deflationäre" Panik. PARSONS hat hier offensichtlich das Beispiel eines großen Börsenkrachs vor Augen, der die Liquiditätslage von "Anlegern", "Banken" und "Kreditnehmern" schlagartig verschlechtert und kontraktive Effekte auf das allgemeine Aktivitätsniveau zur Folge hat. Dabei spielen **Erwartungen** zukünftiger Entwicklungen und die Umstrukturierung von Erwartungen durch inflationäre und deflationäre Veränderungen eine wichtige Rolle. Zum einen führen inflationäre und deflationäre Prozesse zu unrealistischen, illusionären Erwartungen über mögliche Gewinne oder Verluste. Bei inflationären Entwicklungen kommt es zu einer Überschätzung, bei deflationären

Entwicklungen zu einer Unterschätzung der möglichen Erträge. Diese führen zu einer zusätzlichen Beschleunigung inflationärer bzw. deflationärer Tendenzen. Dies gilt umso mehr, je mehr über die Verwendung von Medien in freier Disposition entschieden werden kann, weil damit Prognosen über mögliche Entwicklungen und Konsequenzen mit großen Ungewißheiten belastet sind.[71] Die "normale" Reaktion auf Medienwertschwankungen entspricht bei PARSONS weitgehend dem ökonomischen Modell der Anpassung an veränderte Marktbedingungen. Bei PARSONS ist die Nachfrage nach Wertcommitments und Einfluß jedoch weitgehend unelastisch.

So führt z.B. eine Erhöhung des Aufwandes an Einfluß und Commitments im Bildungssystem dazu, daß das Engagement in anderen sozialen Unternehmungen verringert wird und nicht - wie im idealtypischen ökonomischen Modell - zu einer Verringerung der Nachfrage nach dem teurer gewordenen Gut. Die Unelastizität läßt sich plausibel deuten. Zum einen impliziert eine allgemeine Bewertung von Bildung als in sich wertvoll und erstrebenswert, daß die Wahrnehmung von Bildungsangeboten nicht allein von zukünftigen beruflichen Chancen abhängig gemacht wird. Zum anderen unterliegt der Erwerb von Wissen für Studenten einer Form von Lern- und Sozialisationsprozessen, durch die vorgängige Wertbindungen und soziale Identifikationsprozesse abgebaut und modifiziert werden. Die Bedürfnisse und Wünsche sind nicht einfach gegeben, sie werden z.T. erst innerhalb des Systems erzeugt. Dies setzt wiederum voraus, daß Einlagen an Wertcommitments und Einfluß längerfristig angelegt und nur z.T. einem marginalistischen, kurzfristigen Gewinnkalkül unterworfen werden können.[72]

Dies bedeutet jedoch nicht, daß spezifische ökonomische Handlungsorientierungen im Umgang mit Medien wie Einfluß und Wertcommitments ausgeschlossen sind. Medien unterliegen bestimmten Liquiditätsstandards, die gewährleisten sollen, daß eine Handlungseinheit ihren multiplen Rollenverpflichtungen und Interessen in unterschiedlichen Kontexten nachgehen kann. PARSONS' Akteure sind typischerweise keine Gewinn- oder Erfolgsmaximierer, sondern Konfliktlöser, die eine stets prekäre Balance zwischen verschiedenen Ansprüchen, zwischen Wünschenswertem und Gewünschtem, suchen. Die ökonomische Lösung dieser Probleme liegt gerade in der Aufrechterhaltung einer sozialen **Zahlungsfähigkeit,** die eine rationale Allokation knapper Ressourcen auf multiple Verwendungen und bewertete Zwecke einschließt.[73] PARSONS versucht nun, das Umkippen in eine deflationäre Panik - nach einer Phase inflationärer Trends - als Reaktion auf Kostenerhöhungen und verminderte Erfolgserwartungen zu begründen.

So deutet er z.B. den Ausbruch des studentischen Protests an amerikanischen Eliteuniversitäten als eine Folge der vermehrten Kosten, die die Studenten für die Teilnahme an universitären Bildungsprozessen unter Verzicht auf andere Verpflichtungen und Interessen aufbringen mußten. Hinzu kam, daß der direkt verwertbare Gegenwert für dieses Engagement durch die zunehmende Intensität und Dauer der Lernprozesse weiter aufgeschoben werden mußte.[74] Diese Bedingungen erzeugen dann eine radikale Umstrukturierung der Erwartungen und führen zu einem abrupten Abruf von Commitments und Einflußeinlagen. PARSONS interpretiert die Forderungen nach Relevanz der Studieninhalte, nach Politisierung der Wissenschaft und die Ablehnung bestimmter Leistungsanforderungen als Vertrauensschwund in Werte der kognitiven Rationalität, die zu einem Umschichten von Wertcommitments in politische oder expressive Bereiche führt.

Ein Durchschlagen dieses Prozesses auf die Einflußebene zeigte sich nach PARSONS daran, daß die Dozenten und die Universität als Institution an Autorität einbüßten. Die Macht- und Entscheidungsstrukturen innerhalb der Universität, die Rekrutierungspraxis des wissenschaftlichen Personals und die wirtschaftlichen und politischen Verflechtungen der Universität standen im Mittelpunkt der Kritik. Die Forderung nach schnellen und radikalen Reformen kam, so PARSONS, einem plötzlichen Rückzug von Einlagen in einer Bank gleich, die dadurch zahlungsunfähig wird.[75]

Es fällt in dieser Argumentation auf, daß sich die Begriffe Inflation und Deflation mehr und mehr verwischen. Steht an einer Stelle die Erwartung der Allzuständigkeit von Wissenschaft für die Lösung kognitiver, moralischer und politischer Fragen im Zeichen <u>inflationärer</u> Erwartungen, so werden an anderer Stelle verstärkte Forderungen nach Studien- und Universitätsreform kurzerhand als Ausdruck eines <u>deflationären</u> Rückzugs gedeutet.[76] PARSONS' Argument, ab einer bestimmten "Kostenschwelle" schlage die Inflation in eine Deflation um, betont einseitig rationale Aspekte. Es wird der Eindruck erweckt, als ob die Umstrukturierung nur deshalb zustande kommt, weil die Akteure einen weiteren Kursverfall erwarten und Verluste gering halten wollen. Bei PARSONS sind deflationäre Erscheinungen gleichbedeutend mit einer Reduzierung von Austauschbeziehungen auf unmittelbare Tauschbeziehungen von Leistung und Gegenleistung. Dies setzt jedoch einen Zusammenbruch des Mediensystems voraus, der eigentlich nicht plausibel erscheint, da die Medieneinheit an realem Wert zugenommen hat. Entscheidend ist vielmehr, daß Medien nicht mehr <u>verausgabt</u>

werden, also Austauschbeziehungen auf ein Minimum reduziert werden. Umgekehrt führen ständige inflationäre Entwicklungen im Extremfall zu einer Flucht in die "Sachwerte", die etablierte Medien außer Funktion setzen.

Übertragen auf das allgemeine Konzept der sozialen Interaktionsmedien laufen Inflationen auf eine Erosion einer gegebenen normativen Ordnung hinaus, an deren Ende eine rein faktische Ordnung auf der Basis von Realtauschbeziehungen steht. Deflationen münden in eine Erstarrung normativer Strukturen in absolute Wertansprüche, strikte Konformitätszwänge, politische Übersteuerung und ökonomische Stagnation ein. Galoppierende Inflationen sind demgegenüber durch ein ständig sinkendes Vertrauen in das Geldsystem als solches, in die Legitimitätsgrundlagen politischer Macht, in die Fähigkeit zu gemeinschaftlicher Solidarität und in die handlungsleitende Kraft allgemeiner Wertmaßstäbe gekennzeichnet. Aus dieser Sicht ist ein einfaches Umkippen von einer Inflation in eine Deflation auf der Grundlage sinkender "Ertragserwartungen" gar nicht zu erwarten. Voraussetzung dafür ist das Gegensteuern von Kräften, die an der Erhaltung der gefährdeten Ordnung interessiert sind bzw. eine treuhänderische Verantwortung dafür übernommen haben.

3.3.2 Die Tragfähigkeit der ökonomischen Analogie

Die Schwächen der ökonomischen Perspektive bei PARSONS lassen sich von zwei Seiten her beleuchten. Auf der einen Seite gerät PARSONS bei dem Versuch, das kategoriale Gerüst ökonomischer Inflations- und Deflationsanalyse auf alle anderen Medien zu übertragen, in den Zwang, parallele Konstrukte für Preisniveau, Kosten, Mengengrößen etc. zu definieren. Dies führt zwangsläufig zu willkürlichen Umdeutungen und Ungenauigkeiten. PARSONS läßt Ansprüche entstehen, die er weder sichtbar einlösen kann, noch von denen klar ist, ob sie theoretisch sinnvoll sind. Auf der anderen Seite übernimmt er inhärente Schwächen einer ökonomischen Inflations-/Deflationstheorie. Er verkennt, daß die Analyse von Zusammenhängen zwischen Geldmengenveränderung, Liquiditätsstatus, inflatorischer und deflatorischer Lücke und Kosten- und Preisniveau im Kern keine Erklärung für die Frage nach den Bedingungen des Entstehens dieser Veränderungen bietet.

Betrachtet man PARSONS' Deutung von universitären Krisenerscheinungen, so läßt sich eine modifizierte **Übergeneralisierungsthese** aufrechterhalten. Der Grund dafür liegt jedoch nicht darin, daß PARSONS sich ökonomischer Theoriebestände bedient, sondern darin, daß er sich ihrer unzureichend bedient und Schwächen und Stärken ökonomischer Geldtheorien nicht systematisch auslotet. Er bindet unnötigerweise sein Inflations-/Deflationskonzept an ein Preisniveaukonzept, obwohl er über eine Preistheorie nicht verfügt oder verfügen muß. Lehnt er auf konzeptioneller Ebene das Merkmal der Quantifizierbarkeit als generalisierungsfähiges Strukturmerkmal mit guten Gründen ab, so argumentiert er in konkreten Aussagezusammenhängen doch so, als ob nichtökonomische Medien nur unvollkommenes Geld wären. So sehr PARSONS auf einer allgemeinen theoretischen Ebene den Unterschied zwischen "realen" und "symbolischen" Aspekten, "spezifischen" und "generellen" Ebenen in Austauschbeziehungen hervorhebt, so wenig unterscheidet er in seiner konkreten Argumentation zwischen Veränderungen medialer Größen und deren Wirkungen auf "reale" Größen.

Die institutionelle Einbettung von Medien wird zumeist nur als ein allgemeiner Rahmen thematisiert, der die Grenzen zwischen den verschiedenen Medien absteckt. Krisentendenzen ergeben sich aus einer, normativ gesehen, inadäquaten Verwendung von Medien. Diese ergibt sich z.B., wenn anstelle von Einfluß das Medium Macht die Interaktionen zwischen Dozenten und Studenten bestimmt. Es handelt sich hierbei um ein Problem des abweichenden Verhaltens i.S. der Verletzung des Mediencodes bzw. um Defizite der Institutionalisierung normativer Strukturen. Die Entstehung deflationärer oder inflationärer Tendenzen eines Mediums erscheint demgegenüber als ein Problem der Über- und Unterversorgung mit Medien, durch die die Allokation realer Ressourcen gestört wird. Aus dieser Sicht reduziert sich das Problem des normativ orientierten Handelns auf ein quasi-ökonomisches Budgetierungsproblem. PARSONS argumentiert über weite Strecken so, als ob der Umgang mit Medien aus der Perspektive einer Handlungseinheit ein reines Optimierungsproblem sei. Integrationsprobleme werden in erster Linie als Folgeprobleme von inflationären und deflationären Trends, die auf den größeren Freiheitsgrad des Handelns durch Medien zurückzuführen sind, betrachtet.[77]

Nun ist das Argument, daß die allgemeine Verwendung generalisierter und symbolischer Interaktionsmedien die Risiken des Handelns erhöhen, nicht von der Hand zu weisen. Allerdings ist damit noch nichts darüber ausgesagt, wie und wodurch Wertschwankungen der Medien zustandekommen. PARSONS legt sich implizit auf das ökonomische Geldmodell fest, indem er die Institutionalisiertheit sozialer Medien als Opportunitätsstruktur auffaßt, bei der die Akteure innerhalb des jeweiligen Mediencodes beliebige Ziele verfolgen können. Es erscheint zumindest fraglich, ob eine solche Deutung für das Konzept der

Wertcommitments oder das des Einflusses tragfähig ist. Die Optionsmöglichkeiten bei der Verwendung von Wertcommitments sind nicht wie im ökonomischen Fall des Geldes beliebig auf Objekte oder Ziele beziehbar, die als ethisch neutralisierte Alternativen erscheinen. Die Freiheit des Akteurs besteht hier in der freiwilligen, willentlichen Selbstverpflichtung auf eine bestimmte Richtung des Handelns, durch welche die Variabilität der konkret wählbaren Alternativen letztlich begrenzt wird.

Die Strukturierungsleistung des Mediums Einfluß soll ja gerade darin bestehen, an die Stelle prinzipiell beliebiger, weil gleich wählbarer Alternativen eine Rangordnung gerechtfertigter Ansprüche zu stellen. Die Erweiterung der Optionsmöglichkeiten besteht hier in erster Linie in der Überwindung partikularer Bindungen, durch die die Ausübung von Einfluß an bestimmte Zugehörigkeiten gebunden ist. Aus ökonomischer Sicht beruht Einfluß gerade auf einer eigentümlichen Verzerrung von Präferenzen, durch die Unterschiede zwischen Sachen, Personen oder kulturellen Objekten suggeriert werden, die "objektiv" nicht aufweisbar sind.[78] Es genügt also keineswegs zu sagen, daß Medien die Freiheitsgrade des Handelns innerhalb der normativen Grenzen eines Mediencodes erhöhen, ohne nicht zugleich die qualitativen Unterschiede der verschiedenen Medien in Rechnung zu stellen.

Diese "Leerstellen" in der medientheoretischen Argumentation PARSONS' haben vor allem damit zu tun, daß sich PARSONS primär auf die allokativen Funktionen seiner Medien bezieht und damit schnell in das Fahrwasser ökonomischer Analogien gerät. Aus dieser Sicht überbrücken Medien Knappheits- und Unsicherheitssituationen. So wird z.B. Einfluß als ein Mechanismus aufgefaßt, durch welchen Commitments in bestimmte Handlungsbereiche und auf Kollektive gelenkt werden. Dabei spielt das Problem der Vertrauenslücke eine ähnlich konstitutive Rolle wie das sogenannte "Knappheitsproblem" in der ökonomischen Theorie. Ungewißheit und die Knappheit der realen und symbolischen Ressourcen sind die dynamisierenden Elemente in Interaktionssystemen. PARSONS befindet sich damit nicht nur in der Gesellschaft ökonomischer Sichtweisen, sondern auch einer Reihe sozialpsychologischer Analysen, die explizit oder implizit in dem knappen Gut "Gewißheit" das zentrale Moment für Phänomene der wechselseitigen Beeinflussung und der Konformität mit Gruppennormen sehen.[79] Dem Medium Einfluß kommt vor allem die Funktion der Komplexitätsreduktion zu; es werden sowohl Unsicherheiten, die sich aus der Vielzahl der Bedeutungen symbolischer Strukturen in der Handlungssituation ergeben als auch solche, die sich aus den kontingenten Optionen der handelnden

Akteure herleiten, reduziert. Eine solche Sichtweise verleitet zu einem konformistischen Vorurteil in der Analyse, sofern unterstellt wird, daß der Einfluß des anerkannten Experten, des Meinungsmachers oder des politischen Führers stets zu einer Reduktion von Unsicherheit führt und dadurch die Aufmerksamkeit und Empfänglichkeit für Einfluß gesteigert wird.[80]

Hier bleibt außer Betracht, daß generalisierter Einfluß selbst das Zustandekommen von Konsens gefährden bzw. den Prozeß der Konsensbildung so modifizieren kann, daß Konformität als Resultat eines Konsensbildungsprozesses nur einen denkbaren Spezialfall darstellt.[81] PARSONS führt das Medium Einfluß als einen Mechanismus ein, der die Wirksamkeit der anderen Medien unterstützt. Es wird nicht deutlich, in welcher Weise Einfluß mit dem integrativen Wertstandard "Solidarität" und dem operativen Standard "Konsens" verknüpft wird. Diese Leerstelle macht deutlich, daß PARSONS seine medientheoretische Argumentation, entgegen der Leitlinie des integrationstheoretischen Programms, auf das Problem der Austauschvermittlung verengt.

3.3.3 Integrationstheoretische Ansatzpunkte eines medientheoretischen Inflationskonzepts

Generell lassen sich Medien als Überbrückungsmechanismen für strukturell angelegte Spannungen und Risiken betrachten, die sich aus unterschiedlichen normativen Strukturen, sozialen Beziehungskonstellationen und konkurrierenden Ansprüchen ergeben. Grundlage der Verwendung generalisierter Interaktionsmedien ist ein hohes Maß an Vertrauen. Medien stellen Wertversprechen dar, durch welche soziale Verpflichtungen eingelöst bzw. Ansprüche im Hinblick auf bestimmte Leistungen oder auch Einstellungen geltend gemacht werden können. Ein Mediencode enthält einen mehr oder weniger ausgebildeten Kanon von Regeln für die korrekte und sozial gerechtfertigte Verwendung von Mediensymbolen. Die Institutionalisierung eines solchen Regelsystems hängt in erster Linie von der allgemeinen Akzeptanz bzw. von dem "Vertrauen auf die Allgemeinheit" ab.

Hier lassen sich zwei Aspekte unterscheiden, die empirisch eng zusammenhängen dürften: Es geht zum einen um das Vertrauen, daß Medien innerhalb eines sozialen Kontextes akzeptiert werden. Dies ist nichts anderes als eine Variante des Konzepts der gemeinsam geteilten normativen Ordnung, die dem Handeln einen bestimmten Bezugsrahmen gibt. Zum anderen müssen die Akteure nicht nur mit einer Medienordnung rechnen können, die eine prinzipielle Konvertibilität von Medien in Aussicht stellt, sondern sie müssen erwarten können, daß zwischen Wertversprechen und Einlösung eine relativ konstante Beziehung besteht. Der Vorteil von generalisierten Medien beruht vor allem darauf, daß sie Evaluationen in Austauschprozessen ermöglichen. Die Qualität dieser Bewertung von Werten hängt davon ab, inwieweit sich die Akteure auf die Zuverlässigkeit und Gültigkeit der Wertbemessung selbst verlassen können. Zu den inhärenten Risiken symbolischer Medien zählt, daß man heute nicht wissen kann, was sie morgen noch "wert" sind. Es besteht hier eine enge Parallelität zwischen der sogenannten Geldillusion und dem kontrafaktischen Festhalten an normativen Erwartungen.[82] Geldillusion ist das kontrafaktische Vertrauen in die Konstanz der Kaufkraft des Geldes. Der negative Klang des Begriffs "Geldillusion" verdeckt den bedeutsamen Sachverhalt, daß Preissteigerungen nicht automatisch zu einem Vertrauensverlust in den Wert des Mediums Geld bzw. in die Währungsordnung selbst führen müssen. In ähnlicher Weise führt die Tatsache abweichenden Verhaltens nicht automatisch zu einer Entwertung bzw. einer Revidierung der normativen Ordnung. Dem Vertrauen in die Konstanz des Geldes entspricht das Vertrauen in die Kontinuität der Maßstäbe, die an normgerechtes Handeln gelegt werden.

In der ökonomischen Literatur besteht die Tendenz, das Geldwertvertrauen als ein rein subjektives Wahrnehmungselement zu behandeln, das der "objektiven" Geldentwertung, gemessen an Preisindices, gegenüberzustellen ist. Die Diskrepanz zwischen tatsächlichem und subjektiv wahrgenommenem Geldwert ergibt sich aus dieser Sicht letzten Endes aus mangelndem bzw. unrichtigem Wissen über die objektive Situation. Dem ist aus soziologischer Sicht entgegenzuhalten, daß das sogenannte Geldwertbewußtsein nicht nur ein Problem individueller Wahrnehmung, sondern einen sozialen Tatbestand im Sinne DURKHEIMS darstellt. Statistische Preisindices sind, sofern sie als Maßstab rationalen ökonomischen Handelns gelten, Teil des gleichen ökonomischen Milieus. Von diesem Standpunkt aus ist ein allgemeiner Glaube an die Wertkonstanz des Geldes ebenso irrational wie die Erwartung, daß sich alle Menschen stets normgerecht verhalten. Die Existenz der sogenannten "Geldillusion" spielt für das Vertrauen in den Wert des Geldes eine ähnlich stabilisierende Rolle wie das Festhalten an normativen Standards, deren integrative Bedeutung gerade in der Unbedingtheit des Sollens liegt. Verletzungen sind in Grenzen einkalkuliert; sie definieren "Reizschwellen", bei deren Überschreiten Erwartungsenttäuschungen in Enttäuschungen über den normativen Sinn der Erwartungen transformiert werden. Eine schleichende Inflation gilt weiterhin als "normal", mitunter sogar förderlich für die Belebung wirtschaftlicher Aktivitäten, ähnlich wie partielle Normabweichungen zu einer Stärkung normativer Strukturen beitragen können.

Die integrative Bedeutung sozialer Medien und die Rolle des Vertrauens als Voraussetzung ihrer Wirksamkeit lassen sich am besten verdeutlichen, wenn man von der Grundstruktur der sozialen Beziehungen ausgeht, die den verschiedenen Medien idealtypisch zugrundeliegen. In allen Fällen erfordert das Überbrücken strukturell angelegter Spannungen ein hohes Maß an generalisiertem Vertrauen. Zur Veranschaulichung bedienen wir uns des folgenden, einfachen Schemas (vgl. Abb. 11).

Abb. 11 Soziale Beziehungsstrukturen und Interaktionsmedien

	symmetrisch	asymmetrisch
Intention	Commitments	Einfluß
Situation	Geld	Macht

Auf der horizontalen Dimension unterscheiden wir soziale Beziehungen grundsätzlich danach, ob sie auf symmetrischen oder asymmetrischen Relationen beruhen. In der Vertikalen haben wir PARSONS' Unterscheidung der verschiedenen Ansatzpunkte medialer Steuerung übernommen.[83] Macht und Einfluß operieren idealtypisch in einem Kontext, der durch asymmetrische Beziehungen gekennzeichnet ist. Geld und Commitments beruhen auf Strukturen, in denen die Akteure prinzipiell ähnliche Positionen einnehmen können.

Die strukturelle Spannung asymmetrischer Beziehungen besteht in der Tendenz, die Komplementarität starr zu fixieren oder durch Egalisierung aufzuheben. Im Fall von Einfluß ist dies z.B. die sogenannte Kompetenzlücke, die es dem Beeinflußten in der Regel unmöglich macht, die Informationen, Deutungen und Ratschläge des "Meinungsmachers" zu überprüfen. Die Fähigkeit, Einfluß auszuüben, beruht auf einem Vertrauensvorschuß in die Glaubwürdigkeit, Gewissenhaftigkeit und Solidarität des Ratgebers durch die Beeinflußten. Im Fall von Macht besteht das Problem in der Hierarchie von Weisungsbefugnis und Folgebereitschaft. Der Verpflichtung gegenüber bindenden Entscheidungen steht nur eine unspezifische Erwartung gegenüber, sich ggfs. auf die Verpflichtungen anderer berufen zu können. Vertrauen in den Wert des Mediums Macht nimmt hier die Form eines Legitimitätsglaubens an.[84] Durch dieses Vertrauen gewinnen Machtinhaber die Möglichkeit, auch bei denjenigen Einverständnis gegenüber Verpflichtungen zu mobilisieren, die nicht von den speziellen Entscheidungen profitieren. Macht überbrückt die Spannung zwischen erzwingbarer Befolgung und konsensuellem Einverständnis. Dem Vertrauen in die Konstanz des Geldwertes entspricht hier die Erwartung, daß die Verteilung von Verpflichtungen und mögliche Effektivitätsvorteile nicht auf einer dauerhaften Deprivierung bzw. Privilegierung bestimmter Gruppen und Interessen beruht.[85]

Strukturelle Spannungen in symmetrischen Beziehungen ergeben sich aus der Tendenz zur Eskalation von konkurrierenden Deutungen und Ansprüchen, die eine gegenseitige Bindung an normative Erwartungen prekär machen. Wertcommitments operieren in Situationen, in denen die Akteure einen relativ weiten Ermessensspielraum für ihr Handeln haben. Das Vertrauensproblem besteht hier in der wechselseitigen Unterstellung, daß eine gemeinsame Bindung an normative Standards im konkreten Handeln zum Ausdruck gebracht wird. Das Eingehen auf Wertcommitments beruht auf dem allgemeinen Vertrauen, daß man sich auf Versprechen, gemeinsame Werte im konkreten Handeln zu berücksichtigen, im großen und ganzen verlassen kann. Das Äquivalent zum Vertrauen in einen stabilen Geldwert ist das Vertrauen, daß Wertverpflichtungen nicht willkürlich umgedeutet und nur von der situationsspezifischen Interessenlage abhängig gemacht werden.

Dieser Ansatzpunkt erlaubt eine Präzisierung der nichtökonomischen Bedeutungen von Inflation und Deflation, ohne daß man sich unmittelbar auf eine Diskussion um die Bestimmung von Preisniveauveränderungen für nichtökonomische Medien einlassen muß. Man muß sich vielmehr die ökonomische Definition von Inflation und Deflation über quantitative Preisindices als speziellen Fall vorstellen.

Preisniveauveränderungen indizieren die spezifische Form von Wertschwankungen des Mediums Geld. Der sozialtheoretisch generalisierbare Kern liegt nicht in der Verallgemeinerung des ökonomischen Preisbildungsprozesses, sondern darin, daß die generalisierte Erwartung der Erwerbbarkeit ökonomischer Nutzwerte durch Geld umstrukturiert wird. Die These, wonach Rentner als Bezieher fester Einkommen und Gläubiger als "Verlierer" einer Inflation gelten, weil sie auf die Inflationsrate nicht schnell genug reagieren können, läßt sich vergleichen mit denjenigen, die länger als andere an normativen

Erwartungen festhalten oder keine Möglichkeit haben, die Abweichenden an der Rehabilitierung der verletzten Norm zu beteiligen. Inflationäre Entwertungen von Commitments beziehen sich auf eine Übergeneralisierung von Werten, so daß diese ihre orientierende und motivierende Kraft verlieren. Ein anhaltender Vertrauensverlust führt hier zu einem Wertrelativismus und einer zynischen Einstellung gegenüber deklamierten Wertbindungen.

Demgegenüber bedeutet eine Inflationierung von Einfluß, daß Umfang und Intensität normativer Projektionen jenseits der realistischen Möglichkeiten der beanspruchbaren Aufmerksamkeiten und konsensueller Tragfähigkeiten liegen.[86] Es entsteht hier eher ein Klima der Indifferenz gegenüber der Qualität von Informationen, Statusunterschieden und Regelverletzungen. Hier wird eine "Flucht in die Sachwerte" mit fortschreitender Inflationierung wahrscheinlicher. Wer sich der Kooperationsbereitschaft anderer versichern will, muß sich entweder "härterer" Medien bedienen - was zu einer politischen oder ökonomischen Umdeutung der Situation führt - oder aber Interaktion auf Fälle beschränken, in denen man aufgrund unmittelbarer partikularer Bindungen und spezifischer Informationen vor Enttäuschungen sicher sein kann.

Eine inflationäre Entwertung des Mediums Macht impliziert schwindendes Vertrauen in die Effektivität und Legitimität politischer Entscheidungen. Macht vermag immer weniger Einverständnis zu mobilisieren, da Entscheidungen nur bei den Begeisterten und Nutznießern einerseits und den Ängstlichen und Kontrollierbaren andererseits Gehör findet. Die Flucht in die "Sachwerte" läuft letztlich darauf hinaus, daß konkurrierende Prioritätsansprüche mittels physischer Gewalt ausgetragen werden, so daß Macht als symbolisches und generalisiertes Medium ersetzt wird.

Deflationäre Entwicklungen implizieren hier nicht notwendig einen grundsätzlichen Vertrauensschwund in das Medium Macht, sondern es schwindet die Bereitschaft, Macht in reale Werte zu konvertieren oder in politische Unternehmungen anzulegen.[87] Eine Variante dieser Vorsicht besteht darin, Macht nur unter restriktiven Bedingungen und zusätzlichen Sicherheiten weiterzugeben. Hierin kommt weniger ein Mißtrauen gegenüber dem Medium als vielmehr ein Mißtrauen gegenüber potentiellen Verwendern von Macht zum Ausdruck.[88] Auch in diesem Fall trifft die Gleichsetzung von Deflation und "Zug um Zug"-Beziehungen, wie sie PARSONS unterstellt, nicht zu, da das Medium nicht ersetzt wird.

Deflationäre Wertveränderungen von Wertcommitments lassen sich als eine Überspezifikation von Werten kennzeichnen, an deren Ende ein Wertabsolutismus und ein Unbedingtheitsanspruch auf bestimmte Formen der Einlösung stehen. Der Medienwert, gemessen an der Erwartbarkeit eines bestimmten Handelns, ist zwar gestiegen, aber die Bereitschaft, Commitments einzugehen, sinkt, weil kein Platz mehr für Differenzierungen und Interpretationen ist, sondern es nur noch "richtige" oder "falsche", "gute" und "schlechte" Commitments gibt. In ähnlicher Weise sind deflationäre Veränderungen von Einfluß durch einen wachsenden Konformitätsdruck und durch zunehmend rigidere Einstellungen gegenüber der Erfüllung von Loyalitätsverpflichtungen gekennzeichnet. Eine Gemeinschaftsideologie sorgt dafür, daß Vertrauensinvestitionen an exklusive Zugehörigkeiten gebunden bleiben. Es ist dies keine Reduktion von Interaktion auf direkte Leistung und Gegenleistung, sondern die partikularistische Begrenzung von Einfluß. Es wird nicht notwendig das Vertrauen in den Wert von Einfluß in Frage gestellt, sondern es schwindet die Bereitschaft, sich überhaupt zu engagieren, um nicht in den Verdacht zu geraten, auf der "falschen" Seite zu stehen.[89]

Es erscheint sinnvoll, Vertrauen in den Medienwert vom Vertrauen in Institutionen und Akteure analytisch zu trennen.[90] Dies bedeutet jedoch nicht, daß beide Aspekte keine Interdependenzen aufweisen, die empirisch und theoretisch von großer Bedeutung sind. Eine solche Unterscheidung ist auch bei PARSONS angelegt, wenn er zwischen Medien und den institutionellen Codes differenziert. Wer Güter gegen Geld tauscht, transferiert zwar Eigentumsrechte an bestimmten Dingen, aber er gibt damit keineswegs sein Recht auf, Eigentumsrechte geltend zu machen. Wer politische Macht ausgibt, hat damit nicht die Autorität des Amts als Institution weggegeben. Es erscheint hier jedoch sinnvoll, weiter zu differenzieren. Eigentumsordnung, politische Herrschaftsordnung, Prestigeordnung und moralische Ordnung sichern in einem sehr allgemeinen Sinn die verschiedenen sozialen Medien ab. Die Funktionsfähigkeit von Medien hängt vor allem von intermediären Institutionen ab, die für Stabilität der Medienversorgung und des Medienwertes eine treuhänderische Verantwortung haben. Dies hängt eng mit dem Problem der Medienschöpfung zusammen, die über diese Institutionen geregelt wird. Der Mechanismus der Kreditschöpfung im ökonomischen System beruht wesentlich auf politischen Faktoren. Diese werden institutionell durch das Geschäftsbankensystem, die Zentralbank und durch staatliche Instanzen repräsentiert. Machtschöpfungsprozesse sind an Institutionen des

Rechts und der Staatsbürgerschaft gebunden, die analytisch dem Gemeinschaftssystem zuzuordnen sind. Die Vermehrung von Einfluß schließlich ist wiederum rückgebunden an sozialkulturelle Institutionen wie z.B. Religion, Wissenschaft, Erziehungs- und Bildungsinstitutionen.

Das allgemeine Vertrauen in die Fähigkeit und Bereitschaft von Staat, Zentralbank und Geschäftsbankensystem, Hüter eines stabilen Geldwertes zu sein, ist eng mit einem allgemeinen Vertrauen in den Geldwert verknüpft. Dieses allgemeine Vertrauen kann unabhängig davon bestehen, wie die konkrete Preisentwicklung beurteilt wird.[91] Der Zusammenhang zwischen der allgemeinen Ebene des Vertrauens in den Medienwert und der spezifischeren Erwartung von konkreten Wertveränderungen kann generell als das Wechselspiel zwischen kognitiven und normativen Erwartungen im Sinne LUHMANNS gedeutet werden.[92] Solange man mit einem bestimmten Maß an Abweichungen rechnet und eine realitätsnahe Anpassung an diese Veränderungen möglich und normativ institutionalisiert ist, solange lassen sich Enttäuschungen ertragen, ohne daß die normative Erwartung aufgegeben werden muß.[93] Das allgemeine Vertrauen in die Konstanz des Medienwertes und - damit verbunden - das Vertrauen in die Institutionen, die für diese Stabilität Verantwortung tragen, befriedigt ein Interesse an Sicherheit und sozialer Integration, welches über den Bedarf an realitätsgerechter Anpassung hinausgeht.[94] Werden diese Sicherheiten in Frage gestellt, werden auch Anpassungen immer unrealistischer: Dies kommt nicht nur daher, daß die Akteure falsche Prognosen in positiver oder negativer Hinsicht stellen und darum stets aufgrund falscher Daten urteilen, sondern weil das Schwinden des allgemeinen Geldwertvertrauens Orientierungslosigkeit erzeugt und Überreaktionen wahrscheinlicher macht.[95]

Das Problem einer Medieninflation sieht PARSONS im Anschluß an das Konzept der "inflatorischen Lücke" bei KEYNES als Folge eines "Erwartungsüberhanges", der als intervenierende Variable zwischen den Ansprüchen der Akteure und den tatsächlich erfolgten Realisierungen dieser Ansprüche auftreten muß, um inflationäre Prozesse in Gang zu setzen. Nachfrageüberschüsse bzw. Erwartungsüberhänge induzieren eine besondere Form des sozialen Konflikts: die Akteure treten in einen Wettlauf um die Verwendung von sozialen Ressourcen, die noch gar nicht bereitgestellt sind. Im ökonomischen System führen derartige Vorgriffe auf das Sozialprodukt zu einem Wettkampf, durch den bestehende Ungleichheiten verschärft und bisher akzeptierte Verteilungsregeln durch die ungerechtfertigten Gewinne der "anderen" ins Wanken geraten.[96] Dies wird verstärkt durch individualistische und egalitäre Werte, die einerseits individuellen, wirtschaftlichen Erfolg hoch bewerten und andererseits bestimmte Mindeststandards definieren, die ohne Prestige -und Statusverlust nicht unterschritten werden können.[97] Je mehr die Entwertung der Medien fortschreitet und ins allgemeine Bewußtsein rückt, um so schärfer wird dieser Konflikt, weil die Antizipation von Medienentwertungen zu einer Umstrukturierung der kognitiven und normativen Erwartungen und Aspirationen selbst führt. Jede Anspruchsreduktion ist nun nicht allein mehr ein Problem der Anpassung an die verschlechterte Situation, sondern erscheint darüber hinaus als ungerechtfertiges Opfer. Nicht die relative Deprivation ist hier in erster Linie entscheidend, sondern die Vorstellung, daß jedes Opfer sinnlos ist, weil die Gründe, die das Opfer hätten rechtfertigen können, ihre moralische Autorität eingebüßt haben. Ein solches Szenario entspricht auch dem Bild, welches DURKHEIM von der Prosperitätskrise zeichnet: Hier versagt der mäßigende und regulative Einfluß sozialer Normen, weil die Chancen der Situation überspannte und unrealistische Ambitionen erzeugen,[98] die über das Mögliche und generell Konsensfähige hinausgehen.

Die Plausibilität dieser Argumentationsrichtung kann nicht grundsätzlich in Frage gestellt werden. Es fragt sich jedoch, ob z.B. die Existenz konsensfähiger Werte und Normen oder eine größere Transparenz der sozialen Prozesse ausreichen würde, um inflationäre Entwicklungen zu begrenzen. Art und Allgemeinheitsniveau des Konsens können u.U. inflationäre Prozesse verstärken: Wachsende Ansprüche sind nicht nur das Ergebnis veränderter Werthaltungen, sondern können auch Resultat einer extensiveren Auslegung des Bedeutungsspielraumes von Werten und Normen sein, durch die bisher nicht hinterfragte Selbstbeschränkungen aufgehoben werden. Andererseits impliziert ein höheres Generalisierungsniveau von Wert- und Normstrukturen, daß die moralische Verantwortung für mögliche negative Folgen konkreter Implementationen "sozialisiert" werden. Gerade die Generalisierung von Werten und Normen macht zwar einen gesellschaftlichen Konsens über die Grenzen partikularer Gruppensolidaritäten hinweg möglich. Dies bedeutet nicht, daß ein wirksamer, kontrollierbarer Konsens über konkrete Ziele und Mittel zustandekommt. Es handelt sich, in der Sprache der Neuen Politischen Ökonomie formuliert, um eine Variante des klassischen Kollektivgutproblems. So bildet z.B. Preisstabilität im ökonomischen System ein verallgemeinertes Ziel bzw. eine regulative Norm für die Wirtschaftspolitik, deren Wünschbarkeit nicht in Frage gestellt wird. Damit ist jedoch nicht die Bereitschaft sichergestellt, daß individuelle oder kollektive Akteure Opfer in Form von Anspruchsreduktionen oder in Form eines Verzichts auf volle Ausnutzung von Marktchancen auf sich nehmen.[99]

Die Bedeutung **intermediärer Instanzen** wird deutlicher, wenn man diese nicht nur als soziale Kontrollorgane sieht, die die normativen Grundlagen und die Funktionsfähigkeit der Medien bewahren sollen, sondern denen darüberhinaus konfliktregulierende Bedeutung zukommt. Dies gilt um so mehr, je mehr man davon ausgehen kann, daß Medienwertschwankungen mittelbares oder unmittelbares Resultat der Dynamik **kollektiven** Handelns sind. Auf dieser Ebene geht es nicht um die Identifizierung einer "inflatorischen Lücke" oder eines "Erwartungsüberhangs", sondern um den Modus der kollektiven Konflikt- bzw. Konsensgenerierung in sozialen Systemen. Ausgangspunkt ist hier die Frage, wovon die Fähigkeit sozialer Kollektive abhängt, Einfluß auf Wertschwankungen von Medien zu nehmen. Ist z.B. ein Kollektiv aufgrund seiner Position im gesellschaftlichen Macht- und Statussystem in der Lage, Ansprüche zu realisieren, die die bisher geltenden Verteilungrelationen grundlegend zu verändern drohen, dann kann es zu einer Eskalation und einem wechselseitigen Aufschaukeln von Ansprüchen kommen. Derartige Eskalationen sind um so eher zu erwarten, je weniger sich die Akteure innerhalb eines egalitären Wertsystems auf besondere Privilegien berufen können.

Symmetrische Eskalationen im ökonomischen System spielen bei der sogenannten Lohn-Preis-Spirale eine Rolle.[100] Im Mittelpunkt der ökonomischen Analysen steht die Ausstattung sozialer Gruppen mit ökonomischen <u>Machtpotentialen</u>, die es z.B. Unternehmen oder Gewerkschaften erlauben, Preise bzw. Löhne aktiv zu gestalten und relativ unabhängig von der jeweiligen Nachfragesituation durchzusetzen. Inflationäre Prozesse werden dann durch die Erwartung steigender Löhne bzw. Preise genährt. Gewerkschaften und Unternehmer sind versucht, ihren Anteil am Sozialprodukt auf Kosten der jeweils anderen Gruppe zu erhöhen. Das Theorem der Lohn-Preis-Spirale enthält, analytisch gesehen, eine **politische** Deutung wirtschaftlich relevanter Vorgänge: Es handelt sich um Gruppenkonflikte, die in erster Linie Verteilungskonflikte sind und die den Charakter eines Nullsummenspiels erhalten. Eine solche Deutung erscheint nicht geeignet, einen analytisch generalisierbaren Prototyp abzugeben, weil hier jede Veränderung vorschnell als ein Epiphänomen ökonomischer oder politischer Interdependenzen betrachtet wird. So können, um das o.g. Beispiel aufzugreifen, kleine, politisch und ökonomisch machtlose Gewerkschaften beträchtlichen Einfluß ausüben. Ihr Einfluß beruht weniger auf einem ökonomischen Macht- und Drohpotential, sondern auf ihrer größeren Homogenität, der größeren Entschlossenheit, mit der sie Forderungen präsentieren und Glaubwürdigkeit an der Basis gewinnen können. Durch die vergleichsweise größere Militanz und Konsistenz des Verhaltensstils sind sie in der Lage, die größeren Gewerkschaften in Zugzwang zu bringen.[101]

Der generalisierbare Kern des Arguments lautet, daß die Fähigkeit sozialer Kollektive, ihre Ansprüche durchzusetzen, nicht nur von einem wie immer definierten Macht- und Drohpotential abhängt, sondern auch mit der Fähigkeit zu tun hat, Konflikte zu erzeugen und konsistente Lösungsmöglichkeiten anzubieten. Die erfolgreiche Erzeugung eines Konflikts stellt den bisherigen normativen Konsens in Frage oder macht zumindest auf das Fehlen eines solchen Konsensus aufmerksam. Je homogener und konsistenter sich die "abweichende" Gruppe präsentiert, um so eher zieht sie Aufmerksamkeit auf sich, und um so weniger wird es den anderen Gruppen möglich sein, zur Tagesordnung überzugehen und sich auf die Wirksamkeit ihrer Sanktionsmittel zu verlassen.[102]

Bezieht man diese Überlegungen in das Medienkonzept ein, dann ist in erster Linie an das Medium Einfluß zu denken. Einfluß funktioniert dann nicht mehr nur auf der Grundlage gegebener Solidaritätswerte, für die mehr oder minder großer Konsens besteht, sondern resultiert ebenso aus der erfolgreichen Erzeugung eines normativen Konflikts, durch den Widersprüchlichkeiten aufgedeckt oder die moralische Autorität geltender Konsensstrukturen in Frage gestellt wird. Derart begründeter Einfluß polt gleichsam die Aufmerksamkeit um: Ansprüche werden nicht mehr danach beurteilt, ob sie mit einer bestehenden Rangordnung von Prioritäten verträglich sind, sondern ob die bestehende Rangordnung angesichts widersprüchlicher Ansprüche zu rechtfertigen ist. Wenn nun aber Einfluß auch durch die Erzeugung von Konflikten und die konsistente Stilisierung abweichender Ansprüche generiert werden kann, dann ist die Zuteilung von Einfluß nicht notwendig an die etablierten Kriterien einer Reputationsordnung gebunden. Anders ausgedrückt: Einfluß fließt nicht nur von "oben" nach "unten", sondern auch in umgekehrter Richtung, sofern es gelingt, Konflikte über die Berechtigung etablierter bzw. abweichender Ansprüche in Gang zu setzen. Hierin liegt natürlich auch eine Quelle für inflationäre Prozesse, zumal die Fähigkeit, solche Konflikte zu erzeugen nicht in erster Linie eine Frage des ökonomischen oder politischen Machtpotentials ist.

Die von hier ausgehenen Impulse sind vergleichbar mit den sogenannten Publikumsimpulsen im ökonomischen Geldmodell, die sich insbesondere auf die Umlaufs- bzw. Einkommenskreislaufgeschwindigkeit des Geldes auswirken. Charakteristisch für derartige monetäre Impulse ist vor allem, daß sie nicht oder nur indirekt durch die Notenbank (d.h. von "oben") kontrollierbar sind.

Die hier eingeschlagene Perspektive umgeht einige Probleme, die aus einer zu engen und/oder einer zu oberflächlichen Anlehnung an das ökonomische Modell entstehen.
(1) Sie betont stärker die Rolle des Vertrauens als Grundlage der Geltung von Medien und des Medienwertes. Die Differenzierung unterschiedlicher Allgemeinheitsstufen des Vertrauens in den Medienwert läßt die Wechselbeziehungen zwischen Medienvertrauen und Vertrauen in medienemittierenden Instanzen deutlicher werden.
(2) Die Suche nach Parallelen zwischen ökonomischen und sozialen Krisenerscheinungen setzt nicht an dem Versuch an, Äquivalente für Mengenrelationen und Preisniveauänderungen in nichtökonomischen Systemen zu konstruieren. Das Konstrukt Medienwert umschreibt einen sozialen Tatbestand i.S. DURKHEIMS.
(3) Andererseits werden verallgemeinerbare Implikationen ökonomischer Kategorien wie Inflation und Deflation konsistenter angewandt. Dabei ist die Unterscheidung zwischen Veränderungen von Medienwerten und ihren möglichen realen Konsequenzen aufrechtzuerhalten. Bei der Explikation dessen, was Inflation und Deflation in nichtökonomischen Systemen theoretisch bedeuten sollen, erscheint es aus soziologischer Sicht sinnvoller, von den integrativen Funktionen der verschiedenen Medien auszugehen.
(4) Die Perspektive eröffnet einen Zugang zu dem Problem der Erwartungsstrukturierung durch Medien, die über die Antizipation von Medienwertveränderungen und rationalen Anpassungsstrategien hinausgehen und nichtrationale Aspekte berücksichtigen. In diesem Zusammenhang erweisen sich die Parallelen zwischen der sogenannten Geldillusion und dem kontrafaktischen Festhalten an Erwartungen einerseits und dem Zusammenspiel von kognitiven und normativen Erwartungen als Enttäuschungsabwicklung andererseits von heuristischem Wert.
(5) Die spezifisch integrative Bedeutung des Mediums Einfluß wird deutlicher, wenn man das Problem der Rechtfertigbarkeit von Ansprüchen in den Vordergrund rückt. Hierbei ist es jedoch wichtig, eine Überbetonung der Konsenserzeugung zu vermeiden. Einfluß ist nicht notwendig an die etablierten Kriterien einer

sozialen Reputationsordnung gebunden, sondern kann ebenso zur Erzeugung von Konflikten eingesetzt werden.

Die Überlegungen zielen darauf ab, Einseitigkeiten des medientheoretischen Programms bei PARSONS zu vermeiden, ohne den Anschluß an die ökonomische und soziologische Diskussion zu verlieren. Gerade die Anwendung soziologischer und sozialpsychologischer Theoreme auf Phänomene der Geldentwertung kommt bislang nicht über eine Auflistung verschiedener empirischer Einflußfaktoren hinaus. PARSONS' Idee, Prozesse des sozialen Austauschs mit einem Modell multipler Medien anzugehen, bietet sicher eine Grundlage für eine weitere theoretische Systematisierung einer sozialen Medientheorie im allgemeinen und der soziologischen Analyse des Geldes im besonderen. Gewiß, PARSONS' Medientheorie im allgemeinen und die Inflations-/Deflationsanalyse im besonderen ist vage, voller weißer Flecken, die nur mühsam mit ökonomischen Metaphern gefüllt werden. Die Zukunft dieses Theorieprogramms dürfte davon abhängen, inwieweit es gelingt, sich vom ökonomischen Modell zu lösen und gleichzeitig von ihm zu lernen. Eine stärkere Ablösung vom ökonomischen Modell setzt vor allem voraus, daß die nichtökonomische Bedeutung von Austauschrelationen, Kreditschöpfungsprozessen und Verwendungsmodi von Medien expliziert und im Kontext der analytischen Eigenlogiken sozialen Handelns und sozialen Austauschs gedeutet werden können. Dies bedeutet keine Abwendung von der ökonomischen Theorie, sondern, im Gegenteil, eine sorgfältigere Rezeption ihrer Grundlagen und anwendungsbezogenen Analysen. Nur so sind Grenzen zu ziehen und theoretische Konzepte auf ihre generalisierbaren Implikationen hin auszuloten.

Bei allen Schwächen ist die Theorie der sozialen Interaktionsmedien der vielleicht orginellste Beitrag PARSONS' zur interdisziplinären Diskussion zwischen Ökonomie und Soziologie. Beim gegenwärtigen Stand der Diskussion erscheint es verfrüht, von einer soziologischen Inflations-/Deflationstheorie zu sprechen, die zu mehr in der Lage wäre, als neue Fragen zu stellen. Im Rahmen dieser Arbeit kam es darauf an, das heuristische Potential der Medientheorie auszuloten und Akzentsetzungen vorzunehmen, die den integrationstheoretischen Ausgangspunkt der soziologischen Betrachtungsweise nicht aus dem Blick verliert. PARSONS' Medientheorie steht in der Kontinuität eines theoretischen Programms, das wesentlich von dem Spannungsverhältnis zwischen ökonomischer und soziologischer Theorie lebt. Sie bietet, jenseits methodologischer und metatheoretischer Positionsbeschreibungen, die Chance, das Verhältnis zwischen den Disziplinen wieder spannender zu machen.

Abkürzungen

Für häufig zitierte Arbeiten Parsons' werden folgende Abkürzungen benutzt:

SSA: T. Parsons, The Structure of Social Action, New York: Free Press, 1967 (1937)

SS: T. Parsons, The Social System, London: Routledge & Kegan, 1951

TGTA: T. Parsons, E.A. Shils (eds.), Toward a General Theory of Action, Cambridge, Mass.: Harvard University Press, 1976 (1951)

WP: T. Parsons, R.F. Bales und E.A. Shils, Working Papers in the Theory of Action, New York: Free Press, 1953

ES: T. Parsons & N.J. Smelser, Economy and Society, London: Routledge & Kegan, 1956

PP: T. Parsons, On the Concept of Political Power, in: Politics and Social Structure, New York: Free Press, 1969, S. 352-404.

CI: T. Parsons, On the Concept of Influence, in: Politics and Social Structure, New York: Free Press, 1969, S. 405-38.

VC: T. Parsons, On the Concept of Value-Commitments, in: Politics and Social Structure, New York: Free Press, 1969, S. 439-472.

AU: T. Parsons & G.M. Platt, The American University, Cambridge, Mass.: Harvard University Press, 1973

Soziologische Zeitschriften und Enzyklopädien:

AJS: American Journal of Sociology

ASR: American Sociological Review

SI: Sociological Inquiry

IESS: International Encyclopedia of the Social Sciences

ZfS: Zeitschrift für Soziologie

KZfSS: Kölner Zeitschrift für Soziologie und Sozialpsychologie

SW: Soziale Welt

ANMERKUNGEN

Die Anmerkungen sind für jedes Kapitel durchnummeriert. Alle Titel werden bei der ersten Nennung vollständig zitiert; bei Wiederholungen wird ein Kurztitel und die Abkürzung "op. cit." verwendet. Folgt die gleiche Literaturangabe in den Anmerkungen unmittelbar aufeinander, so wird die Abkürzung "Ib." benutzt.
Werden mehrere Titel eines Verfassers hintereinander genannt, so wird der Name des Autors, sofern er als Alleinverfasser erscheint, nur beim ersten Titel genannt. Bei Aufsatzsammlungen, in denen der Autor eines Aufsatzes mit dem Autor des Sammelbandes identisch ist, wird der Autor nur mit dem Aufsatztitel aufgeführt.
In Klammern gesetzte Jahreszahlen weisen das Jahr der ersten Erscheinung aus. Die in Klammern gesetzten Seitenangaben bei Aufsätzen bezeichnen die Gesamtlänge des betreffenden Titels.

EINLEITUNG

1 Hier sind vor allem zu nennen: H.P. Adriaansens, Talcott Parsons and the Conceptual Dilemma, London 1980; J.C. Alexander, Formal and Substantive Voluntarism in the Work of Talcott Parsons: A Theoretical and Ideological Reinterpretation, in: American Sociological Review, 43, 1978, S. 177-198; Theoretical Logic in Sociology, 4 Bde.,Berkeley 1982, insb. Bd. 2; K. Menzies, Talcott Parsons and the Social Image of Man, London 1977; R. Münch, Theorie des Handelns, Frankfurt 1982; S.P. Savage, The Theories of Talcott Parsons. The Social Relations of Action, London 1981.

2 Eine Ausnahme bildet: E. Devereux, Parsons' Sociological Theory, in: M. Black (ed.), The Social Theories of Talcott Parsons, Englewood Cliffs, N.J. 1961, S. 1-63. Devereux betrachtet jedoch primär den werkgeschichtlichen Aspekt.

3 Vgl. H.J. Bershady, Ideology and Social Knowledge, Oxford 1973; T. Parsons, Review of Harold J. Bershady: Ideology and Social Knowledge, in: Social Systems and the Evolution of Action Theory, New York 1977, S. 123, (122-141).

4 Vgl. T. Parsons, Die Stellung der Soziologie innerhalb der Sozialwissenschaften, in: W. Bernsdorf u. G. Eisermann (Hg.), Die Einheit der Sozialwissenschaften, Stuttgart 1955, S. 64-83; Some Problems Confronting Sociology as a Profession, in: S. M. Lipset & N. J. Smelser (eds.), Sociology: The Progress of a Decade, Englewood Cliffs, N.J., 1961, S. 14-30.

5 Vgl. T. Parsons, Die Entstehung der Theorie des sozialen Systems: Ein Bericht zur Person, in: T. Parsons, E. Shils, P.F. Lazarsfeld, Soziologie - autobiographisch, Stuttgart 1975, S. 1-68.

6 Damit soll keinesfalls der Wert methodologischer Betrachtungen in Frage gestellt werden. Es wäre jedoch verfehlt, die Konstruktion von Theorien und die Diskussion der substantiellen Problemlösungen allein aus methodologischen Grundüberlegungen ableiten zu wollen. Zur Integrationsproblematik zwischen Soziologie und Ökonomie aus der Sicht des kritischen Rationalismus vgl. vor allem: H. Albert, Marktsoziologie und Entscheidungslogik, Neuwied 1967; G.Fleischmann, Nationalökonomie und sozialwissenschaftliche Integration, Tübingen 1966.

7 Die Forderung nach "Soziologisierung" der Ökonomie kommt am besten durch die apodiktische Feststellung Sombarts zum Ausdruck, daß die Wirtschaftswissenschaft Soziologie ist. Vgl. W. Sombart, Die drei Nationalökonomien, Berlin 1967 (1930), S. 177 f.; Nationalökonomie und Soziologie (Kieler Vorträge) Bd. 33, Jena 1930. Ein zentrales Motiv für die Forderung nach "Soziologisierung" der Ökonomie ist die ideologiekritische Auseinandersetzung. Auf die ideologischen Implikationen und logischen Mängel der impliziten oder expliziten Handlungs- und Sozialtheorie "rein" ökonomischer Analyse ist immer wieder hingewiesen worden. Dazu vor allem: H. Albert, Marktsoziologie und Entscheidungslogik, op. cit.; Ökonomische Ideologie und Politische Theorie, Göttingen 1972; G. Myrdal, Das politische Element in der nationalökonomischen Doktrinbildung, Hannover 1963 (1932).

8 Zum Theorieprogramm einer ökonomischen Soziologie: L. Lévy-Garboua (ed.), Sociological Economics, London, 1979; K.D. Opp, Das 'ökonomische Programm' in der Soziologie, in: SW, 29, 1978, S. 129-154; V. Vanberg, Kollektive Güter und kollektives Handeln. Die Bedeutung neuerer ökonomischer Theorieentwicklungen für die Soziologie, in: KZfSS, 30, 1978, S. 652-679.

9 Übersichten über die Neue Politische Ökonomie bieten: B.S. Frey, Moderne Politische Ökonomie, München 1977; G. Kirsch, Neue Politische Ökonomie, Düsseldorf 1983; R. B. McKenzie & G. Tullock, The New World of Economics, Homewood 1978; dies., Modern Political Economy, New York 1978; H.P. Widmaier (Hg.), Politische Ökonomie des Wohlfahrtsstaates, Frankfurt, 1974. Einen radikalen Ökonomismus vertritt: G. Becker, The Economic Approach to Human Behavior, Chicago 1976.

Kapitel 1: Die frühe handlungstheoretische Perspektive

1 Vgl. dazu: R. L. Church, The Economists Study Society, in: P.H. Buck (ed.), Social Sciences at Harvard 1860-1920, Cambridge, Mass., 1965, S. 18-90.

2 Vgl. **SSA**, S. 102; T. Parsons, Review of Harold Bershady: Ideology and Social Knowledge, op. cit., insb. S. 125-128 (122-141).

3 Vgl. vor allem G.S. Becker, The Economic Approach to Human Behavior, op. cit., S. 3-14.

4 Vgl. dazu: T. Parsons, Some Reflections on "The Nature and Significance of Economics", in: Quarterly Journal of Economics, 48, 1934, S. 511-545; **SSA**, insb. S. 768 ff; The Rise and Decline of Economic Man, in: Journal of General Education, 4, 1949, S. 47-53; Religious and Economic Symbolism in the Western World, in: H.M Johnson (ed.), Religious Change and Continuity, **SI**, vol. 49, 2-3, 1979, insb. S. 31-36 (1-48).

5 Hier sind vor allem zu nennen: das Konzept der sozialen Interaktionsmedien, das kybernetisch interpretierte Gleichgewichtskonzept und die neoevolutionäre Analyse. Vgl. dazu Abschnitt II, Kap. 2 u. 3 dieser Arbeit.

6 Vgl. **SSA**, Kap. 18; Kap. 19, insb. S. 731-748.

7 Hier vor allem: T. Parsons, Sociological Elements in Economic Thought I, in: The Quarterly Journal of Economics, 49, 1935, S. 414-453; Sociological Elements in Economic Thought II, in: Quarterly Journal of Economics, 49, 1935, S. 646-667; Wants and Activities in Marshall, Quarterly Journal of Economics, 46, 1932, S. 101-140; Economics and Sociology: Marshall in Relation to the Thought of His Time, Quarterly Journal of Economics, 46, 1932, S. 316-347.

8 Vgl. dazu: A.G. Gruchy, Modern Economic Thought. The American Contribution, New York 1967 (1947); A. Montaner, Der Institutionalismus als Epoche amerikanischer Geistesgeschichte, Tübingen 1948.

9 Parsons ordnet die Arbeiten Werner Sombarts umstandslos dieser Theorietradition zu, doch unterschlägt er damit Sombarts Interesse an systematischer Theoriebildung. Zum Historismus in der Nationalökonomie: G. Eisermann, Die Grundlagen des Historismus in der deutschen Nationalökonomie, Stuttgart 1956; Zum Verhältnis von Institutionalismus und historischer Schule vgl. A. Montaner, Der Institutionalismus, op. cit., insb. S. 115-137.

10 Vgl. zum Begriff des Wirtschaftsstils den gleichnamigen Aufsatz in: G. Weippert, Wirtschaftslehre als Kulturtheorie, Göttingen 1967, S. 51-109.

11 Vgl. K. Marx, Zur Kritik der Politischen Ökonomie, Berlin 1972 (1859); Ökonomische Manuskripte, **MEW** Bd. 42, Berlin 1983 (1857-1858), insb. S. 19-22, 34-42, S. 245-259; Das Kapital I, **MEW** Bd. 23, Berlin 1973, S. 18-22. Vgl. auch die spätere marxistische Kritik, z.B.: M. Dobb, Organisierter Kapitalismus, Frankfurt 1966, S. 19-40; O. Lange, Kritik der subjektivistischen Ökonomie, in: H. Albert (Hg.), Theorie und Realität, Tübingen 1964, (1. Aufl.), S. 287-303.

12 Vgl. hierzu die vorzügliche Analyse von: L. Dumont, From Mandeville to Marx. The Genesis and Triumph of Economic Ideology, Chicago 1977. Vgl. T. Parsons, "Capitalism" in Recent German Literature: Sombart and Weber (I), in: Journal of Political Economy, 36, 1928, S. 641-661; "Capitalism" in Recent German Literature: Sombart and Weber - Concluded, in: Journal of Political Economy, 37, 1929, S. 31-51.

14 Vgl. T. Parsons, Sociological Elements in Economic Thought II, op. cit., S. 647.

15 So z.B. W. Sombart, Die drei Nationalökonomien, op. cit., Kap. 8, 9, 16; vgl. auch K. Polanyi, Ökonomie und Gesellschaft, Frankfurt 1979, insb. Kap. II.

16 Vgl. **SSA**, S. 122-125, 495-499, 728-729; Sociological Elements I, op. cit., S. 435-453.

17 Ib., S. 452; Sociological Elements II, op. cit., S. 659.

18 Vgl. T. Parsons, "Capitalism" in Recent German Literature: Sombart and Weber I, op. cit., S. 641-661; Sociological Elements I, op. cit., S. 445-453; **SSA**, S. 495-499.

19 Vgl. W. Sombart, Die drei Nationalökonomien, op. cit., insb. S. 206-209, 297-323. Interessant ist gerade die Kritik Weipperts an Sombarts "formaltheoretischen" Denkansätzen. Vgl. G. Weippert, Werner Sombarts Gestaltidee des Wirtschaftssystems, Göttingen 1953, S. 8-37, 59-61, 70-71.

20 Zum Konzept des analytischen Realismus bei Parsons: **SSA**, S. 6-42, S. 727-757.

21 Vgl. T. Parsons, Sociological Elements I, op. cit., S. 415-435; **SSA**, S. 51-69.

22 Vgl. **SSA**, S. 64-67.

23 Vgl. **SSA**, S. 344-349.

24 Zu diesen Varianten: T. Parsons, Introduction: On Certain Sociological Elements in Professor Taussig's Thought, in: J. Viner (ed.), Explorations in Economics, New York 1936, S. 359-379; **SSA**, S. 51-84.

25 Vgl. **SSA**, S. 239.

26 Vgl. T. Parsons, The Role of Ideas in Social Action, in: **ASR**, 3, 1938, S. 652-664; **SSA**, S. 261.

27 Vgl. **SSA**, S. 257.

28 Pareto unterscheidet bekanntermaßen zwei Klassen von Handlungen: logische und nichtlogische Handlungen. Letztere werden zwar noch weiter differenziert, jedoch hat diese Differenzierung eher den Charakter einer Auflistung sehr unterschiedlicher Phänomene. Vgl. G. Eisermann, Vilfredo Paretos System der allgemeinen Soziologie, Stuttgart 1962, S. 64-70. Parsons folgt Pareto weitgehend mit seinem Konzept der "intrinsischen" Ziel-Mittel-Beziehung, das dem Begriff der "logischen Handlung" entspricht. Vgl. **SSA**, S. 265.

29 Vgl. **SSA**, S. 739-740.

30 Vgl. T. Parsons, Die Motivierung des wirtschaftlichen Handelns, in: Beiträge zur soziologischen Theorie, hrsg. v. D. Rüschemeyer, Neuwied 1973 (1938), S. 136-159.

31 Konkurrenz tendiert nach Hobbes zum Konflikt um Herrschaft und Gewinn; Sicherheitsinteressen führen zum Streit um soziale Besitzstände, und das Streben nach Ruhm führt zum Konflikt um die Ehre und den guten Namen. Vgl. T. Hobbes, Leviathan, Stuttgart 1980 (1651), S. 115.

32 Vgl. **SSA**, S. 93-94.

33 Allerdings wäre auch die umgekehrte Folgerung kurzschlüssig, daß die empirische Geltung von Normen oder politischen Entscheidungen allein auf Konsens oder den Glauben an ihre Legitimität beruhe. Vgl. die klassische Formulierung über Legitimitätsglaube und Legitimitätsanspruch: M. Weber, Wirtschaft und Gesellschaft, Tübingen 1972, S. 122-124.

34 Im utilitaristischen System hätten solche Regeln den Charakter eines kollektiven Gutes, für dessen Bereitstellung zwar allgemeine Zustimmung, aber keine konkrete Bereitschaft zur Übernahme der Kosten solcher Regeln mobilisierbar wäre. Zum Begriff des kollektiven Gutes: vgl. G. Kirsch, Die öffentlichen Güter, in: Wirtschaftsstudium **(WiSu)**, 3, 1973, S. 479-484.

35 Parsons folgt hier im wesentlichen der Kritik Durkheims am utilitaristischen System. Vgl. **SSA**, insb. S. 311 ff; E. Durkheim, Regeln der soziologischen Methode, Neuwied 1976, S. 115-128; Über die Teilung der sozialen Arbeit, Frankfurt 1977, S. 273-291.

36 In diese Richtungen weisen z.B. die Interpretationen von: T. Burger, "Talcott Parsons, The Problem of Order in Society and the Programm of Analytical Sociology, in: **AJS**, 83, 1977, insb. S. 320-323 (320-334); C. Camic, The Utilitarians Revisited, **AJS**, 85, 1979, S. 516-550; D.P. Ellis, "The Hobbesian Problem of Order: A Critical Appraisal of the Normative Solution, in: **ASR**, 36, 1971, S. 692-703; V. Vanberg, Die zwei Soziologien. Tübingen, 1975, S. 161-194; J.S. Coleman, Collective decisions, in: **SI**, 34, 1964, S. 166-181; neuerdings: T. Voss, Rationale Akteure und soziale Institutionen, München 1985, S. 65-68.

37 Vgl. hierzu Parsons' Unterscheidung zwischen 'normativer' und 'faktischer' Ordnung: **SSA**, S. 92.

38 Vgl. W. Sombart, Die drei Nationalökonomien, op. cit., S. 180-185.

39 Diese Objektivierung ist unabhängig von der Psyche der individuellen Akteure. So schreibt Sombart: "Der Geist bildet die einheitliche Motivgrundlage dadurch, daß er so etwas wie eine gleiche, geistige Atmosphäre herstellt, aus der heraus gehandelt wird." **Ib.**, S. 265. Damit umschreibt Sombart in seinem System das, was Durkheim als Kollektivbewußtsein und Parsons als gemeinsam geteilte Normen und Werte bezeichnet.

40 Vgl. G. Weippert, Wirtschaftslehre als Kulturtheorie, op. cit., S. 70.

41 Vgl. **SSA**, S. 76-77.

42 Den Aspekt der kategorischen Verpflichtung hebt vor allem hervor: R. Münch, Theorie des Handelns, op. cit., S. 41-49. Kritisch dazu: T. Voss, Rationale Akteure und soziale Institutionen, op. cit., S. 67-68.

43 Prototypisch hierfür ist die berühmte Bienenfabel von Mandeville. Vgl. B. Mandeville, Die Bienenfabel, Frankfurt 1968 (1714).

44 Im Anschluß an Durkheim weist Parsons auf diese zwei Elemente der Moralität hin: vgl. **SSA**, S. 387.

45 Vgl. dazu Parsons' Auseinandersetzung mit Durkheims Konzept der sozialen Kontrolle: **SSA**, S. 378-386.

46 Vgl. dazu die aufschlußreiche Würdigung von: H.C. Recktenwald, in: A. Smith, Wohlstand der Nationen, München 1978, S. XV-LXXIV.

47 Vgl. **SSA**, S. 760.

48 Dies ist keine Besonderheit der sogenannten "verstehenden" Geisteswissenschaften. Vgl. S. Toulmin, Voraussicht und Verstehen, Frankfurt 1981, S. 18.

49 Davon zu unterscheiden ist die Aussage, daß soziale Realität immer schon symbolisch vermittelte Realität ist. Hiermit ist noch keine Entscheidung über die adäquate Methode ("Verstehen" oder "Erklären") präjudiziert.

50 Parsons knüpft hier an Freyers Unterscheidung in Naturwissenschaft, Wirklichkeitswissenschaft und Logoswissenschaft an. Vgl. **SSA**, S. 762-763.

51 Vgl. **SSA**, S. 77.

52 Vgl. **SSA**, S. 768.

53 Vgl. **SSA**, S. 749.

54 Vgl. **SSA**, S. 739.

55 Vgl. dazu Teil II., Kap. 2.

56 Vgl. **SSA**, S. 289 ff.

57 Vgl. T. Parsons, The Place of Ultimate Values in Sociological Theory, in: International Journal of Ethics, 45, 1935, S. 282-316.

58 "Economics is the science which studies human behavior as a relationship between ends and scarce means which have alternative uses." L. Robbins, The Nature and Significance of Economic Science, London 1962 (1932), S. 16.

59 Vgl. G. Eisermann, Vilfredo Paretos System der allgemeinen Soziologie, op. cit., S. 65-66.

60 Das sogenannte Pareto Kriterium, wonach soziale Wohlfahrtspositionen dann verbessert werden, wenn mindestens ein Individuum bei gleichbleibender Wohlfahrt aller anderen besser gestellt wird, bezieht sich auf den Nutzen **für** ein Kollektiv. Aussagen über den Nutzen **des** Kollektives betrachten das Kollektiv als eine Einheit. Als Einheit betrachtet, geht es nicht notwendig darum, den individuellen Nutzen möglichst vieler zu mehren. So etwa die Definition eines "nationalen Interesses", dem sich die individuellen Nutzenerwägungen u.U. unterzuordnen haben. Vgl. auch G. Eisermann, Vilfredo Paretos System der allgemeinen Soziologie, op. cit., S. 162-165; V. Pareto, Compendium of General Sociology, op. cit., S. 296-302.

61 Parsons betont in diesem Zusammenhang den Unterschied zwischen den prinzipiell nicht vergleichbaren individuellen Nutzenschätzungen ("Ophélimität") und den sozial definierten Standards eines kollektiven Nutzens. Letzterer läßt sich nach Pareto nicht auf individuellen Nutzen zurückführen, sondern aus Vorstellungen und Gefühlen über die Eigenqualität und einen vermeintlichen Nutzen für die Gesellschaft ableiten. Vgl. **SSA**, S. 243; G. Eisermann, Vilfredo Paretos System der allgemeinen Soziologie, op. cit., S. 162-163.

62 Vgl. S. Moscovici, Sozialer Wandel durch Minoritäten, München 1979, S. 180-198.

63 Das Problem des rationalen Umgangs mit Informationen und deren Einfluß auf Handlungsentscheidungen ist ein zentrales Thema in der ökonomischen Theoriediskussion. Vgl. G.J. Stigler, The Economics of Information in: Journal of Political Economy, 69, 1961, S. 213-225; W. Mag, Entscheidung und Information, München 1977.

64 Vgl. z.B. G. Becker, The Economic Approach to Human Behavior, op. cit., S. 3-14.

65 Zu diesen Konzeptionen vgl. die Analyse von G. Fleischmann, Nationalökonomie und sozialwissenschaftliche Integration, op. cit., insb. S. 74-95.

66 Zur Dokumentation dieser Diskussion vgl. E. LeClair und D. Schneider (eds), Economic Anthropology, New York 1968; G. Dalton, Theoretical Issues in Economic Anthropology, in: Current Anthropology, 10, 1969, S. 63-102, M.D. Sahlins, Economic Anthropology and Anthropological Economics, in: Social Science Information, 8, 1969, S. 13-33.

67 Vgl. z.B. K. Polanyi, Ökonomie und Gesellschaft, op. cit., S. 215.

Kapitel 2: Die strukturfunktionale Perspektive

1 Vgl. SS, S. 7, 24-26.

2 Vgl. SS, S. 545-555.

3 Vgl. SS, S. 15.

4 Vgl. SS, S. 15-17.

5 Vgl. dazu das Theorem der "institutionellen Integration", SS, S. 43.

6 Vgl. SS, S. 21-22.

7 Vgl. SS, S. 36-42.

8 Vgl. SS, S. 51-58.

9 Vgl. SS, S. 125.

10 Vgl. SS, S. 114-115.

11 Vgl. SS, S. 132-136.

12 Vgl. T. Parsons, The School Class as a Social System: Some of its Functions in American Society, in: Social Structure and Personality, New York 1964 (1959), S. 129-154.

13 Vgl. **SS**, S. 124, 548; **TGTA**, S. 28.

14 Vgl. M. Weber, Wirtschaft und Gesellschaft, op. cit., S. 44-50.

15 Parsons läßt weitgehend offen, wie eine generelle Theorie sozialer Systeme in ihrem Gegenstandsbezug beschreibbar wäre. Parsons zieht offensichtlich eine engere Fassung der Soziologie als Theorie institutioneller Phänomene bzw. als Theorie der Institutionalisierung vor. Vgl. **SS**, S. 548-552.

16 Vgl. T. Parsons, Die Motivierung des wirtschaftlichen Handelns, op. cit., S. 136-159.

17 Vgl. Ib., S. 139. Parsons folgt hier weitgehend der Argumentationslinie Max Webers: Wenn ökonomisch rationales Handeln empirisch nicht als alleiniges oder dominantes Handlungsmotiv verstanden werden kann, dann kann auch theoretisch der Idealtypus des rationalen Handelns nicht der einzige oder zentrale Bezugspunkt einer allgemeinen Theorie des sozialen Handelns sein. Vgl. T. Parsons, Introduction to Max Weber: The Theory of Social and Economic Organization. In: T. Parsons, Essays in Sociological Theory, New York 1947, S. 3-86.

18 Vgl. Ib., S. 150.

19 Diese Perspektive nimmt explizit K. Polanyi ein: Vgl. K. Polanyi, Ökonomie und Gesellschaft, op. cit., S. 219-227.

20 Diesen Aspekt betonte bereits Schumpeter: J. Schumpeter, Wesen und Hauptinhalt der theoretischen Nationalökonomie, Berlin 1970 (1908), insb. S. 539-541.

21 Vgl. z.B. Sombarts allgemeine Kategorien zur Charakterisierung wirtschaftlicher Orientierungen ("Wirtschaftgesinnung") und Organisationsformen. W. Sombart, Die drei Nationalökonomien, op. cit., S. 206-207.

22 Vgl. **SS**, S. 46-51, 57-58, 67.

23 Vgl. **SS**, S. 486.

24 Vgl. **SS**, S. 481.

25 Vgl. T. Parsons, Systematische Theorie in der Soziologie. Gegenwärtiger Stand und Ausblick, in: Beiträge zur soziologischen Theorie, op. cit., S. 31-64.

26 Ib., S. 60.

27 Ökonomie wird in doppelter Weise zum Spezialfall: Sie beschäftigt sich mit bestimmten dynamischen Prozessen, soweit diese durch den Generalnenner 'Geld' ausgedrückt werden können. Diese Prozesse sind wiederum in eine bestimmte institutionelle Struktur (Vertrag, Eigentum, Märkte) eingebettet.

28 Eine solche Konzeption entwickelt z.B. M. Olsen, Economics, sociology and the best of all possible worlds, in: The Public Interest, Summer 1968, S. 96-118.

29 Vgl. T. Parsons, Die Motivierung des wirtschaftlichen Handelns, op. cit., S. 138-139.

30 Vgl. **SS**, S. 551.

31 Schumpeter spricht bereits von der Nutzentheorie als einer "Logik der Werte", ohne jedoch auf eine formale Theorie rationaler Entscheidungen zurückgreifen zu können. Vgl. J.A. Schumpeter, Geschichte der ökonomischen Analyse, Bd. 2, Göttingen 1965, S. 1285; G. Gäfgen, Theorie der wirtschaftlichen Entscheidung, Tübingen 1963, S. 45-50.

32 Vgl. J.A. Schumpeter, Das Wesen und der Hauptinhalt der theoretischen Nationalökonomie, op. cit., S. 49-54.

33 Mehrdimensionalität bedeutet, daß innerhalb eines theoretischen Rahmens verschiedene Dimensionen von Wertmustern definiert werden können. In SS lassen sich drei Dimensionen von Wertorientierungen ausmachen: die kognitive, die moralisch-evaluative und die expressive. Vgl. **SS**, S. 57 ff.

34 Vgl. **SS**, S. 39.

35 Vgl. SS, S. 122-123.

36 Vgl. **SS**, S. 93-94.

37 Vgl. SS, S. 125.

38 G. Eisermann, Vilfredo Paretos System der allgemeinen Soziologie, op. cit., S. 123-124.

Kapitel 3: Die systemfunktionale Perspektive

1 Vgl. T. Parsons, Die Entstehung der Theorie des sozialen Systems, op. cit., S. 1-68.

2 Hierzu gehört vor allem die Anwendung des generellen AGIL-Schemas als gesamtgesellschaftliches "Interchangemodell", die Grundlegung der Medienanalyse und die kybernetische Interpretation von Gleichgewichtsprozessen. Vgl. dazu Abschnitt II., Kap. 2 u. 3.

3 Vgl. z.B. Schumpeters Ansatz in bezug auf die Mängel ökonomischer Theorien. J.A. Schumpeter, Wesen und Hauptinhalt der theoretischen Nationalökonomie, op. cit., S. 583-589.

4 Vgl. J. Stohler, Zur Methode und Technik der Cost-Benefit-Analyse, in: Kyklos, Bd. 20, 1967, S. 218-245.

5 Vgl. **ES**, S. 29-30.

6 Vgl. M. Weber, Wirtschaft und Gesellschaft, op. cit., S. 44 ff.

7 Den Hintergrund der Diskussion bildete die Kontroverse zwischen "objektivistischen" und "subjektivistischen" Wertlehren. Durch das "Alternativkostenkonzept" sollte die alte Trennung zwischen Kostenprinzip und Nutzenprinzip überwunden werden. Marshalls Urteil war salomonisch: Er verglich beide Prinzipien mit den beiden Schenkeln einer Schere, die beide zum Schneiden, d.h. zur Erklärung des Wertes, notwendig seien. Die Kompromißformel verkennt - wie Schumpeter darlegt - den analytisch generellen Charakter des Nutzenkonzepts. Die Gegenüberstellung von Geldkosten und Realkosten trifft den Kern der o.g. Diskussion nicht. Vgl. J.A. Schumpeter, Geschichte der ökonomischen Analyse, op. cit., S. 1108-1126.

8 Vgl. P. Diesing, Reason in Society, Urbana 1962, S. 62.

9 Pareto hat die Entpsychologisierung des Nutzenbegriffs am konsequentesten betrieben. Theorietechnisch zeigt sich dies an der Einführung von sogenannten Indifferenzkurven, d.h. von Güterkombinationen, die in bezug auf ein bestimmtes Nutzenniveau als gleichwertig betrachtet werden. Pareto benutzt den Begriff der Ophélimität, um die subjektive Indexierung von Werten auszudrücken. Es bedarf keiner psychologischen Introspektion oder einer kardinalen Maßeinheit des Nutzens, sondern es wird lediglich vorausgesetzt, daß das Wirtschaftssubjekt eine Rangordnung des Nutzens festlegt. Vgl. V. Pareto, Manual of Political Economy, London 1972, S. 191-209.

10 Hier sind Begriffe der Residuen und Derivationen bei Pareto wichtig. Residuen sind solche nichtlogischen Handlungen, die in grundlegenden Gefühlen und Instinkten verankert sind und im sozialen Leben zum Ausdruck kommen. Derivationen sind Vorstellungen, Deutungen und Rechtfertigungsversuche für die residual bedingte Handlungen. Sie sind der Kern der moralischen Autorität von Werten und Normen und bilden die Grundlage für Phänomene der sozialen Beeinflussung und Überredung. Vgl. G. Eisermann, Vilfredo Paretos System der allgemeinen Soziologie, op. cit., S. 81-155.

11 Vgl. **ES**, S. 22-24; T. Parsons, Vilfredo Pareto. Contributions to Sociology, in **IESS**, vol. 11, 1968, S. 411-416.

12 Vgl. **ES**, S. 22, 30-33. In Paretos Terminologie wäre ein solcher Begründungsversuch ein Beispiel für eine Derivation, die vom Verlangen nach Rationalisierung von Ideen, Gefühlen und Interessen geleitet wird.

13 Diese Problemstellung liegt der neueren wohlfahrtstheoretischen Diskussion zugrunde. Vgl. dazu die schon klassische Arbeit: K.J. Arrow, Social Choice and Individual Values, New Haven 1963, (2. Aufl.).

14 Vgl. **ES**, S. 32.

15 Vgl. dazu die neueren Versuche zu einer Theorie des Marktversagens: R.A. Musgrave, P.B. Musgrave u. L. Kullmer, Die öffentlichen Finanzen in Theorie und Praxis, Bd. 1, Tübingen 1975; K. Mackscheidt und J. Steinhausen, Finanzpolitik II, Düsseldorf 1977, S. 4-12; C.E. Lindblom, Jenseits von Markt und Staat, Frankfurt 1983 (1977), insb. S. 134-154.

16 Vgl. **ES**, S. 90.

17 Vgl. **ES**, S. 185-196.

18 Vgl. **ES**, S. 194.

19 Vgl. **ES**, S. 228.

20 Vgl. **ES**, Fig. 21, S. 225.

21 Vgl. **ES**, S. 225-226.

22 Vgl. **ES**, S. 241.

23 Vgl. **ES**, S. 228-229. Die Kritik an Keynes bleibt jedoch vordergründig. Tatsächlich ist Keynes weder an psychologischen Gesetzmäßigkeiten interessiert, noch stellt er konstante, marginale Konsumquoten als einzig mögliche Spezifikationen dieses "Gesetzes" hin. Keynes interessiert sich für die ökonomischen Implikationen einer Annahme, die als exogene Variable in das theoretische System eingeführt wird.

24 Dieser Anspruch findet sich durchgängig bei Parsons und Smelser: vgl. **ES**, S. 193-194, 196, 227, 232, 241, 245.

25 So fehlt eine theoretische Vorstellung von den vertikalen Beziehungen zwischen den Subsystemen und eine theoretisch generelle Antwort auf das Problem, wie die Beziehungen vermittelt werden. Diese "Lücken" bilden den Anlaß für das Konzept der kybernetischen Kontrollhierarchie und für die Medienanalyse. Vgl. dazu Abschnitt II, Kap. 2 u. 3.

26 Vgl. dazu die schon eher sarkastische Reaktion von Boulding auf das Erscheinen von **Economy and Society**, der ein eklatantes Mißverhältnis zwischen dem Aufwand für das begriffliche Instrumentarium und der inhaltlichen Reichweite der Analyse beklagt. K.E. Boulding, Book Review of "Economy and Society", in: **AJS**, 63, 1958, S. 427-428.

27 Zur Kritik dieser Klausel im Kontext ökonomischer Gesetzesaussagen: H. Albert, Marktsoziologie und Entscheidungslogik, op. cit., insb. S. 341-343.

28 Vgl. T. Parsons, Die Stellung der Soziologie innerhalb der Sozialwissenschaften, op. cit., S. 74.

29 Vgl. z.B. G. Becker, The Economic Approach to Human Behavior, op. cit., insb. S. 5-10.

30 Vgl. T. Parsons, Gesellschaften. Evolutionäre und komparative Perspektiven, Frankfurt 1975, S. 19-53.

31 Vgl. **ES**, S. 10.

32 Vgl. **SS**, S. 42-43.

33 Dadurch werden beide Konzepte auseinandergezogen. Das Problem der sozialen Ordnung wird zu einem Gleichgewichtsproblem, bei dem es um Kompatibilitäten zwischen verschiedenen Systemen und Systemebenen geht. Internalisierung und Institutionalisierung sind dann nicht einfach Spezifikationen eines zentralen Wertsystems, sondern beschreiben unterschiedliche Integrationsmodi verschiedener Systeme, die relativ autonom sind. Vgl. auch Teil II, Kap. 2 und 3.

34 Vgl. zur Analyse struktureller Wandlungsprozesse: **ES**, S. 255-284; Vgl. auch Abschnitt II, Kap. 2 zur Interchange- und Gleichgewichtsanalyse.

35 Zur institutionellen Struktur des ökonomischen Systems: **ES**, Kap. 3.

II. DIE GRUNDPERSPEKTIVEN DER THEORIE DES SOZIALEN AUSTAUSCHS

Kapitel 1: Sozialer Austausch als Interaktion

1 Die besondere Bedeutung von Austauschprozessen bildet vor allem seit der marginalistischen Revolution in der ökonomischen Theorie einen Gravitationspunkt der Theoriebildung. Vgl. S. Clarke, Marx, Marginalism and Modern Sociology. From Adam Smith to Max Weber, London 1982, insb. Kap. 5 u. 6.

2 Die Individualismus-Kollektivismus Dichotomie bildet den Hintergrund der meisten Auseinandersetzungen mit Parsons' Sozialtheorie; vgl. z.B.: P. Ekeh, Social Exchange Theory, London 1974; M.J. Mulkay, Functionalism, Exchange and Theoretical Strategy, New York 1971; J.C. Harsanyi, Rational-Choice Models of Political Behavior vs. Functionalist and Conformist Theories, in: World Politics, 21, 1969, S. 513-538; V. Vanberg, Die zwei Soziologien, op. cit; J.H. Turner, The Structure of Sociological Theory, Homewood, Ill. 1978.

3 T. Parsons, Commentary on "Structural Functionalism, Exchange Theory and the New Political Economy: Institutionalization as a Theoretical Linkage" by Terry Clark, in: **SI**, 42, 1972, S. 299 (299-308).

4 Die Interaktionsanalyse nimmt vor allem in folgenden Arbeiten Parsons' breiten Raum ein: Vgl. **SS**, op. cit., insb. S. 3-45, 201-226, 297-325; **TGTA**, insb. Kap. 2; **WP**, insb. Kap. 3, 5; Psychology and Sociology, in: J. Gillin (ed.), For a Science of Social Man, New York 1954, S. 67-101; Some Highlights of the General Theory of Action, in: R. Young (ed.), Approaches to the Study of Politics, Evanston, Ill. 1958, S. 282-301; Levels of Organization and the Mediation of Social Interaction, in: H. Turk, R.L. Simpson (ed.), Institutions and Social Exchange, New York 1971 (1964), S. 23-35; Social Interaction, in: **IESS**, ed. by D.L. Sills, New York 1968, S. 429-441.

5 Vgl. hierzu die Kritik Parsons' an einem psychologischen Elementarismus: T. Parsons, Psychology and Sociology, op. cit., insb. S. 88 ff; Levels of Organization and the Mediation of Social Interaction, op. cit., insb. S. 24-25 (23-35).

6 Parsons betrachtet das Interaktionskonzept als eine erste sozialtheoretische Spezifikation des allgemeinen Handlungskonzepts. Vgl. T. Parsons, Social Interaction, op. cit., S. 436.

7 Vgl. Ib., S. 434.

8 T. Parsons, The Relation between the Small Group and the Larger Social System, in: R.R. Grinkler (ed.), Toward a Unified Theory of Human Behavior, New York 1956, S. 191 (190-200).

9 Einen guten Überblick über die verschiedenen Ansätze bietet die Arbeit von Ekeh. Allerdings verengt Ekeh seine Diskussion auf den Gegensatz zwischen individualistischen und kollektivistischen Traditionen. Eine solche Sichtweise läßt außer acht, daß z.B. individualistische Theoretiker wie Simmel oder Blau deutliche strukturtheoretische Akzente setzen. Es spricht eigentlich für die Arbeit Ekeh, daß er Parsons in dieses Prokrustesbett nicht recht einzuordnen weiß. Eine sinnvollere Unterscheidung nimmt Befu vor, der zwischen strukturellen und motivationalen Ansätzen in der Theorie des sozialen Austauschs unterscheidet. Vgl. P. Ekeh, Social Exchange Theory, op. cit., insb. Kap. 1; H. Befu, Structural and Motivational Approaches to Social Exchange, in: K.J. Gergen et al. (eds.), Social Exchange. Advances in Theory and Research, New York 1980, S. 197-214.

10 Vgl. P. Ekeh, Social Exchange Theory, op. cit., S. 37-78; ein aufschlußreicher Vergleich zwischen Parsons und Levi-Strauss findet sich bei: A.C. Hayes, A Comparative Study of the Theoretical Orientations of Parsons and Lévi-Strauss, in: Indian Journal of Social Research, 15, 1974, S. 101-111; auf Ähnlichkeiten und Unterschiede zum symbolischen Interaktionismus geht ein: J.H. Turner, Parsons as a Symbolic Interactionist: A Comparison of Action and Interaction Theory, in: **SI**, 44, 1974, S. 283-294.

11 Vgl. T. Parsons, Social Interaction, op. cit., S. 439.

12 Vgl. T. Parsons, Some Highlights, op. cit., S. 284-286.

13 Vgl. C. Lévi-Strauss, Die elementaren Strukturen der Verwandtschaft, Frankfurt 1981, insb. S. 107-127.

14 Vgl. T. Parsons, Some Highlights, op. cit., S. 290-291.

15 So schreibt Parsons mit Blick auf einen fiktiven Schnittpunkt von Performanz und Sanktion:
" There should, then, be a point of equilibrium where the two 'curves' intersect; a level of performance which will produce an optimum level of sanction behavior. This optimum must, I think, be defined in terms of the functioning of the interaction system, rather than of the goals of the individual actor.", Ib., S. 291.

16 Vgl. Ib., S. 290-291.

17 Vgl. **SS**, S. 249-325.

18 So geht die individuelle Persönlichkeit nicht, wie z.B. D.H. Wrong behauptet, in einem Bündel internalisierter Rollen auf. Schon in **TGTA** weist Parsons auf die Unterscheidung zwischen institutionalisierten und faktischen Rollenerwartungen, auf die Eigenständigkeit organischer Bedürfnisse und auf die Interpretationsleistungen des Akteurs hin. Vgl. **TGTA**, S. 155-156; D.H. Wrong, The Oversocialized Conception of Man in Modern Sociology, in: **ASR**, 26, 1961, S. 183-193.

19 So meint Parsons: "It should be made quite clear that the relevance of interaction is not what distinguishes the social system from that of personality. Most emphatically interaction is just as much constitutive of personality as it is of a social system." **SS**, S. 17.

20 Auf die werkgeschichtliche Entstehung und Konstruktionslogik der "Pattern Variables" kann hier nicht näher eingegangen werden. Vgl. dazu die zentralen Arbeiten bei Parsons: **TGTA**, insb. S. 76-105; **SS**, insb. S. 58-67; **WP**, Kap. 3, 5; Pattern Variables Revisited: A Response to Robert Dubin, in: Sociological Theory and Modern Society, New York 1967, S. 192-219; R. Dubin, Parsons' Actor: Continuities in Social Theory. In: T. Parsons, Sociological Theory and Modern Society, op. cit., S. 521-536. Eine präzise Analyse der "pattern variables" als paradigmatisches Instrument liefert: B. Miebach, Strukturalistische Handlungstheorie. Zum Verhältnis von soziologischer Theorie und empirischer Forschung im Werk Talcott Parsons', Opladen 1984, insb. S. 172-186.

21 Vgl. T. Parsons, Pattern Variables Revisited, op. cit., insb. S. 194-199.

22 Vgl. **SS**, Kap. 10.

23 Vgl. **WP**, S. 66-67.

24 Parsons bezieht sich hier auf den Begriff der doppelten Kontingenz, wie er im Rahmen der Verhaltenstheorie von Sears verwendet wird. Allerdings lassen sich eine Reihe "doppelter Kontingenzen" an den verschiedenen Aspekten und Ebenen sozialer Interaktion festmachen. Vgl. hierzu z.B. die differenziertere Analyse von Luhmann, der zwischen Handeln und Erleben unterscheidet und das Problem der Erwartungs-Erwartungen in die Diskussion einführt: N. Luhmann, Rechtssoziologie Bd. 1, Reinbek 1972, insb. S. 31-39; in ähnlicher Richtung: J.J. Loubser, Action and Experience, in: ders. et. al. (eds.), Explorations in General Theory of Social Science, vol. 1, New York 1976, S. 240-263.

25 Das Sicherheitsproblem steht bei Hobbes im Vordergrund, während bei Locke vor allem die Frage nach der Gerechtigkeit des Austauschs auftaucht. Vgl. **SSA**, S. 87-102; zum Diskussionsstand über das Ausbeutungsproblem in der modernen Sozialtheorie: A.W. Gouldner, The Norm of Reciprocity: A Preliminary Statement, in: **ASR**, 25, 1960, insb. S. 165-167 (161-178); P. Ekeh, Social Exchange Theory, op. cit., insb. S. 56-60; G.S. Leventhal, What Should be Done with Equity Theory? New Approaches to the Study of Fairness in Social Relationships, in: K.J. Gergen et al. (eds.), Social Exchange, op. cit., S. 27-55.

26 Vgl. hierzu: P. Watzlawick u.a., Menschliche Kommunikation, Bern 1974, insb. Kap. 3-6; Wie wirklich ist die Wirklichkeit?, München 1980.

27 **TGTA**, S. 105 ff.

28 A.W. Gouldner, The Norm of Reciprocity, op. cit., insb. S. 167-169, 172-176.

29 Parsons demonstriert am Beispiel eines Schachspiels die grundlegende Bedeutung normativer Regeln für die Stabilisierung und Integration sozialer Austauschbeziehungen. Die Regeln schreiben keine spezifischen Züge vor, sondern umschreiben einen Möglichkeitsraum, innerhalb dessen jeder Akteur eine effektive Strategie verfolgen kann. Komplementarität beruht hier darauf, daß beide Spieler nur an einem "regelrechten" Sieg interessiert sind. Vgl. T. Parsons, An Outline of the Social System, in: T. Parsons et al. (eds.), Theories of Society, op. cit., insb. S. 41-42 (30-79).

30 Vgl. T. Parsons, Some Highlights, op. cit., insb. S. 286-288.

31 So formuliert Parsons explizit: "However the point I wish to make here is that all culture is a matter of normative control, or 'guidance' of action. ... However isolated a dyad may be in other respects, it can never generate the ramified common culture which makes meaningful and stable interaction possible." T. Parsons, Social Interaction, op. cit., S. 437, (Hervorhebungen im Original).

32 In die gleiche Richtung verweist auch die grundlegende Unterscheidung zwischen performativen Handlungsprozessen, die auf die Implementierung von gegebenen Zielen in einer Situation beruhen und Prozessen des Lernens und des Strukturwandels, bei denen Ziele bei einer gegebenen Situation erst erworben bzw. definiert werden müssen. Vgl. T. Parsons, Pattern Variables Revisited, op. cit., S. 217.

33 Parsons stellt hier folgende kongruente Wert- oder Normmuster gegenüber:

Leistungswerte (Achievement values)	Anerkennung (Approval)
Werte der Dankbarkeit (Appreciation values)	Belohnung (Response values)
Moralische Werte (Moral-integrative)	Zuwendung (Acceptance values)
Askriptive Werte (Ascriptive values)	Wertschätzung (Esteem values)

Vgl. **WP**, S. 202-208; eine modifizierte Explikation findet sich in: T. Parsons, A Revised Analytical Approach to the Theory of Stratification, in: Essays in Sociological Theory, New York 1964, insb. S. 392-415 (386-439).

34 Vgl. **SS**, S. 297-302; T. Parsons, R.F. Bales, Family, Socialization and Interaction Process, London 1956, Kap. 2.

35 Vgl. **SS**, Kap. 10; The Sick Role and the Role of the Physician Reconsidered, in: Action Theory and the Human Condition, New York 1978, S. 17-34.

36 Vgl. **WP**, Kap. 3 u. 5;

37 Vgl. T. Parsons, The School Class as a Social System, op. cit., S. 129-154; **AU**, Kap. 4.

38 Zum Originalschema: vgl. **CI**, insb. S. 410-415 (405-438).

39 Aktivierung von Verpflichtungen impliziert z.B. positiv die Ermunterung zu einem als wertvoll betrachteten Engagement; negativ sind damit Formen der Sanktionierung durch Bloßstellen, moralische Vorwürfe bzw. Entwertung von Kommunikationsangeboten gemeint. Überredung bezieht sich positiv auf Formen der Beeinflußung durch eine unspezifische soziale Anerkennung und Unterstützung; negativ durch Signalisierung einer ablehnenden, kontroversen Haltung. Kontrolle als positive Sanktion zielt auf Instruktion, Anleitung, Definition von Zielen; negativ auf das Verweigern von Gegenseitigkeit oder das Androhen oder Anwenden von Zwang. Anreize beinhalten positiv ein konditionales Inaussichtstellen von Vorteilen und günstigen Gelegenheiten; negativ ein Vorenthalten von Vorteilen bzw. die Suche nach Ersatzlösungen.

40 Hier ist vor allem an die Ausführungen in **TGTA** zu denken, in denen Parsons auf den Mutualismus von Gratifikationen, die Stabilisierung von Verhaltenssequenzen durch wiederholte Belohnung oder auf Mechanismen der Stimulusgeneralisierung hinweist. Vgl. **TGTA**, S. 105-106, 123-124.

41 Parsons verweist hier auf eine Analogie zum ökonomischen Angebots-Nachfragemodell. Wir werden in Teil III darauf noch näher eingehen. Vgl. T. Parsons, Some Highlights, op. cit., S. 290-291.

42 Eine ähnliche markttheoretische Deutung ließe sich auch mit der von Parsons angesprochenen Balance von Konformität und Abweichung durchführen. Einen solchen Versuch unternimmt z.B.: W.R. Nord, Social Exchange Theory: An Integrative Approach to Social Conformity, in: Psychological Bulletin, 71, 1969, S. 174-208; auf die Einseitigkeit der Analyse abweichenden Verhaltens bei Parsons verweist: N.J. Smelser, R.S. Warner, Sociological Theory, Morristown, N.J., 1976, Kap. 11.

43 Vgl. T. Parsons, Social Interaction, op. cit., S. 437-438.

44 Diesen Vorwurf erhebt z.B. Luhmann. Richtig ist, daß das Konzept der normativen Struktur bei Parsons analytisch dem Sozialsystem als Subsystem des allgemeinen Handlungssystems zugeschrieben wird; Luhmann verkennt jedoch, daß hierin nicht die Behauptung eingeschlossen ist, daß konkrete soziale Strukturen ausschließlich normativ sind.
Vgl. N. Luhmann, Rechtssoziologie, Bd. 1, op. cit., S. 20-21.

45 In diese Richtung geht der Versuch Clarks, die "individualistische" und "strukturfunktionale" Austauschtheorie zu verbinden: T.N. Clark, Structural Functionalism, Exchange Theory, and the New Political Economy: Institutionalization as a Theoretical Linkage, in: **SI**, 42, 1972, S. 275-298; vgl. die Replik von: T. Parsons, Commentary on Clark, op. cit., S. 299-308.

46 Vgl. **SS**, S. 38. Die Betrachtung von Institutionalisierung aus einer motivationalen Perspektive kommt auch in der These von der analytischen Priorität von Internalisierung zum Ausdruck: T. Parsons, Some Highlights, op. cit., S. 288-289.

47 Den ersten Aspekt betont vor allem Luhmann, der am Beispiel des Erziehungssystems darauf hinweist, daß soziale Systeme nur begrenzt und äußerst selektiv auf Handlungspotentiale der beteiligten Akteure zurückgreifen. Die andere Seite beleuchtet Erving Goffmann mit seinem Konzept der Rollendistanz, durch die eine Schutzzone der Indifferenz gegenüber normativen Erwartungen geschaffen wird, die einem Akteur ermöglicht, Autonomie und einen persönlichen Verhaltensstil zu präsentieren. Vgl. E. Goffmann, Interaktion: Spaß am Spiel - Rollendistanz, München 1973, insb. S. 93-171; N. Luhmann, K.E. Schorr, Wie ist Erziehung möglich? Eine wissenschaftssoziologische Analyse der Erziehungswissenschaft, in: Zeitschrift für Sozialisationsforschung und Erziehungssoziologie, 1, 1981, S. 37-54.

48 Vgl. dazu die interessante Fall-Analyse von Clifford Geertz, der am Beispiel einer javanischen Begräbniszeremonie analysiert, wie eine Diskontinuität zwischen kultureller und sozialer Integration, soziale und kulturelle Konflikte heraufbeschwört. Vgl. C. Geertz, Ritual und sozialer Wandel: ein javanisches Beispiel, in: Dichte Beschreibung. Beiträge zum Verstehen kultureller Systeme, Frankfurt 1983, S. 96-132.

49 Parsons hat gerade durch die Konstruktion unterschiedlicher theoretischer Referenzsysteme wie Kultur, Sozialsystem, Persönlichkeitssystem und durch die Unterscheidung zwischen Werten und Normen die theoretischen Grundlagen für eine differenzierte Betrachtung geschaffen. Dennoch erscheint mir die argumentative Anbindung beider Konzepte eher geeignet, wichtige Unterschiede einzuebnen.

50 Vgl. T. Parsons, An Outline of the Social System, op. cit., S. 43-47.

Kapitel 2: Sozialer Austausch als Interchange

1 Die zentralen Arbeiten Parsons' zum "Interchangemodell" des sozialen Austauschs: **ES**, Kap. 2; An Outline of the Social Systems, op. cit., S. 30-79; T. Parsons, General Theory in Sociology, in: R.K. Merton, L. Broom & L.S. Cottrell (Jr.), Sociology Today, Bd. 1, New York 1959, S. 3-38; Social Systems, in: **IESS**, 1968, S. 458-473; Some Problems of General Theory in Sociology, in: Social Systems and the Evolution of Action Theory, New York 1977, S. 229-269; The Present Status of "Structural-Functional" Theory, in: L.A. Coser (ed.), The Idea of Social Structure, New York 1975, S. 67-83; C. Ackerman u. T. Parsons, Der Begriff "Sozialsystem" als theoretisches Instrument, in: Zur Theorie sozialer Systeme (hrsg. v. S. Jensen), Opladen 1976, S. 69-84.

2 Wagner kritisiert, daß Parsons ähnlich wie Homans keinen Unterschied zwischen der Analyse von Klein- und Großgruppen mache. Tatsächlich läßt sich die Interaktions- und Interchangeanalyse bei Parsons nicht mit dem empirischen Kriterium der Größe unterscheiden. Die Kritik ist verfehlt, weil es gerade nicht darum geht, "bereichsspezifische" Theorien zu formulieren, sondern generelle Analyseraster, die auf unterschiedlichen Aggregatebenen anwendbar sind.
Vgl. H.R. Wagner, Displacement of Scope: A Problem in the Relation between Small Scale and Large Scale, Sociological Theories, in: **AJS**, 69, 1964, S. 571-584.
Vgl. die kritische Auseinandersetzung mit dem Elementarismus in Homans' Austauschtheorie: T. Parsons, Levels of Organization, op. cit., S. 23-35.

3 Vgl. T. Parsons, The Present Status, op. cit., S. 70.

4 Die funktionalen Beziehungen können positiv oder negativ sein: Auch die Analyse dysfunktionaler Konsequenzen setzt die Vorstellung von einem Bezugssystem voraus. Parsons' funktionale Analyse sucht gerade die klassischen Fehlschlüsse funktionalistischer Analyse zu vermeiden: Es wird weder unterstellt, daß es nur eufunktionale Konsequenzen gibt, noch daß nur derartige Strukturen "überleben".
Parsons behauptet auch keinesfalls, daß jedes Element für jedes Bezugssystem funktional signifikant sein müsse oder daß Elemente eines Sozialsystems einer immanenten Tendenz zur Erfüllung funktionaler Erfordernisse entspringen. Vgl. zu den funktionalen Postulaten die klassische Analyse von: R.K. Merton, Social Theory and Social Structure, New York 1957, S. 19-36.

5 Vgl. T. Parsons, The Point of View of the Author, in: M. Black (ed.), The Social Theories of Talcott Parsons, Englewood Cliffs, N.J. 1961, S. 338-339 (311-363).

6 Die Input-Output Kategorien werden als Prozeßkategorien aufgefaßt; Werte, Normen, Kollektive und Rollen bezeichnen hingegen generelle Strukturmerkmale sozialer Systeme.

7 Vgl. die Formulierung in der Universitätsstudie von Parsons und Platt: **AU**, S. 13-15.

8 Vgl. dazu T. Parsons, Some Problems of General Theory in Sociology, op. cit., S. 231-234.

9 Vgl. C. Ackerman u. T. Parsons, Der Begriff "Sozialsystem" als theoretisches Instrument, op. cit., S. 76-77.

10 Die Leistungs-Sanktions-Bilanz zwischen Handlungseinheiten kann auch als Input-Output Gleichgewicht einer Handlungseinheit aufgefaßt werden, wenn man die betreffende Handlungseinheit als Subsystem in einem umfassenderen System betrachtet. Vgl. **WP**, S. 215-217.

11 Vgl. **ES**, S. 46.

12 Vgl. T. Parsons, The Evolution of Societies, (ed. by J. Toby), Englewood Cliffs, N.J. 1977, S. 237.

13 Es lassen sich drei Varianten ausmachen: In **ES** wird der Prozeß der strukturellen Differenzierung als ein Zyklus der Implementierung von Innovationen dargestellt. Diesem Innovationsmodell folgt später ein Progressionsmodell, bei dem der Prozeß der strukturellen Differenzierung eine bestimmte Abfolge von Phasen durchläuft. Diese Fassung wird dann evolutionstheoretisch erweitert. Vgl. **ES**, S. 255-274; eine frühere Fassung ist enthalten in: The Problem of Controlled Institutional Change, in: Essays in Sociological Theory, New York 1954, S. 238-274; Some Considerations on the Theory of Social Change, in: Rural Sociology, 26, 1961, S. 219-239.

14 T. Parsons, Comparative Studies and Evolutionary Change, in: J. Vallier (ed.), Comparative Methods in Sociology, Berkeley 1971, S. 97-139; The Evolution of Societies, op. cit., S. 134.

15 Vgl. T. Parsons, An Approach to Psychological Theory in Terms of the Theory of Action, in: S. Koch (ed.), Psychology: A Study of a Science, New York 1959, S. 660 (612-711).

16 Vgl., **AU**, S. 34-40.

17 Ib., S. 34.

18 Vgl. T. Parsons, An Approach, op. cit., S. 660.

19 Um Mißverständnissen vorzubeugen: Dynamisierung schließt nicht die theoretisch wie empirisch unhaltbare Behauptung ein, daß Wandel von Sozialstrukturen stets auf ökonomische oder politische Faktoren zurückgingen. Gemeint ist lediglich, daß diese Faktoren dazu tendieren, Möglichkeitsräume zu eröffnen, die den Informationsgehalt normativer Strukturen tendenziell reduzieren. Eine Reinterpretation der Kontroll-Bedingungshierarchie als gegenläufige Steuerungs-Dynamisierungshierarchie nimmt Richard Münch vor. Vgl. R. Münch, Theorie des Handelns, op. cit., S. 97-109.

20 T. Parsons, An Outline of the Social System, op. cit., insb. S. 60-70.

21 Vgl. Ib., S. 37.

22 Vgl. dazu die Analogien zur klassischen Mechanik in den "Working Papers". Parsons formuliert hier vier "Gesetze", die als allgemeine Bedingungen von Gleichgewichten gelten sollen: Das Prinzip der Trägheit, das Prinzip der Aktion und Reaktion, das Prinzip der Kraft und das Prinzip der Systemintegration. **WP**, S. 102-103. Die Tragfähigkeit der Analogien beurteilt W.R. Catton aus naturalistischer Sicht weitgehend kritisch: W.R. Catton, From Animistic to Naturalistic Sociology, New York 1966, insb. S. 225-237.

23 Vgl. T. Parsons, The Point of View of the Author, op. cit., insb. S. 339-341.

24 Vgl. die Schaubilder in: **ES**, Fig. 4, S. 68; "Voting" and the Equilibrium of the American Political System, in: Politics and Social Structure, op. cit., S. 238 (204-240); **AU**, Fig. A 2, S. 428.

25 Goulds Kritik am Format des Interchangeparadigmas beruht auf dieser Unterstellung. Vgl. M. Gould, Systems Analysis, Macrosociology and the Generalized Media of Action, in: J.J. Loubser et al. (eds.) Explorations in the General Theory of Social Science, New York 1976, S. 470-506.

26 "The integrative functions on the other hand, are concerned with the internal environment of the system. They define the ways in which the action-situations of units and subsystems came to be a function of structures that transcend the particular subsystem itself, but which at the same time are characteristic of the larger system." **AU**, S. 429.

27 Vgl. T. Parsons, Durkheim's Contribution to the Theory of Integration of Social Systems, in: Sociological Theory and Modern Society, op. cit., S. 3-34; T. Parsons, The Point of View of the Author, op. cit., S. 343-345; T. Parsons, Pattern Variables Revisited, op. cit., insb. S. 211-214.

28 Die Veränderungen beziehen sich vornehmlich auf die Beziehung zwischen dem L-A System. Parsons bezeichnet dieses System als 'Arbeits-Konsummarkt'-System. Dies stellt eine voreilige Konkretisierung eines analytischen Modells dar, da das Austauschsystem weder notwendig einen Marktcharakter hat, noch die Qualität der Beziehungen auf "Arbeit und Konsum" reduziert werden kann. Ebenso erscheint die Bezeichnung 'Rechtfertigungssystem' (I-A) zweckmäßiger als die Bezeichnung "System der Allokationsstandards", um den institutionell normativen Charakter des Austauschssystems deutlicher zu machen.

29 So werden z.B. in **ES** die Austauschbeziehungen zwischen dem ökonomischen und dem politischen System primär unter dem Aspekt der Steuerung von Investitionen, Geld und Kredit betrachtet. Im Aufsatz zum Medium Macht erfolgt dann eine modifizierte Fassung dieser Austauschbeziehung. Diese ist nicht nur genereller angelegt, sondern enthält eine Redefinition der Austauschkategorien. Vgl. **ES**, S. 72-78, 128-139, 161-171; **PP**, S. 397 ff.

30 Vgl. **ES**, S. 70-74, 85-100, 146-161.

31 Selbst der Lohn symbolisiert mehr als nur Kaufkraft und die damit verbundenen Erwerbs- und Konsumchancen. Er symbolisiert auch differentielle soziale Anerkennung, Zugehörigkeit und Selbstbestätigung. Vgl. **ES**, S. 114-123, 179-184. Im Bereich des Konsums wird dies noch deutlicher. So hebt z.B. Bourdieu hervor, daß der Nichtbesitz eines Fernsehers zu einem distinktiven Merkmal des gehobenen Geschmacks in Frankreich geworden ist. Vgl. P. Bourdieu, Die feinen Unterschiede, Frankfurt 1982, S. 195-209.

32 Vgl. **ES**, S. 70-72; R. Münch, Theorie des Handelns, S. 132-138.

33 Zur kulturell-expressiven Dimension von Produktion und Konsum vgl. J. Baudrillard, La société de consommation, Paris 1970; M. Sahlins, Kultur und praktische Vernunft, Frankfurt 1981, Kap. 4 u. 5.

34 Vgl. hierzu die Kritik von Savage an Parsons: S.P. Savage, The Theories of Talcott Parsons, op. cit., insb. S. 188-193.

35 Vgl., Ib., insb. S. 166-195.

36 Savage unterschlägt in seiner Darstellung, daß die Institutionalisierung von Werten für Parsons kein Epiphänomen der Symbolinhalte ist, sondern vielfältigen Veränderungsprozessen unterworfen ist. So geht es nicht nur um die Konsistenz der Wertbedeutungen, sondern auch um die Vereinbarkeit der Wertinhalte mit den Bedingungen eines sozialen Konsenses und den ökonomischen und politischen Interessen sozialer Kollektive.

37 Für Parsons stellen die adaptive und die Strukturerhaltungsfunktion die zentralen Bezugspunkte der Systemdefinition dar. Vgl. **AU**, S. 429.

38 Vgl. den individualistischen Ansatz der nichtgewollten Effekte intentionalen Handelns bei: R. Boudon, Die Logik des gesellschaftlichen Handelns, Neuwied 1980; V. Vanberg, Markt und Organisation, Tübingen 1982, insb. S. 47-75.

39 Schon in **SSA** hieß es dazu: "But in estimating the role of the normative elements in the total system of action in which this particular actor constitutes a unit, it would obviously be illegitimate to include these elements in the situation for the system as a whole. For what are, to one actor, non-normative means and conditions are explicable in part, at least, only in terms of the normative elements of the action of others in the system." **SSA**, S. 50.

40 Vgl. dazu die Kritiken von : R. Dahrendorf, Pfade aus Utopia. Zu einer Neuorientierung der soziologischen Analyse, in: Pfade aus Utopia, München 1974, S. 242-262; Struktur und Funktion. T. Parsons und die Entwicklung der soziologischen Theorie, in: Pfade aus Utopia, München 1974, S. 213-242; D.P. Ellis, The Hobbesian Problem of Order, op. cit., S. 692-703; J.C. Harsanyi, Rational-Choice Models of Political Behavior vs. Functionalist and Conformist Theories, op. cit., S. 513-538.

41 Vgl. Smelsers Epilog in der Universitätsstudie von Parsons und Platt. N.J. Smelser, Epiloque: Social-Structural Dimensions of Higher Education, in: **AU**, S. 389-422.

42 Ib., S. 447.

43 **VC**, S. 454-455.

44 Der Begriff der Interpenetration ist vor allem in der neueren Rezeption aufgegriffen worden. Der Begriff ist jedoch bei Parsons nicht systematisch entwickelt worden. Formal bezeichnet Interpeneration eine Klasse von System-Umwelt-Beziehungen, die durch den partiellen Einschluß gemeinsamer Elemente charakterisiert werden kann. Von daher ist der potentielle theoretische Anwendungsbereich sehr weit gefaßt. Der substantielle Bezugspunkt für die o.g. theoretischen Konzepte besteht in der Implementierung kulturell-normativer Elemente in unterschiedlichen Subsystemen. Den Versuch, Interpenetration für eine vergleichend-historische Analyse im Anschluß an Webers Erklärung des Entstehens und der Entwicklung der modernen Sozialordnung fruchtbar zu machen, unternimmt: R. Münch, Theorie des Handelns, op. cit., insb. S. 470-547; zur theoretischen Einbindung des Konzepts: Vgl. N. Luhmann, Interpenetration. Zum Verhältnis personaler und sozialer Systeme, in: **ZfS**, 6, 1977, S. 62-76; S. Jensen, Interpenetration - Zum Verhältnis personaler und sozialer Systeme, in: **ZfS**, 7, 1978, S. 116-129.

45 Vgl. T. Parsons, Social Systems, in: **IESS**, op. cit., S.460

46 Vgl. T. Parsons, An Outline of the Social System, op. cit., S. 70.

47 Vgl. Ib., S. 62-66.

Kapitel 3: Sozialer Austausch und die Medientheorie

1 Vgl. Parsons' grundlegende Arbeiten zur Medientheorie: T. Parsons, On the Concept of Political Power (**PP**), op. cit. S. 352-404; On the Concept of Influence (**CI**), op. cit., S. 405-438; On the Concept of Value-Commitments (**VC**), op. cit., S. 439-472; Some Problems of General Theory in Sociology, op. cit., S. 229-269; Soziale Struktur und die symbolischen Interaktionsmedien, in: P.M. Blau (Hg.), Theorie sozialer Strukturen, Opladen, 1978, S. 93-115.

2 Die Unterscheidung von "real" und "symbolisch" darf nicht auf die Gegenüberstellung von sprachlichen Objekten einerseits und der physikalischen Beschaffenheit einer Sache andererseits reduziert werden. So besteht die "reale" Seite ökonomischer Prozesse für eine ökonomische Theorie nicht in der Analyse der stofflichen Beschaffenheit der Güter, sondern in deren Signifikanz als "nützliche" Gebrauchswerte. "Güter" im ökonomischen Sinn sind neben materiellen Gütern auch Dienstleistungen oder bestimmte Informationen. Der Güterbegriff ist ein analytisches Konzept und somit als eine primäre Abstraktion zu betrachten.

3 Bereits in **SSA** wird der Begriff des Handelns als intermediäres System eingeführt, welches durch symbolisch-kulturelle und mechanisch-natürliche Prozesse gesteuert wird. Entsprechend auch die Unterscheidung zwischen drei Systemen des Wissens: Kultur-, Handlungs- und Naturwissenschaften. Vgl. **SSA**, S. 762. Durch das kybernetische Informations-Energie-Modell wird dieser Bezugsrahmen verfeinert: Symbole kontrollieren Objekte nicht einfach per Zuordnung, sondern sie üben ihre Kontrollfunktion über die Bindung von "Energie" aus. Vgl. T. Parsons, Action, Symbols, and Cybernetic Controls, in: I. Rossi (ed.), Structural Sociology, New York 1982, S. 49-65; The Point of View of the Author, op. cit., S. 356; Zur Anwendung des Parsons'schen Institutionalisierungskonzepts vgl.: L.H. Mayhew, Stability and Change in Legal Systems, in: B. Barber & A. Inkeles (eds.), Stability and Social Change, Boston 1971, S. 187-210.

4 So können Geldzeichen zwar als Symbol für ökonomische Werte oder als Anweisung auf ökonomische Güter verstanden werden; hieraus ergibt sich jedoch nicht automatisch die Bereitschaft zur Annahme und Weiterverwendung von Geld. Vgl. auch: T. Parsons, Some Problems, op. cit., S. 241, **CI**, S. 406-409.

5 Der Zeitdimension liegt sowohl die Unterscheidung von Ziel und Mittel im ursprünglichen Handlungsschema als auch die Unterscheidung zwischen instrumentellen und konsumatorischen Bezügen im A G I L Schema zugrunde. Die Parallele zum ökonomischen Konzept der "Zeitpräferenz" und zu der Unterscheidung zwischen produktiven Aufwendungen und konsumtiven Verwendungen innerhalb einer Periode wird hier besonders deutlich. Vgl. **SSA**, S. 43 ff.; Some Problems of General Theory in Sociology, op. cit., insb. S. 229-232.

6 Aus dem Interchangemodell ergeben sich zwei Ansatzpunkte: Der eine betrifft die Rolle normativer Faktoren bei der "Determination" von Handeln, der andere betrifft die Rolle unterschiedlicher Interessen bei der Anpassung an veränderliche Bedingungen der Situation. Normative Muster werden als eine latente Struktur aufgefaßt, die sich in konkreten Austauschprozessen manifestieren. Medien überbrücken diese Differenz, indem sie relevante Ressourcen bezeichnen können und gleichzeitig den normativen Kontext ihrer Verwendung symbolisieren. Unter dem Aspekt der Fluktuation von Interessen und situativen Anpassungsstrategien können Medien sowohl als generelle Indikatoren von Interessenschwankungen als auch als Bezugspunkt von konkreten Dispositionen aufgefaßt werden. Vgl. T. Parsons, Soziale Struktur und die symbolischen Tauschmedien, op. cit., S. 96-97.

7 Dies ist nicht so zu verstehen, als könnten Makro-Zustände aus der Aggregation von isoliert getroffenen, individuellen Entscheidungen abgeleitet werden oder umgekehrt, als seien Mikro-Zustände allein durch makroskopische Strukturen streng determiniert. Makroskopische Strukturen stellen eher langfristig wirkende Größen dar, die gegenüber kurzfristigen Fluktuationen und Bewegungen ihrer einzelnen Elemente relativ invariant sind. Sie beeinflussen die Mikroebene durch eine Definition und Begrenzung von Realisierungsmöglichkeiten mittels bestimmter Informationen und nicht durch streng deterministische Zuordnungen.

8 Auf die eigentümliche Verknüpfung von Freiheit und Bindung, von Individualisierung und Vergesellschaftung hat vor allem Simmel am Beispiel des Geldes aufmerksam gemacht. Dieser Grundgedanke ist für das Verständnis der allgemeinen Medientheorie bei Parsons von zentraler Bedeutung. Vgl. G. Simmel, Das Geld in der modernen Kultur, in: Schriften zur Soziologie, (hrsg. u. eingeleitet von H.J. Dahme u. O. Rammstedt) Frankfurt 1983 (1896), S. 78-94.

9 Auf diesen Aspekt haben schon Tönnies und insbesondere Simmel aufmerksam gemacht. G. Simmel, Die Kreuzung sozialer Kreise, in: Soziologie, Berlin 1968 (1908), S. 305-344; F. Tönnies, Einführung in die Soziologie, Stuttgart 1981 (1931), S. 63-73; zum Begriff der gesellschaftlichen Gemeinschaft: T. Parsons, Das System moderner Gesellschaften, München 1976, S. 22-29, S. 111-120; Equality and Inequality in Modern Society, or Social Stratification Revisited, in: Social System and the Evolution of Action Theory, op. cit., insb. S. 326-346 (321-380).

10 So interpretiert Heinemann Geld als Ersatz für sozialnormative Bindungen. Demgegenüber läßt sich gerade mit Simmel argumentieren, daß Geld nicht nur erweiterte Bindungen schafft, sondern auch wesentlich zur Herausbildung egalitärer und universalistischer Normen beigetragen hat. Vgl. K. Heinemann, Grundzüge einer Soziologie des Geldes, Stuttgart 1969, S. 119; G. Simmel, Das Geld in der modernen Kultur, op. cit., insb. S. 82 ff.

11 Vgl. G. Simmel, Die Kreuzung sozialer Kreise, op. cit., S. 326-328.

12 Vgl. T. Parsons, Soziale Struktur und die symbolischen Interaktionsmedien, op. cit., insb. S. 93-101.

13 Der Generalisierungseffekt besteht darin, daß die Fähigkeit der Sanktionierung relativ unabhängig von den Besonderheiten der Situation, den beteiligten Personen und den Austauschobjekten ist. Hier ist in Analogie zum Sprachmodell zwischen der Verfügung über Medien (Kapazität), der Kompetenz im Umgang mit Medien und der konkrete Gebrauch (Performanz) von Medien zu unterscheiden. Wer über Geld verfügt, hat nicht notwendigerweise auch das entsprechende Wissen über Geld und wer das Wissen hat, muß nicht notwendigerweise immer den richtigen Gebrauch davon machen.

14 Vgl. **VC**, S. 444-446.

15 Die Zuordnung von Medien auf dem "Positiv-Negativ"-Schema ist m.E. nicht sinnvoll, da alle Medien beide Bedeutungen annehmen können. Vgl. die modifizierte Fassung in Teil II, Kap. 1.

16 So kann z.B. im Fall von Geld ein Akteur signalisieren, daß mangelnde Tauschbereitschaft mit der Nutzung anderer Offerten "bestraft" bzw. ganz auf einen Austausch verzichtet wird. Vgl. **VC**, S. 448.

17 Die Wechselseitigkeit des Vorteils stellt eine Bedingung vertraglich sanktionierter Austauschbeziehungen dar. Vgl. **ES**, S. 108.

18 Vgl. **PP**, S. 369-371.

19 Vgl. **CI**, S. 410.

20 Vgl. **CI**, S. 410; **VC**, S. 443-444.

21 Vgl. **CI**, S. 415-419.

22 Vgl. **VC**, S. 456.

23 Vgl. **VC**, S. 444.

24 Vgl. die Kategorien "Sein" und "Haben" bei: E. Fromm, Haben und Sein, München 1979, S. 195 ff., S. 203 ff.

25 Vgl. **ES**, S. 71 f, S. 77, S. 79 f.

26 Vgl. den technischen Anhang in: **PP**, S. 397-404; **AU**, S. 426-434.

27 Parsons stellt die Explikation der Input-Output Kategorien als einen Kompromiß zwischen dem Anspruch auf theoretische Generalität und empirisch identifizierbaren Bezügen dar. Vgl. **AU**, S. 431.

28 Vgl. **ES**, S. 156-161.

29 Vgl. **CI**, S. 410-415.

III. DAS PROBLEM DER GENERALISIERUNG DES ÖKONOMISCHEN MODELLS

Kapitel 1: Ökonomischer Tausch und soziale Interaktion

1 Vgl. **ES**, insb. S. 8-38, S. 308-309.

2 Vgl. K.E. Boulding, Ecodynamics. A New Theory of Societal Evolution, London 1978, insb. S. 225-231; Ökonomie als Wissenschaft, München 1976, insb. S. 18-37.

3 Vgl. M. Olsen, Economics, Sociology and the best of all possible worlds, op. cit., S. 96-118; R.B. McKenzie und G. Tullock, Modern Political Economy, op. cit., S. 81-84.

4 Der Begriff 'Internalisierung' externer Effekte hat nichts mit dem Konzept der Internalisierung sozialer Objekte und normativer Muster bei Parsons zu tun. Er bezieht sich auf die Zurechenbarkeit positiver oder negativer Handlungsfolgen, die für andere entstehen.

5 Vgl. dazu: G. Kirsch, Neue Politische Ökonomie, op. cit., S. 19-27; D. MacRae, Normative Assumptions in the Study of Public Choice, in: Public Choice, 16, 1973, S. 27-41.

6 Vgl. D. Ricardo, Grundsätze der politischen Ökonomie und der Besteuerung, Frankfurt 1980 (1817), Kap. VII.

7 Vgl. den Begriff des ökonomischen Gleichgewichts bei: F.A. Hayek, Wirtschaftstheorie und Wissen, in: Individualismus und wirtschaftliche Ordnung, Zürich 1952, S. 49-77.

8 Vgl. F.A. Hayek, Der Sinn des Wettbewerbs, in: Individualismus und wirtschaftliche Ordnung, op. cit., S. 122-141.

9 Vgl. H.R. Recktenwald, Zur Lehre von den Marktformen, in: A.E. Ott (Hg.), Preistheorie, Köln 1965, S. 62-84.

10 Vgl. dazu die klassische Arbeit von: F.H. Knight, The Ethics of Competition and Other Essays, New York 1969 (1934), insb. S. 58-75.

11 Zum Katalog möglicher Funktionsdefizite des Marktes vgl. den Literaturnachweis in der Anmerkung 15, Kap. 3, Teil I.

12 Zur Theorie der Eigentumsrechte: A. Alchian & H. Demsetz, The Property Rights Paradigm, in: Journal of Economic History, 23, 1973, S. 16-27; E. Furubotn & S. Pejovich (eds), Property Rights and Economic Theory: A Survey of Recent Literature, in: Journal of Economic Literature, 10, 1972, S. 1137-1162; dies., The Economics of Property Rights, Cambridge, Mass. 1974; R. Eschenburg, Mikroökonomische Aspekte von Property Rights, in: K.E. Schenk (Hg.), Ökonomische Verfügungsrechte und Allokationsmechanismen in Wirtschaftssystemen, Berlin 1978, S. 9-27.

13 Diese Aspekte analysiert die schon klassische Gruppentheorie Olsons. Vgl. M. Olsen, Die Logik des kollektiven Handelns, Tübingen 1968.

14 Vgl. R.B. McKenzie u. G.Tullock, Modern Political Economy, op. cit., S. 80-82.

15 Vgl. O.E. Williamson, The Economics of Organization: The Transaction Cost Approach, in: **AJS**, 87, 1981, S. 548-577.

16 Vgl. V. Vanberg, Die zwei Soziologien, op. cit., insb. S. 120-133, S. 144-194.

17 Vgl. Ib., S. 185-186.

18 Vgl. K. Menzies, Talcott Parsons and the Social Image of Man, op. cit.

19 Vgl. Ib., S. 59.

20 Vgl. D.N. Levine, Introduction. Simmel and Parsons. Two Approaches to the Study of Society, New York 1980, insb. S. 54-60 (3-64).

21 Vgl. V. Vanberg, Die zwei Soziologien, op. cit., S. 188.

22 Vgl. die Abgrenzung von: R.B. McKenzie und G. Tullock, Modern Political Economy, op. cit., S. 28-29.

23 Vgl. dazu Teil I. Kap. 2.2.2

24 Vgl. dazu die Analyse des Vertrages in: **ES**, S. 101-139.

25 Zum einen hält Parsons die Konstruktion empirisch genereller Verhaltensgesetze für verfehlt; zum anderen lehnt er die Maximierungshypothese explizit ab. Vgl. **TGTA**, S. 121 f S. 234 f; **SS**, S. 3-23, S. 536-555; Psychology and Sociology, op. cit., S. 67-101; Levels of Organization, op. cit., S. 23-35.

26 Vgl. **ES**, S. 9-13.

27 **ES**, S.10; T.Parsons, Some Highlights, op. cit., S. 291.

28 Vgl. **WP**, S. 99-103; kritisch zur Tragfähigkeit dieser Analogien: W.R. Catton, From Animistic to Naturalistic Sociology, op. cit., insb. S. 225-231.

29 Vgl. **AU**, S. 357-358.

30 Vgl. T. Huppes, Economic sociology or sociological economics, in: ders. (ed), Economics and sociology: towards an integration, Leiden 1976, S. 27-50.

31 Vgl. R.B. McKenzie u. G. Tullock, Modern Political Economy, op. cit., S. 38.

32 Typischerweise wird das Knappheitsproblem in sogenannten primitiven oder traditionalen Gesellschaften gar nicht als moralische Herausforderung für eine systematische Organisation von Arbeit thematisiert. Erst mit dem Entstehen des Markt- und Industriesystems wird Knappheit zum expliziten Bezugspunkt ökonomischen Handelns. In traditionalen Gesellschaften indizieren feste Preissysteme keine Knappheiten, sondern es geht um die Bekräftigung und Symbolisierung der bestehenden sozialen Beziehungsstrukturen durch Tauschprozesse. Vgl. W. Gerloff, Geld und Gesellschaft, Frankfurt 1952, insb. S. 146-151; K. Polanyi, The Great Transformation, Frankfurt 1978 (1944), insb. S. 224-243; Ökonomie und Gesellschaft, op. cit., S. 129-147.

33 So wird z.B. die Debatte zwischen Fiskalisten und Monetaristen ja nicht über Freiheit oder Unfreiheit der Preisbildung geführt, sondern es geht um die Frage, ob eine Beeinflußung der Preise über die Steuerung der Geldmenge oder über finanzpolitische Interventionen und Kontrollen erfolgen kann. Die normative Ebene der Diskussion wird dann in der Regel über die System- bzw. Marktkonformität der Mittel geführt. Vgl. zum Konzept der Systemkonformität der Wirtschaftspolitik: M.E. Streit, Theorie der Wirtschaftspolitik, Düsseldorf 1982 (2. Aufl.), S. 186-191.

34 Zur Bedeutung des Pareto-Kriteriums für die Legitimation kollektiven Handelns: M. Fritsch, Ökonomische Ansätze zur Legitimation kollektiven Handelns, Berlin 1982, S. 43-70.

35 Vgl. zu den "nichtkontraktuellen Elementen des Vertrages" die klassische Arbeit von: E. Durkheim, Über die Teilung der sozialen Arbeit, op. cit., S. 240-258.

36 Vgl. F.H. Knight, The Ethics of Competition, op. cit., S. 58-75.

37 Einen Überblick über die verschiedenen Varianten des Legitimationsproblems aus ökonomischer Sicht liefert: M. Fritsch, Ökonomische Ansätze zur Legitimation kollektiven Handelns, op. cit, S. 33-42, Teil C;
vgl. auch: R. Eschenburg, Ökonomische Theorie der Verfassung, Tübingen 1977.

38 Vgl. R. Musgrave, Finanztheorie, Tübingen 1966, S. 15.

39 Vgl. J.G. Head, Über meritorische Güter, in: H.C. Recktenwald (Hg.), Finanztheorie, Köln-Berlin 1970, S. 46-74:.; Merit Wants Revisited, in: Finanzarchiv, N.F. 28, 1969, S. 214-225; K. Mackscheidt, Meritorische Güter: Musgraves Idee und deren Konsequenzen, in: Das Wirtschaftsstudium (**WiSu**), 3, 1974, S. 237-241.

40 So verfing sich die Diskussion alsbald in dem Problem, wie zwischen einer helfenden Korrektur und einer willkürlichen Bevormundung unterschieden werden soll. Vgl. dazu: N. Andel, Zur Diskussion über Musgraves Begriff der "merit wants", in: Finanzarchiv, N.F. 30, 1971, S. 257-265.

41 Vgl. **SS**, S. 428-479.

42 Die Suche nach Gewißheit macht u.U. den Nutzen, den der Laie aus der Interaktion mit dem Experten tragen kann, zunichte. Wer nur solche Ratschläge akzeptiert, deren Konsequenzen unmittelbar überprüfbar sind oder wer die Überprüfung von Experten selbst zum zentralen Thema der Interaktion macht, erhält sichere aber auch nur banale Informationen. Der Arzt, der ständig mit rechtlichen Klagen seiner Patienten rechnen muß, wird selbst jedes Risiko zu vermeiden suchen und nur noch sichere "Fälle" behandeln.

Kapitel 2: Makroökonomisches Gleichgewicht und der gesellschaftliche Kreislauf

1 Typische Handlungseinheit in der mikroökonomischen Markttheorie ist nicht das einzelne Individuum, sondern der Haushalt bzw. die Unternehmung. Schon Frank Knight bemerkte dazu, daß der Individualismus der ökonomischen Theorie eher ein Familiarismus ist. Vgl. F.H. Knight, The Ethics of Competition, op. cit., S. 49 ff.

2 So stützt sich z.B. der monetaristische Ansatz in der Geldtheorie explizit auf eine mikroökonomische fundierte Wahlhandlungstheorie. Dies wird besonders relevant, wo es um die Transmission monetärer Impulse geht. Hierbei spielen Umschichtungen der Vermögensbestände nach Maßgabe einer optimalen Vermögensstruktur eine entscheidende Rolle. Vgl. dazu: D. Duwendag u.a., Geldtheorie und Geldpolitik, Köln 1977, S. 196-212.

3 Zur ökonomischen Diskussion um das Aggregationsproblem: Vgl. L.R. Klein, Remarks on the Theory of Aggregation, Econometrica, 14, 1946, S. 303-312; K.O. May, The Aggregation Problems for an One-Industry Model, Econometrica, 14, 1946, S. 285-298; S.S. Pu, A Note on Macroeconomics, Econometrica, 14, 1946, S. 229-302. Zur Typologie möglicher Fehlschlüsse: H.R. Alker, A Typology of Ecological Fallacies, in: M. Dogan & S. Rokkan (eds.), Quantitative Ecological Analysis in the Social Sciences, Cambridge, Mass. 1969, S. 69-86; M.T. Hannan, Aggregation and Disaggregation in Sociology, London 1971.

4 Vgl. z.B. E. Schlicht, Grundlagen der ökonomischen Analyse, Reinbek 1977, S. 26-29, 52-54.

5 Die enge Verbindung zwischen ökonomischem und theologischem Denken bei Quesnay betont: L. Dumont, From Mandeville to Marx. The Genesis and Triumph of Economic Ideology, op. cit., S. 40-46.

6 Vgl. K. Marx, Das Kapital II, **MEW**, Bd. 24, Berlin 1973, insb. Kap. 4, 20, 21.

7 Vgl. K. Marx, Das Kapital I, **MEW**, Bd. 23, op. cit., S. 168.

8 Ib., S. 618.

9 Vgl. J.M. Keynes, Allgemeine Theorie der Beschäftigung, des Zinses und des Geldes, Berlin 1974 (1936), insb. S. 33-40.

10 Parsons interpretiert Konsumausgaben nicht als Erwerb bestimmter Güter, sondern als generalisierte Erwartung der Verfügbarkeit von Gütern zu "befriedigenden" Marktbedingungen. Diese vage Formulierung zeigt zumindest den Wechsel der theoretischen Bezugsebene an und damit das Problem, den theoretischen Bedeutungsgehalt von Variablen im Rahmen der Theorie auch dann neu zu bestimmen, wenn es um Variablen geht, die auf individueller Ebene bereits definiert sind. Vgl. **PP**, S. 397-398.

11 Schlicht demonstriert diese sogenannten Eliminationseffekte am Beispiel von Konsum- und Produktionsfunktionen. Vgl. E. Schlicht, Grundlagen der ökonomischen Analyse, op. cit., S. 82-88.

12 Vgl. Ib., S. 94-95. Einen guten Überblick über die Entstehung und Systematik moderner Kreislauftheorie bieten: G. Mangold, Die Strukturanalyse des wirtschaftlichen Kreislaufs, in: Schmollers Jahrbuch für Gesetzgebung, Verwaltung und Volkswirtschaft, Jg. 73, 1953, 1. Halbband, S. 27-72, 161-194; R. Rettig, D. Voggenreiter, Makroökonomische Theorie, Düsseldorf 1980.

13 Leijonhufvud weist darauf hin, daß Ungleichgewichte bei Keynes aus der Perspektive des Gesamtsystems betrachtet werden, so daß Ungleichgewichte weniger auf Besonderheiten bestimmter Märkte, z.B. Starrheit der Löhne auf Arbeitsmärkten, sondern auf inkompatible Relationen zwischen makroökonomischen Komplexen, z.B. dem Verhältnis von Preis und Geldlohnniveau, zurückgehen. Vgl. A. Leijonhufvud, Über Keynes und den Keynesianismus, Köln 1973, insb. S. 248-263.

14 M.J. Mulkay, Functionalism, Exchange, and Theoretical Strategy, op. cit., insb. S. 36-93.

15 Martindale betrachtet Parsons' Interchange-Theorie als das makroanalytische Pendant zur "mikroanalytischen" Austauschtheorie bei Homans. Vgl. D. Martindale, The Nature and Types of Sociological Theory, London 1961, S. 486-487; Talcott Parsons' Metamorphosis from Social Behaviorism to Macrofunctionalism, in: G. Turk, R.L. Simpson (eds.), Institutions and Social Exchange, op. cit., S. 165-174; M.U. Martel, Academentia Praecox: The Aims, Merits and Scope of Parsons' Multisystemic Language Rebellion (1958-1968), in: H. Turk, R.L. Simpson (eds.), Institutions and Social Exchange, New York 1971, S. 175-211.

16 Vgl. G. Rocher, Talcott Parsons and American Sociology, London 1974.

17 Ib., S. 77.

18 Vgl. H.P. Adriaansens, Talcott Parsons and the Conceptual Dilemma, op. cit., S. 126 f.

19 Vgl. H. Pearson, Parsons and Smelser on the Economy, in: K. Polanyi et al. (eds.), Trade and Markets in the Early Empires, Glencoe, Ill. 1957, S. 307-319.

20 Zur Kontroverse zwischen Formalisten und Substantialisten: D. Kaplan, The Formal-Substantive Controversy in Economic Anthropology: Reflections on its Wider Implications, in: Southwestern Journal of Anthropology, 24, 1968, S. 228-251; vgl. auch Anmerk. 66, Kap. 1. Teil I.

21 Vgl. Parsons' Kritik am institutionalistischen Ansatz: T. Parsons, Some Reflections on 'Nature and Significance of Economics', op. cit., S. 511-545. Zur Replik auf Pearson: N.J. Smelser, A Comparative View of Exchange Systems, in: Economic Development and Cultural Change, 7, 1959, S. 173-182.

22 Vgl. T. Parsons, The Evolution of Societies, op. cit., S. 233.

23 Vgl. T. Parsons, An Outline of the Social System, op. cit., S. 62 f.

24 Vgl. J.A. Schumpeter, Theorie der wirtschaftlichen Entwicklung, Berlin 1964 (1911), S. 19 ff.

25 Vgl. Teil II, Kap. 2.

26 Vgl. J.A. Schumpeter, Theorie der wirtschaftlichen Entwicklung, op. cit., S. 19-20.

27 Vgl. **PP**, S. 335.

28 Vgl. J.M. Keynes, Allgemeine Theorie, op. cit., S. 20 f.

29 Vgl. z.B. T. Parsons, Some Highlights, op. cit., S. 297-298; General Theory in Sociology, op. cit., S. 11.

30 Andererseits sind Kategorien wie "Input - Output", "Faktoren- und Produktenaustausch" oder "Gleichgewicht" nicht schon deshalb ökonomisch, weil sie dort häufig verwendet werden.

31 So wird in der ökonomischen Produktionstheorie zwischen mengen- und zeitmäßig konstanten und variablen Faktoren und zwischen nichtspezifizierten und spezifizierten Inputfaktoren unterschieden. Vgl. J.H. Müller, Produktionstheorie, in: W. Ehrlicher, u.a. (Hg.), Kompendium der Volkswirtschaftslehre, Bd. 1, Göttingen 1972 (3. Aufl.), insb. S. 59-61 (57-106).

32 Vgl. z.B. D. Ricardo, Grundsätze der politischen Ökonomie und der Besteuerung, op. cit., Kap. II, S. 64-76; A. Marshall, Handbuch der Volkswirtschaftslehre, Stuttgart & Berlin 1905, S. 119 f, 417-419, 518-520, 538-539.

33 Vgl. J.A. Schumpeter, Geschichte der ökonomischen Analyse, Bd. 1, op. cit., S. 820-829; Bd. 2, op. cit., S. 1136-1143.

34 Man vergleiche z.B. die Diskussion um die Chancengleichheit im Bereich der höheren Bildung und des Berufes. Die Entwicklung eines bestimmten Habitus oder bestimmter Basisqualifikationen im Verlaufe familiärer Sozialisationsprozesse reproduzieren die ungleichen Chancen im universitären und beruflichen Selektionsprozeß. T. Bargel u.a., Zur Sozialisation von Akademikern, in: Konstanzer Blätter für Hochschulfragen 53, 1977, S. 5-24; P. Bourdieu und J.-C. Passeron, Die Illusion der Chancengleichheit, Stuttgart 1971; P. Bourdieu, Kulturelle Reproduktion und soziale Reproduktion, in: ders. u. J.-C. Passeron, Grundlagen einer Theorie der symbolischen Gewalt, Frankfurt 1972, S. 89-137.

35 Vgl. auch das Modell unterschiedlicher Generalisierungsstufen ökonomisch relevanter Fähigkeiten und Bereitschaften. **ES**, insb. S. 138-139.

36 Vgl. hierzu A. Marshall, Handbuch, op. cit., S. 229-238.

37 **ES**, S. 41.

38 Vgl. zu der Relation zwischen mikro- und makrosozialer Analyse T. Parsons: The Relation between the Small Group and the Larger Social System, op. cit., S. 190-200. Kritisch hierzu: H.R. Wagner, Displacement of Scope, op. cit., S. 571-584.

39 Vgl. **TGTA**, S. 226 f.

40 Vgl. T. Parsons, General Theory in Sociology, op. cit., S. 17; einen kritischen Vergleich zwischen ökonomischem und funktionalistischem Gleichgewichtsbegriff unternimmt: S.R. Krupp, Equilibrium Theory in Economics and in Functional Analysis as Types of Explanation,in: D. Martindale (ed.), Functionalism in the Social Sciences, Philadelphia 1965, S. 65-83.

41 Vgl. T. Parsons, An Outline of the Social System, op. cit., S. 60, 66-70.

42 Ein solcher Fall liegt bspw. bei dem sogenannten "Giffenparadox" vor. Hier nimmt trotz Preissteigerungen die Nachfrage nach dem teurer gewordenen Gut zu. Vgl. dazu: J. Schumann, Grundzüge der mikroökonomischen Theorie, Berlin 1971, S. 38-40.

43 Zur Analyse wirtschaftspolitischer Zielbeziehungen vgl. T. Pütz, Grundlagen der theoretischen Wirtschaftspolitik, Stuttgart 1974 (2. Aufl.), insb. Kap. 5; K. Mackscheidt, Ein Vergleich wirtschaftspolitischer Zielkataloge, Stuttgart 1975, S. 81-91.

44 In diese Richtung geht bspw. die Interpretation von Landsberger. Vgl. H.A. Landsberger, Parsons' Theory of Organizations, in: M. Black (ed.), The Social Theories of Talcott Parsons, op. cit., S. 214-249. Vgl. z.B. T. Parsons, The Problem of Balancing Rational Efficiency with Communal Solidarity in Modern Society, in: International Symposium on "New Problems of Advanced Societies", Tokio 1973, S. 9-14.

45 Zur Kritik an Downs' Modell: B.M. Barry, Neue Politische Ökonomie. Ökonomische und Soziologische Demokratietheorie, Frankfurt, New York 1975; gute Übersichten bieten: B.S. Frey, Moderne Politische Ökonomie, op. cit.; G. Kirsch, Neue Politische Ökonomie, op. cit; D. MacRae, Normative Assumptions in the Study of Public Choice, op. cit., S. 27-41.

46 Vgl. A. Downs, Ökonomische Theorie der Demokratie, Tübingen 1968, S. 35-49.

47 Zu den Merkmalen der demokratischen Regierungsform: Ib., S. 23.

48 Vgl. Ib., S. 190-194.

49 Ib., S. 146-150.

50 Diese Analogie geht auf Schumpeter zurück.
Vgl. J.A. Schumpeter, Kapitalismus, Sozialismus und Demokratie, München 1975 (1950), S. 448.

51 Vgl. A. Downs, Ökonomische Theorie, op. cit., S. 193-194.

52 Vgl. **PP**, insb. S. 375-379.

53 Vgl. **CI**, op. cit., insb. S. 419-426.

54 Vgl. **PP**, S. 379-383.

55 Vgl. A. Downs, Ökonomische Theorie, op. cit., S. 93-110.

56 Vgl. T. Parsons, "Voting", op. cit., S. 214.

57 Vgl. T. Parsons, The Political Aspect of Social Structure and Process, in: Politics and Social Structure, op. cit., insb. S. 343-345 (317-351).

58 Vgl. A. Downs, Ökonomische Theorie, op. cit., S. 289-293.

59 Gemeint ist hiermit Parsons' Hinweis auf A. Marshalls Abgrenzung des Ökonomischen durch die in Geld meßbaren Motive menschlichen Handelns.

Kapitel 3: Das Geldmodell und die Medientheorie

1 Vgl. Teil II., Kap. 3. Auf die besondere Bedeutung der Geldanalogie in der Medientheorie verweist: H.M. Johnson, The Generalized Symbolic Media in Parsons' Theory, in: Sociology and Social Research, 57, 1973, S. 208-221.

2 Vgl. W. Gerloff, Die Entstehung des Geldes und die Anfänge des Geldwesens, Frankfurt 1948; Geld und Gesellschaft, Frankfurt 1952; B. Laum, Heiliges Geld, Tübingen 1924.

3 Vgl. z.B. G.F. Knapp, Staatliche Theorie des Geldes, Leipzig 1905; K. Polanyi, Ökonomie und Gesellschaft, op. cit., insb. S. 317-369.

4 Hier ist insbesondere an Thesen zur Anspruchsinflation, zum Verteilungskonflikt und zur politisch induzierten Inflation zu denken. Einen Überblick über die verschiedenen Theoreme und den theoretischen Diskussionsstand bieten: A. Burghardt, Soziologie des Geldes und der Inflation, Wien 1977; J. Pfister, Grundzüge einer "Soziotheorie" der Inflation, Berlin 1981.

5 Vgl. z.B. W. Ehrlicher, Geldtheorie, in: W. Ehrlicher u.a. (Hg.), Kompendium der Volkswirtschaftslehre, Bd. 1, op. cit., insb. S. 375 f (339-407).

6 Schmölders hat die Formel geprägt: "Geld ist, was gilt, wo es gilt und soviel es gilt." G. Schmölders, Gutes und schlechtes Geld, Frankfurt 1968, S. 13.

7 Vgl. N. Luhmann, Wirtschaft als soziales System, in: Soziologische Aufklärung, Bd. 1, Opladen 1974, S. 204-231; Das sind Preise, Ein soziologisch-systemtheoretischer Klärungsversuch, in: **SW**, 34, 1983, S. 153-170.

8 Dieser weite Vermögensbegriff liegt der Geldtheorie von M. Friedman zugrunde. Vgl. M. Friedman, Die optimale Geldmenge, Frankfurt, insb. S. 77-99.

9 Dadurch wird es nämlich möglich, die "Makrotheorie" des Geldes durch eine mikroökonomische Theorie des Wertes zu fundieren.

10 So heißt es z.B. bei McKenzie und Tullock lapidar: "...in the final analysis, the value of money depends on an unwritten social agreement that is valuable, and this agreement makes money valuable." R.B. McKenzie, G. Tullock, Modern Political Economy, op. cit., S. 449.

11 Vgl. J.A. Schumpeter, Geschichte der volkswirtschaftlichen Analyse, Bd. 2, op. cit., S. 1322-1323, 1325-1329.

12 Vgl. dazu J.A. Schumpeter, Das Wesen des Geldes, (hrsg. von F.K. Mann), Göttingen 1970, insb. S. 82-86.

13 Ein analoger Fehlschluß besteht bei der soziologischen Analyse sozialer Institutionen darin, gesatzte Normen mit der sozialen Geltung der Normen gleichzusetzen.

14 Vgl. W. Gerloff, Geld und Gesellschaft, op. cit., insb. S. 161-170.

15 Vgl. dazu W. Ehrlicher, Geldtheorie, op. cit., S. 344-345.

16 Zur Abgrenzung zwischen Nominalismus und Metallismus, Ib., S. 341-342.

17 Den Anweisungscharakter betont vor allem: J.A. Schumpeter, Das Sozialprodukt und die Rechenpfennige, in: Aufsätze zur ökonomischen Theorie, Tübingen 1952 (1917/18), S. 29-117.

18 G. Simmel, Philosophie des Geldes, Leipzig 1907 (2. Aufl.), S. 163.

19 Vgl. VC, op. cit., S. 456 f, 462-463.

20 Vgl. J. Habermas, Theorie des kommunikativen Handelns, Bd. 2, Zur Kritik der funktionalistischen Vernunft, Frankfurt, 1981, insb. S. 384-419.

21 Vgl. Ib., S. 400.

22 Vgl. Ib., S. 384-388.

23 Vgl. Ib., S. 393.

24 Vgl. Ib., S. 395-400.

25 Vgl. Ib., S. 406-407.

26 Vgl. Ib., S. 356.

27 Vgl. J.S. Coleman, Comment on "On the Concept of Influence", in: Public Opinion Quarterly, 27, 1963, S. 63-82.

28 Vgl. Ib., S. 72.

29 Vgl. Ib., S. 78.

30 Vgl. Ib., S. 66-68.

31 Vgl. Ib., S. 73-77.

32 Vgl. Ib., S. 66-67.

33 Vgl. Teil I., Kap. 2 u. 3.

34 Vgl. die Antwort Parsons: T. Parsons, Rejoinder to Bauer and Coleman, in: Public Opinion Quarterly, 27, 1963, S. 87-92.

35 Vgl. J. Habermas, Theorie des kommunikativen Handelns, op. cit., S. 397.

36 Vgl. Ib., S. 407.

37 Colemans Einwand verfolgt konsequent das ökonomische Programm, das Parsons nur teilweise aufgreift. Fraglich ist allerdings, ob diese Analogie wirklich so tragfähig ist, wie Coleman vermutet. "Umlaufgeschwindigkeit" kann in einem sozialtheoretischen Kontext nur sinnvoll interpretiert werden, wenn sie auf Merkmale des sozialen Kontextes und der Handlungsorientierungen von Akteuren rückbezogen werden kann. Es wäre jedenfalls wenig plausibel, auf theoretischer Ebene eine generelle Mechanik annehmen zu wollen.

38 **VC**, S. 456 (Hervorhebung im Original).

39 Vgl. dazu z.B. den Kommentar von S. Jensen in den Anmerkungen der deutschen Übersetzung des "Einfluß"-Artikels. T. Parsons, Über den Begriff "Einfluß", in: Zur Theorie der sozialen Interaktionsmedien, (hrsg. v. S. Jensen), Opladen 1980, S. 178.

40 Parsons selbst spricht stets von "activation of commitments". Die o.g. Übersetzung drückt m.E. den theoretischen Sinn dieses Begriffs nicht adäquat aus.

41 Eine analoge Argumentation läßt sich für das Medium Macht entwickeln. Die Unterstellung, Parsons fasse z.B. politische Wahlen als "motivloses" Akzeptieren auf, ist falsch. Parsons behauptet lediglich, daß die einzelne Wahlstimme im politischen System als generelle Unterstützung gezählt wird, unabhängig von konkreten Motiven oder Interessen. Dies heißt aber nicht, daß die Motive (trotz der fehlenden Entgeltlichkeit der Stimmabgabe), überhaupt zur Wahl zu gehen, für die betreffende Person oder für das politische System insgesamt irrelevant wären. Vgl. dazu T. Parsons, "Voting", op. cit., S. 211 f.

42 Vgl. **VC**, S. 448-450.

43 Die "quantitative" Dimension von Wertcommitments liegt für Parsons im Umfang der Handlungsbereiche und verschiedener Stufen der Spezifikation. Vgl. Teil II., Kap. 3; vgl. auch Gouldners Analyse des Reziprozitätsprinzips: A.W. Gouldner, The Norm of Reciprocity: A Preliminary Statement, op. cit., S. 161-178.

44 **CI**, S. 431, S. 435-438.

45 W.Gerloff, Geld und Gesellschaft, op. cit., S. 108-135.

46 So schreibt Parsons in seiner Antwort an Bauer und Coleman: "Power and authority, on the other, are not in general measurable in terms of money, though in certain specific contexts, which it is essential to define with great care, they are exchangeable for it." T. Parsons, Rejoinder to Bauer and Coleman, op. cit., S. 91.

47 Vgl. A. Leijonhufvud, Über Keynes und den Keynesianismus, op. cit., insb. S. 35-69, Kap. V.

48 Interessant ist in diesem Zusammenhang der Hinweis auf "Sicherheitsgrundlagen" wie Gold für das Medium Geld, Gewalt für Macht und Information für Einfluß. Sie liegen an der Grenze zwischen "symbolischen" und "realen" Elementen. Parsons erweckt den Eindruck, als ob damit eine institutionalisierte Deckung - vergleichbar mit einer Goldwährung - gemeint sei. Die Sicherheit besteht nur darin, daß es sich hierbei um Objekte handelt, die allgemein geschätzt werden und darum als Ersatz in Frage kommen. Sie sind auch keine intrinsischen Gebrauchswerte im klassischen Sinn; zumindest wären sie weniger begehrt, wenn sie nicht als Medienersatz in Frage kämen. Vgl. **CI**, S. 433-434.

49 Dieser Aspekt kommt auch bei Parsons zum Ausdruck: "Similarly money does not satisfy hunger but immediately we might say makes its recipient 'feel more secure' in that he expects to be able to buy food to satisfy his hunger when and as he wants it." T. Parsons, Levels of Organization, op. cit., S.29.

50 Vgl. J.M. Keynes, Allgemeine Theorie, op. cit., insb. S. 186-204.

51 Vgl. Parsons' Kritik am theoretischen Elementarismus und Reduktionismus bei Keynes. Vgl. Teil I., Kap. 2.3. In ähnliche Richtung zielt die Kritik an Homans, in: T. Parsons, Levels of Organization, op. cit., S. 23-35.

52 Vgl. **PP**, S. 375.

53 Die Freiheit, Medien auszugeben, sich auf verschiedene Austauschbeziehungen einzulassen, den Zeitpunkt des Eintritts zu bestimmen und Austauschbedingungen auszuhandeln, bedarf der Spezifikation in einem gegebenen institutionellen Kontext. Damit ist nur der Wahlhandlungscharakter definiert, nicht aber die Normen und Kriterien, nach denen zwischen Alternativen gewählt wird. Vgl. **PP**, S. 360.

54 Die Neutralitätsthese betrachtet Geld als "Schleier", der sich über das güterwirtschaftliche System legt und die relativen Preise nicht tangiert.

55 Das sogenannte "klassische Paradox" bringt zum Ausdruck, daß Realkasseneffekte mit der Neutralitätsthese nicht vereinbar sind: Wenn z.B. eine Geldmengenerhöhung auf das Preisniveau einwirkt, dann läßt sich dies im klassischen System nur auf eine zusätzliche Nachfrage infolge überschüssiger Kassenhaltung zurückführen. Dies aber impliziert, daß reale Größen und damit auch Preisrelationen verändert werden. Vgl. D. Duwendag u.a., Geldtheorie und Geldpolitik, op. cit.,S. 160-162.

56 Eine anschauliche Gegenüberstellung der konträren Positionen liefert: D. Duwendag, Die Kontroverse zwischen Fiskalisten und Monetaristen, in: Das Wirtschaftsstudium (**WiSu**), 1, 1972, S. 177-182. Zur monetaristischen Position: W. Schröder, Theoretische Grundstrukturen des Monetarismus, Baden-Baden 1978.

57 Vgl. Teil II., Kap. 3.

58 **AU**, S. 305-310.

59 **PP**, S. 383-394.

60 T. Parsons, Rejoinder to Bauer and Coleman, op. cit., S. 91.

61 **AU**, S. 310.

62 Parsons unterscheidet auch hier nicht klar zwischen Geldkosten, d.h. in Geld gemessenen Kosten, und dem generellen Begriff der Opportunitätskosten, bei denen das Opfer oder der Verzicht auf alternative, reale Werte im Mittelpunkt steht. Auch die Gleichsetzung von Preisen und Kosten läßt sich zwar stets mit dem Opportunitätskostenprinzip rechtfertigen, jedoch wird dadurch die Kategorie des Gewinns einfach wegdefiniert. An anderer Stelle findet sich die Aussage: "Economic price is essentially a determination of cost." Das impliziert offensichtlich die Anerkennung eines Unterschieds. Vgl. T. Parsons & W. White, The Mass Media and the Structure of American Society, in: Politics and Social Structure, op. cit., S. 247 (241-251).

63 **AU**, S. 311.

64 Vgl. Anm. 46 oben; **AU**, S. 311.

65 Die zentrale Frage auf theoretischer Ebene ist vielmehr, ob die quantitative Form der Wertmessung und Verpflichtungseinlösung durch Geld ein Spezifikum der Institutionalisierung des Mediums Geld ist, oder ob dieses als ein generelles Merkmal von gesellschaftlichen Interaktionsmedien betrachtet werden muß.

66 Vgl. dazu G. Steinmann, Inflationstheorie, Paderborn 1979, S. 123-143.

67 Vgl. T. Parsons, General Theory in Sociology, op. cit., insb. S. 19-20; The Mass Media, op. cit., S. 248.

68 Vgl. **CI**, S. 429.

69 Vgl. **VC**, S. 463.

70 Vgl. **AU**, S. 323.

71 Vgl. **AU**, S. 312.

72 Vgl. **AU**, S. 321.

73 Vgl. **AU**, S. 317.

74 Vgl. **AU**, S. 324.

75 Vgl. **AU**, S. 339-345.

76 Ib., S. 314-315, 341-343. Compes kommt mit dem gleichen theoretischen Instrumentarium zu einer anderen Deutung der Universitätskrise, die nicht nur plausibler erscheint, sondern auch das Inflations-/Deflationskonzept stringenter anwendet. Der studentische Protest war nach Compes getragen von einer starken Bindung an kognitive Werte und dem Glauben an die zentrale gesellschaftliche Bedeutung universitärer Bildung. Die von Parsons aufgezeigten Krisenerscheinungen sind daher Folgen inflationärer Entwicklungen. Vgl. P. Compes, Akademikerarbeitslosigkeit und Hochschulausbildung, Magisterarbeit, Düsseldorf 1982, insb. S. 128-139.

77 **AU**, S. 312.

78 So stellt z.B. der "gute Ruf" eines Unternehmers vom Standpunkt der reinen Theorie des vollkommenen Marktes ein irrationales Element dar, das nur deshalb strategisch genutzt werden kann, weil Ungewißheit oder Ignoranz auf Seiten der Nachfrager existieren. Vgl. J. Schumann, Grundzüge der mikroökonomischen Theorie, op. cit., S. 144-146.

79 Diese Annahme liegt z.B. Festingers Theorie des sozialen Vergleichs zugrunde. Vgl. L. Festinger, A Theory of Social Comparison Process, in: Human Relations, 7, 1954, S. 117-140.

80 Dies wird vor allem deutlich bei der Analyse abweichenden Verhaltens, bei der Parsons den Typ der Innovation in Mertons Schema als Form aktiver "Überkonformität" deutet. Vgl. **SS**, S. 256-257.

81 So stellt z.B. Moscovici heraus, daß Konformität dann als Resultat eines Konsensbildungsprozesses zu erwarten ist, wenn eine explizite Norm existiert, die mit der Autorität einer "objektiven" Bewertung der Realität vertreten wird. Vgl. S. Moscovici, Sozialer Wandel durch Minoritäten, op. cit., S. 180-231.

82 Den Begriff "Geldillusion" hat Ökonom I. Fischer geprägt. Er bezeichnet aus ökonomischer Sicht eine rein irrationale Verhaltensweise, weil Nominalwerte für Realwerte gehalten werden. Vgl. G. Schmölders, Psychologie des Geldes, Reinbek 1966, S. 144-180. Zum Konzept kontrafaktisch stabilisierter Verhaltenserwartungen vgl. N. Luhmann, Rechtssoziologie, Bd. 1, op. cit., S. 40-52.

83 Vgl. Teil II., Kap. 3.

84 Cartwright und Warner stellen die Analogie zwischen allgemeinem Geldwertvertrauen und der Legitimität politischer Macht mit dem Hinweis in Frage, daß Legitimität dem Verwender bzw. der Verwendung des Mediums und nicht dem Medium selbst zugeschrieben wird. Vgl. B.C. Cartwright u. R.S. Warner, The Medium is not the Message, in: J.J. Loubser et al. (eds.), Explorations in General Theory in Social Science, op. cit., S. 644 (639-660); **PP**, S. 361-362.

85 Vgl. T. Parsons, The Mass Media, op. cit., S. 248.

86 Luhmann spricht hier von einer Überproduktion normativer Erwartungen. Vgl. N. Luhmann, Rechtssoziologie, op. cit., S. 63.

87 Man könnte hier von einer Art "Liquiditätsfalle" des Mediums Macht sprechen. Die Akteure handeln nach dem Motto: Wer nicht entscheidet, macht auch nichts falsch und wer keine Ansprüche stellt, der kann auch nicht in die Pflicht genommen werden.

88 Ein Beispiel wäre hier z.B. das sogenannte imperative Mandat, welches die Handlungsfreiheit politischer Führer eng umgrenzt. Zum Problem des imperativen Mandats: P. Kevenhörster, Das imperative Mandat, Frankfurt 1975.

89 Vgl. dazu Parsons' Analyse der rechtsradikalen Bewegung gegen "unamerikanische Umtriebe" des Senators McCarthy. Parsons interpretiert diese Ära als eine "deflationäre Spirale". Forderungen nach absoluter Loyalität und Konformität gegenüber Staat und Regierung sollten eine Sicherheit vor kommunistischer Unterwanderung schaffen. Vgl. T. Parsons, Social Strains in America, in: Politics and Social Structure, op. cit., insb. S. 179-184, (163-184).

90 Vgl. B.C. Cartwright, R.S. Warner, The Medium is not the Message, op. cit., S. 644-645.

91 Schmölders unterscheidet mit Verweis auf empirische Untersuchungen zwischen einem allgemeinen "Währungsvertrauen" und einem aktuellen "Geldwertvertrauen", welches an der Preis- und Kaufkraftentwicklung orientiert ist. Vgl. G. Schmölders, Gutes und schlechtes Geld, op. cit., S. 76 ff.

92 Vgl. N. Luhmann, Rechtssoziologie, op. cit., S. 40-53.

93 Dies führt zu der scheinbar paradoxen Schlußfolgerung, daß rationale Preiserwartungen und "Geldillusion" nebeneinander bestehen können. Tatsächlich handelt es sich um unterschiedliche Ebenen und normative Bezüge, die hier angesprochen werden.

94 Vgl. N. Luhmann, Rechtssoziologie, op. cit., S. 44.

95 Mit einem Modell rationaler Antizipation von Inflationsraten und rationaler Erwartungsbildung allein dürfte ein plötzliches Umschlagen und panikartiges Überreagieren nicht zu erklären sein. Zum Problem der Erwartungsbildung als Folge und Bedingung inflationärer Prozesse aus ökonomischer Sicht: R. Lübbers, Inflation, Beschäftigung und rationale Erwartungen, Berlin 1981.

96 G. Schmölders, Gutes und schlechtes Geld, op. cit., S. 105-120.

97 Vgl. G. Steinmann, Inflationstheorien, op. cit., S. 164-172; J. Pfister, Grundzüge einer "Soziotheorie" der Inflation, op. cit., insb. S. 144-159.

98 Vgl. E. Durkheim, Der Selbstmord, Neuwied 1973, S. 273-318, insb. S. 288 ff.

99 Vgl.z.B. K.-H. Hansmeyer, K. Mackscheidt, Die Free-Rider-Position in der Finanzpolitik, in: D. Duwendag (Hg.), Macht und Ohnmacht der Bundesbank, Frankfurt 1973, S. 132-148.

100 Vgl. G. Steinmann, Inflationstheorie, op. cit., S. 127-139; J. Pfister, Grundzüge einer "Soziotheorie" der Inflation, op. cit., S. 73-90; H. Würgler, Inflation als Machtproblem, in: H.K. Schneider, C. Watrin (Hg.), Macht und ökonomisches Gesetz, Berlin 1973, S. 697-720.

101 Diese Aspekte betont E. Streissler, Die schleichende Inflation als Phänomen der politischen Ökonomie, Zürich 1973, S. 40 f.

102 Zur Ausbeutung der Großen durch die Kleinen vgl. die Gruppentheorie Olsens: M. Olsen, Die Logik des kollektiven Handelns, op. cit., S. 33 f; aus sozialpsychologischer Sicht kommt Moscovici zu einem ähnlichen Ergebnis. Kleine, aber aktive Minderheiten können starken Einfluß auf die Mehrheit ausüben. Vgl. S. Moscovici, Sozialer Wandel durch Minoritäten, op. cit., insb. Kap. 8.

Literaturverzeichnis

Für die Erstellung der Literaturliste wurde ein Programm benutzt, das auf dem amerikanischen APA Format beruht. Es ergeben sich daher einige Abweichungen gegenüber der zuvor gebrauchten Schreibweise.

Ackerman, C. & T. Parsons (1976). Der Begriff "Sozialsystem" als theoretisches Instrument. In: T.Parsons, Zur Theorie sozialer Systeme (hrsg. u. eingel. v. S. Jensen). Opladen: Westdeutscher Verlag.

Adriaansens, H.P.M. (1980). Talcott Parsons and the Conceptual Dilemma. London: Routledge & Kegan.

Albert, H. (1967). Marktsoziologie und Entscheidungslogik. Neuwied: Luchterhand.

Albert, H. (1972). Ökonomische Ideologie und Politische Theorie. Göttingen (2. Aufl.): O. Schwartz.

Albert, H. (Ed.) (1964). Theorie und Realität. Ausgewählte Aufsätze zur Wissenschaftslehre der Sozialwissenschaften. Tübingen (1. Aufl.): Mohr Siebeck.

Albert, H. (Ed.) (1972). Theorie und Realität. Ausgewählte Aufsätze zur Wissenschaftslehre der Sozialwissenschaften. Tübingen (2. Aufl.): Mohr Siebeck.

Alchian, A. & H. Demsetz (1973). The Property Rights Paradigm. In: Journal of Economic History, 23, 16-27.

Alexander, J.C. (1978). Formal and Substantive Voluntarism in the Work of Talcott Parsons: A Theoretical and Ideological Reinterpretation. In: American Sociological Review, 43, 177-198.

Alexander, J.C. (1982). Theoretical Logic in Sociology Bd. 2. Berkeley (4 Bde): University of California Press.

Alker, H.R. (1969). A Typology of Ecological Fallacies. In: M. Dogan & S. Rokkan (Eds.), Quantitative Ecological Analysis in the Social Sciences (pp. 69-86). Cambridge, Mass.: M.I.T. Press.

Andel, N. (1971). Zur Diskussion über Musgraves Begriff der "merit wants". In: Finanzarchiv N.F., 30, 257-265.

Arrow, K.J. (1963). Social Choice and Individual Values. New Haven & London (2. Aufl.): Yale University Press.

Barber, B. & A. Inkeles (Eds.) (1971). Stability and Social Change. Boston: Little Brown.

Bargel, T., G. Framheim, H. Preisert & J.-U. Sandberger (1977). Zur Sozialisation von Akademikern. In: Konstanzer Blätter für Hochschulfragen, 53, 5-24.

Barry, B.M. (1975). Neue Politische Ökonomie. Ökonomische und soziologische Demokratietheorie. Frankfurt & New York: Campus.

Baudrillard, J. (1970). La société de consommation. Paris: S.G.P.P.

Becker, G.S. (1976). The Economic Approach to Human Behavior. Chicago & London: The University of Chicago Press.

Befu, H. (1980). Structural and Motivational Approaches to Social Exchange. In: K.J. Gergen, M.S. Greenberg & R.H. Wills (Eds.), Social Exchange. Advances in Theory and Research (pp. 197-214). New York: Plenum Press.

Bernsdorf, W. & G. Eisermann (Eds.) (1955). Die Einheit der Sozialwissenschaften. Stuttgart: Enke.
Bershady, H.J. (1973). Ideology and Social Knowledge. Oxford: Basil Blackwell.
Black, M. (Ed.) (1961). The Social Theories of Talcott Parsons. Englewood Cliffs: Prentice Hall.
Blau, P.R. (Ed.) (1978). Theorien sozialer Strukturen. Ansätze und Probleme. Opladen: Westdeutscher Verlag.
Boudon, R. (1980). Die Logik des gesellschaftlichen Handelns. Neuwied: Luchterhand.
Boulding, K.E. (1958). Book Review of "Economy and Society". In: American Journal of Sociology, 63, 427-428.
Boulding, K.E. (1976). Ökonomie als Wissenschaft. München: Piper.
Boulding, K.E. (1978). Ecodynamics. A New Theory of Societal Evolution. London: Sage.
Bourdieu, P. (1972). Kulturelle Reproduktion und soziale Reproduktion. In: ders. & J.-C. Passeron, Grundlagen einer Theorie der symbolischen Gewalt (pp. 89-137). Frankfurt: Suhrkamp.
Bourdieu, P. (1982). Die feinen Unterschiede. Kritik der gesellschaftlichen Urteilskraft. Frankfurt: Suhrkamp.
Bourdieu, P. & J.C. Passeron (1971). Die Illusion der Chancengleichheit. Stuttgart: Klett.
Buck, P.H. (Ed.) (1965). Social Sciences at Harvard 1860 - 1920. Cambridge, Mass.: Harvard University Press.
Burger, T. (1977). Talcott Parsons, the Problem of Order in Society and the Programm of an Analytical Sociology. In: American Journal of Sociology, 83, 320-334.
Burghardt, A. (1977). Soziologie des Geldes und der Inflation. Wien: H. Böhlaus.

Camic, C. (1979). The Utilitarians Revisited. In: American Journal of Sociology, 85, 516-550.
Cartwright, B.C. & R.S. Warner (1976). The Medium is not the message. In: J.J. Loubser & R.C. Baum et al. (Eds.), Explorations in General Theory in Social Science (2. Bd.) (pp. 639-660). New York (2 Bde.): The Free Press.
Catton, W. (1966). From Animistic to Naturalistic Sociology. New York: McGraw Hill.
Church, R. L. (1965). The Economists Study Society. In: P.H. Buck (Ed.), Social Sciences at Harvard 1860 - 1920 (pp. 18-90). Cambridge, Mass.: Harvard University Press.
Clark, T.N. (1972). Structural Functionalism, Exchange Theory and the New Political Economy: Institutionalization as a Theoretical Linkage. In: Sociological Inquiry, 42, 275-298.
Clarke, S. (1982). Marx, Marginalism and Modern Sociology. From Adam Smith to Max Weber. London: Macmillan.
Coleman, J.S. (1963). Comment on "On the Concept of Influence". In: The Public Opinion Quarterly, 27, 63-82.
Coleman, J.S. (1964). Collective decisions. In: Sociological Inquiry, 34, 166-181.
Coleman, J.S. (1978). Soziale Struktur und Handlungstheorie. In: P.M. Blau (Ed.), Theorien sozialer Strukturen. Ansätze und Probleme (pp. 76-92). Opladen: Westdeutscher Verlag.
Compes, P. (1982). Akademikerarbeitslosigkeit und Hochschulausbildung. Düsseldorf: (unveröffentlichte Magisterarbeit).

Coser, L.A. (Ed.) (1975). The Idea of Social Structure. New York: Harcourt Brace.

Dahrendorf, R. (1974). Pfade aus Utopia. Zu einer Neuorientierung der soziologischen Analyse. In: Pfade aus Utopia. München: Piper.

Dahrendorf, R. (1974). Struktur und Funktion. Talcott Parsons und die Entwicklung der soziologischen Theorie. In: Pfade aus Utopia. München: Piper.

Dalton, G. (1961). Economic Theory and Primitive Society. In: American Anthropologist, 65, 1-25.

Dalton, G. (1969). Theoretical Issues in Economic Anthropology. In: Current Anthropology, 10, 63-102.

Devereux, E.C. (Jr.) (1961). Parsons' Sociological Theory. In: M. Black (Ed.), The Social Theories of Talcott Parsons (pp. 1-63). Englewood Cliffs: Prentice Hall.

Diesing, P. (1962). Reason in Society. Five Types of Decisions and Their Social Conditions. Urbana: University of Ill. Press.

Dobb, M. (1966). Organisierter Kapitalismus. Frankfurt: Suhrkamp.

Dogan, M. & S. Rokkan (Eds.) (1969). Quantitative Ecological Analysis in the Social Sciences. Cambridge, Mass.: M.I.T. Press.

Downs, A. (1968). Ökonomische Theorie der Demokratie. Tübingen: Mohr Siebeck.

Dubin, R. (1967). Parsons' Actor: Continuities in Social Theory. In: T. Parsons, Sociological Theory and Modern Society. New York: The Free Press.

Dumont, L. (1977). From Mandeville to Marx. The Genesis and Triumph of Economic Ideology. Chicago: University Press.

Durkheim (1973). Der Selbstmord. Darmstadt & Neuwied (Paris 1897): Luchterhand.

Durkheim (1976). Regeln der soziologischen Methode. (hrsg. u. eingel. von R. König). Darmstadt & Neuwied (Paris 1895): Luchterhand.

Durkheim, E. (1977). Über die Teilung der sozialen Arbeit. Frankfurt (Paris 1893): Suhrkamp.

Duwendag, D. (1972). Die Kontroverse zwischen Fiskalisten und Monetaristen. In: Das Wirtschaftsstudium (WiSu), 1, 177-182.

Duwendag, D. (Ed.) (1973). Macht und Ohnmacht der Bundesbank. Frankfurt: Fischer Athenäum.

Duwendag, D., K-H. Ketterer, W. Kösters, R. Pohl & D.B. Simmert (1977). Geldtheorie und Geldpolitik. Köln (2. Aufl.): Bund Verlag.

Ehrlicher, W. (1972). Geldtheorie. In: W. Ehrlicher, J. Eisenwein-Rothe, H. Jürgensen & K. Rose (Eds.), Kompendium der Volkswirtschaftslehre (1. Bd) (pp. 339-407). Göttingen (3. Aufl.): Vandenhoeck & Ruprecht.

Ehrlicher, W., J. Eisenwein-Rothe, H. Jürgensen & K. Rose (Eds.) (1972). Kompendium der Volkswirtschaftslehre (2 Bde). Göttingen: Vandenhoeck & Ruprecht.

Eisermann, G. (1956). Die Grundlagen des Historismus in der deutschen Nationalökonomie. Stuttgart: Enke.

Eisermann, G. (1962). Vilfredo Paretos System der allgemeinen Soziologie. Stuttgart: Enke.

Ekeh, P. (1974). Social Exchange Theory: The Two Traditions. London: Heinemann.
Ellis, D. P. (1971). The Hobbesian Problem of Order: A Critical Appraisal of the Normative Solution. In: American Sociological Review, 36, 692-703.
Eschenburg, R. (1977). Ökonomische Theorie der Verfassung. Tübingen: Mohr Siebeck.
Eschenburg, R. (1978). Mikroökonomische Aspekte von Property Rights. In: K.E. Schenk (Ed.), Ökonomische Verfügungsrechte und Allokationsmechanismen in Wirtschaftssystemen (pp. 9-27). Berlin: Duncker & Humblot.
Festinger, L. (1954). A Theory of Social Comparison Process. In: Human Relations, 7, 117-140.
Fleischmann, G. (1966). Nationalökonomie und sozialwissenschaftliche Integration. Tübingen: Mohr Siebeck.
Frey, B.S. (1977). Moderne Politische Ökonomie. München & Zürich: Piper.
Friedman, M. (1976). Die optimale Geldmenge. Frankfurt: Fischer.
Fritsch, M. (1983). Ökonomische Ansätze zur Legitimation kollektiven Handelns. Berlin: Duncker & Humblot.
Fromm, E. (1979). Haben oder Sein. München: Deutscher Taschenbuch Verlag.
Furobotn, E. & S. Pejovich (1972). Property Rights and Economic Theory: A Survey of Recent Literature. In: Journal of Economic Literature, 10, 1137-1162.
Furobotn, E. & S. Pejovich (Eds.) (1974). The Economics of Property Rights. Cambridge, Mass.: Ballinger.

Gäfgen, G. (1963). Theorie der wirtschaftlichen Entscheidung. Tübingen: Mohr Siebeck.
Geertz, C. (1983). Dichte Beschreibung. Beiträge zum Verstehen kultureller Systeme. Frankfurt: Suhrkamp.
Gergen, K.J., M.S. Greenberg & R.H. Wills (Eds.) (1980). Social Exchange. Advances in Theory and Research. New York: Plenum Press.
Gerloff, W. (1948). Die Entstehung des Geldes und die Anfänge des Geldwesens. Frankfurt: Klostermann.
Gerloff, W. (1952). Geld und Gesellschaft. Versuch einer gesellschaftlichen Theorie des Geldes. Frankfurt: Klostermann.
Gillin, J. (Ed.) (1954). For a Science of Social Man. New York: Macmillan.
Goffmann, E. (1973). Interaktion. Spaß am Spiel. Rollendistanz. München: Piper.
Gould, M. (1976). Systems analysis, macrosociology, and the generalized media of action. In: J.J. Loubser & R.C. Baum et al. (Eds.), Explorations in General Theory in Social Science. (pp. 470-506). New York: The Free Press.
Gouldner, A.W. (1960). The Norm of Reciprocity: A Preliminary Statement. American Sociological Review, 25, 161-178.
Grinkler, R.R. (Ed.) (1967). Toward a Unified Theory of Human Behavior. New York (1956): Basic Books.
Gruchy, A.G. (1967). Modern Economic Thought. The American Contribution. New York (1947): Kelley.

Habermas, J. (1981). Theorie des kommunikativen Handelns. Bd. 2: Zur Kritik der funktionalistischen Vernunft. Frankfurt (2 Bde): Suhrkamp.

Hannan, M.T. (1971). Aggregation and Disaggregation in Sociology. London: Lexington.
Hansmeyer, K.H. & K. Mackscheidt (1973). Die Free-Rider-Position in der Finanzpolitik. In: D. Duwendag (Ed.), Macht und Ohnmacht der Bundesbank (pp. 132-148). Frankfurt: Fischer Athenäum.
Harsanyi, J.C. (1969). Rational-choice Models of Political Behavior vs. Functionalist and Conformist Theories. In: World Politics, 21, 513-538.
Hayek, F.A.(1952). Individualismus und wirtschaftliche Ordnung. Zürich: Rentsch.
Hayes, A.C. (1974). A Comparative Study of the Theoretical Orientations of Parsons and Lévi Strauss. In: Indian Journal of Social Research, 15, 101-111.
Head, J.G. (1969). Merit Wants Revisited. In: Finanzarchiv N.F., 28, 214-225.
Head, J.G. (1970). Über meritorische Güter. In: H.C. Recktenwald (Ed.), Finanztheorie (pp. 46-74). Köln: Kiepenheuer & Witsch.
Heinemann, K. (1969). Grundzüge einer Soziologie des Geldes. Stuttgart: Enke.
Hobbes, T. (1983). Leviathan (1651). Stuttgart : Reclam.
Huppes, T. (1976). Economic sociology or sociological economics? In: ders. (Ed.), Economics and Sociology: Towards an Integration (pp. 27-50). Leiden: Nijhoff.
Huppes, T. (Ed.) (1976). Econcomics and Sociology: Towards an Integration. Leiden: M. Nijhoff.

Jensen, S. (1978). Interpenetration - Zum Verhältnis personaler und sozialer Systeme. In: Zeitschrift für Soziologie, 7, 116-129.
Johnson, H.M. (1973). The Generalized Symbolic Media in Parsons' Theory. In: Sociology and Social Research, 57, 208-221.
Johnson, H.M (Ed.) (1979). Religious Change and Continuity. In: (Sociological Inquiry, 49, No 2/3). San Francisco: Jossey Bass.

Kaplan, D. (1968). The Formal - Substantive Controversy in Economic Anthropology: Reflections on its Wider Implications. In: Southwestern Journal of Anthropology, 24, 228-251.
Kevenhörster, P. (1975). Das imperative Mandat. Frankfurt: Herder & Herder.
Keynes, J.M. (1974). Allgemeine Theorie der Beschäftigung, des Zinses und des Geldes. Berlin (5. Aufl.): Duncker & Humblot.
Kirsch, G. (1973). Die öffentlichen Güter. In: Das Wirtschaftsstudium (WiSu), 2, 479-484.
Kirsch, G. (1983). Neue Politische Ökonomie. Düsseldorf: Werner.
Kirsch, G. & W. Wittmann (Eds.) (1975). Nationale Ziele und soziale Indikatoren. Stuttgart: Gustav Fischer.
Klein, L.R (1946). Remarks on the Theory of Aggregation. In: Econometrica, 14, 303-312.
Knapp, G.F. (1905). Staatliche Theorie des Geldes. Leipzig: Duncker & Humblot.

Knight, F.H. (1969). The Ethics of Competition and Other Essays. New York (1934): Freeport.
Koch, S. (Ed.) (1959). Psychology: A Study of a Science. New York: McGraw Hill.
Krupp, S.R. (1965). Equilibrium Theory in Economics and in Functional Analysis as Types of Explanation. In: D. Martindale (Ed.), Functionalism in the Social Sciences (pp. 65-83). Philadelphia: American Academy of Political and Social Sciences.

Landsberger, H.A. (1961). Parsons' Theory of Organizations. In: M. Black (Ed.), The Social Theories of Talcott Parsons (pp. 214-249). Carbondale: Southern Ill. University Press.
Lange, O. (1964). Kritik der subjektivistischen Ökonomik. In: H. Albert (Ed.), Theorie und Realität (pp. 287-303). Tübingen (1. Aufl.): Mohr Siebeck.
Laum, B. (1924). Heiliges Geld. Tübingen: Mohr.
Le Clair, E.E. & H.K. Schneider (Eds.) (1968). Economic Anthropology: Readings in Theory and Analysis. New York: Holt, Rinehart & Winston.
Leijonhufvud, A. (1973). Über Keynes und den Keynesianismus. Köln: Kiepenheuer & Witsch.
Leventhal, G.S. (1980). What Should be Done with Equity Theory? New Approaches to the Study of Fairness in Social Relationships. In: K.J. Gergen, M.S. Greenberg & R.A. Wills (Eds.), Social Exchange. Advances in Theory and Research (pp. 27-55). New York: Plenum Press.
Lévi-Strauss (1981). Die elementaren Strukturen der Verwandtschaft. Frankfurt: Suhrkamp.
Levine, D.N. (1980). Simmel and Parsons. Two Approaches to the Study of Society. New York: Arno Press.
Lévy-Garboua, L. (Ed.) (1979). Sociological Economics. London: Sage.
Lipset, S.M. & N.J. Smelser (Eds.) (1961). Sociology: The Progress of a Decade. Englewood Cliffs, N.J.: Prentice Hall.
Loubser, J.J. (1976). Action and Experience. In: ders. & R.C. Baum et al. (Eds.), Explorations in General Theory in Social Science (Vol. 1, pp. 240-263). New York (2 Bde): The Free Press.
Loubser, J.J., R.C. Baum, A. Effrat & V.M. Lidz (Eds.) (1976). Explorations in General Theory in Social Science. Essays in Honor of Talcott Parsons Bd.1. New York (2 Bde): The Free Press.
Lübbers, R. (1981). Inflation, Beschäftigung und rationale Erwartungen. Berlin: Duncker & Humblot.
Luhmann, N. (1972). Rechtssoziologie . Reinbek bei Hamburg (2 Bde): Rowohlt.
Luhmann, N. (1974). Soziologische Aufklärung Bd. 1. Opladen (4. Aufl.): Westdeutscher Verlag.
Luhmann, N.(1977). Interpenetration - Zum Verhältnis personaler und sozialer Systeme. In: Zeitschrift für Soziologie, 6, 62-76.
Luhmann, N. (1983). Was sind Preise? Ein soziologisch systemtheoretischer Klärungsversuch. In: Soziale Welt, 34, 153-170.

Luhmann, N.& K.E. Schorr (1981). Wie ist Erziehung möglich? Eine wissenschaftssoziologische Analyse der Erziehungswissenschaft. In: Zeitschrift für Sozialisationsforschung und Erziehungssoziologie, 1, 37-54.

Mackscheidt, K. (1974). Meritorische Güter: Musgraves Idee und deren Konsequenzen. In: Das Wirtschaftsstudium (WiSu), 3, 237-241.

Mackscheidt, K. (1975). Ein Vergleich wirtschaftlicher Zielkataloge. In: G. Kirsch & W. Wittmann (Eds.), Nationale Ziele und soziale Indikatoren (pp. 81-91). Stuttgart: Gustav Fischer.

Mackscheidt, K. & J. Steinhausen (1977). Finanzpolitik II. Grundfragen versorgungspolitischer Eingriffe. Düsseldorf: Werner.

MacRae, D. (1973). Normative Assumptions in the Study of Public Choice. In: Public Choice, 16, 27-41.

Mag, W. (1977). Entscheidung und Information. München: Vahlen.

Mandeville, B. (1968). Die Bienenfabel (1714). Frankfurt: Suhrkamp.

Mangold, G. (1953). Die Strukturanalyse des wirtschaftlichen Kreislaufs. In: Schmollers Jahrbuch für Gesetzgebung, Verwaltung und Volkswirtschaft, 73, 27-72; 161-194.

Marshall, A. (1905). Handbuch der Volkswirtschaftslehre Bd. 1. Stuttgart & Berlin: Gotta'sche Buchhandlung.

Martel, M.U. (1971). Academentia Praecox: The Aims, Merits and Scope of Parsons' Multisystemic Language Rebellion (1958-1968). In: H. Turk & R.L. Simpson (Eds.), Institutions and Social Exchange (pp. 175-211). New York: Bobbs-Merrill.

Martindale, D. (1961). The Nature and Types of Sociological Theory. London: Routledge & Kegan.

Martindale, D. (1971). Talcott Parsons' Metamorphosis from Social Behaviorism to Macrofunctionalism. In: H. Turk & R.L. Simpson (Eds.), Institutions and Social Exchange: The Sociologies of Talcott Parsons and George C. Homans (pp. 165-174). New York: Bobbs-Merrill.

Martindale, D. (Ed.) (1965). Functionalism in Social Sciences. Philadelphia: American Academy of Political and Social Sciences.

Marx, K. (1972). Zur Kritik der Politischen Ökonomie (1859). Berlin/Ost: Dietz.

Marx, K. (1973). Das Kapital Bd. 2. MEW Bd. 24. Berlin/Ost: Dietz.

Marx,K. (1973). Das Kapital Bd. 1. MEW Bd. 23. Berlin/Ost: Dietz.

Marx, K. (1983). Ökonomische Manuskripte. MEW Bd. 42 (1857-1858). Berlin/Ost: Dietz.

May, K.O. (1946). The Aggregation Problem for a One-Industry Model. In: Econometrica, 14, 285-298.

Mayhew, L.H. (1971). Stability and Change in Legal Systems. In: B. Barber & A. Inkeles (Eds.), Stability and Social Change (pp. 187-210). Boston: Little Brown.

McKenzie, R.B. & G. Tullock (1978). Modern Political Economy. New York: McGraw Hill.

McKenzie, R.B. & G. Tullock (1978). The New World of Economics. Homewood, Ill.: Dorsey.

McKinney, J.C. & E.A. Tiryakian (Eds.) (1970). Theoretical Sociology: Perspectives and Developments. New York: Appleton-Century-Crofts.
Menzies, K. (1977). Talcott Parsons and the Social Image of Man. London: Kegan & Routledge.
Merton, R.K. (1957). Social Theory and Social Structure. New York: The Free Press.
Merton, R.K., L. Brown & L.S. Cottrell (Jr.) (1959). Sociology Today. Bd. 1. New York: Harper & Row.
Miebach, B. (1984). Strukturalistische Handlungstheorie. Zum Verhältnis von soziologischer Theorie und empirischer Forschung im Werk Talcott Parsons'. Opladen: Westdeutscher Verlag.
Montaner, A. (1948). Der Institutionalismus als Epoche amerikanischer Geistesgeschichte. Tübingen: Mohr Siebeck.
Moscovici, S. (1979). Sozialer Wandel durch Minoritäten. München: Urban & Schwarzenberg.
Müller, J. (1972). Produktionstheorie. In: W. Ehrlicher u.a. (Eds.), Kompendium der Volkswirtschaftslehre. Bd. 1 (pp. 57-106). Göttingen: Vandenhoeck & Ruprecht.
Münch, R. (1982). Theorie des Handelns. Frankfurt: Suhrkamp.
Mulkay, M.J. (1971). Functionalism, Exchange and Theoretical Strategy. New York: Schocken Books.
Musgrave, R. (1966). Finanztheorie. Tübingen: Mohr Siebeck.
Musgrave, R.A., P.B Musgrave & L. Kullmer (1975). Die öffentlichen Finanzen in Theorie und Praxis. Bd. 1. Tübingen: Mohr Siebeck (UTB).
Myrdal, G. (1963). Das politische Element in der nationalökonomischen Doktrinbildung. Hannover (Berlin 1932): Verlag für Literatur und Zeitgeschehen.

Nord, W.R. (1969). Social Exchange Theory: An Integrative Approach to Social Conformity. In: Psychological Bulletin, 71, 174-208.
Olsen, M. (1968). Economics, sociology and the best of all possible worlds. In: The Public Interest (Summer).
Olson, M. (1968). Die Logik des kollektiven Handelns. Tübingen: Mohr Siebeck.
Opp, K.D. (1978). Das "ökonomische Programm" in der Soziologie. In: Soziale Welt, 29, 129-154.
Ott, A.E. (Ed.) (1965). Preistheorie. Köln: Kiepenheuer & Witsch.

Pareto, V. (1972). Manual of Political Economy. London: Macmillan.
Pareto, V. (1980). Compendium of General Sociology. Minneapolis: University of Minnesota Press.
Parsons, T. (1928). "Capitalism" in Recent German Literature: Sombart and Weber (I). In: Journal of Political Econcomy, 36, 641-661.
Parsons, T. (1929). "Capitalism" in Recent German Literature: Sombart and Weber (II). In: Journal of Political Economy, 37 , 31-51.
Parsons, T. (1932). Economics and Sociology: Marshall in Relation to the Thought of His Time. In: Quarterly Journal of Economics, 46, 316-347.
Parsons, T. (1932). Wants and Activities in Marshall. In: The Quarterly Journal of Econcomics, 46, 101-140.

Parsons, T. (1934). Sociological Elements in Economic Thought (I). In: *Quarterly Journal of Economics*, *49*, 414-453.
Parsons, T. (1934). Some Reflections on "The Nature and Significance of Economics". In: *Quarterly Journal of Economics*, *48*, 511-545.
Parsons, T. (1935). Sociological Elements in Economic Thought (II). In: *Quarterly Journal of Economics*, *49*, 646-667.
Parsons, T. (1935). The Place of Ultimate Values in Sociological Theory. In: *International Journal for Ethics*, *45*, 282-316.
Parsons, T. (1936). Introduction: On Certain Sociological Elements in Professor Taussig's Thought. In: J. Viner (Ed.), *Explorations in Economics: Notes and Essays. Contributed in Honor of F.W. Taussig* (pp. 359-379). New York: McGraw Hill.
Parsons, T. (1967). *The Structure of Social Action*. New York (1937): The Free Press.
Parsons, T. (1938). The Role of Theory in Social Research. In: *American Sociological Review*, *3*, 13-20.
Parsons, T. (1938). The Role of Ideas in Social Action. In: *American Sociological Review*, *3*, 652-664.

Parsons, T. (1947). Introduction to "M. Weber, The Theory of Social and Economic Organization." In: *Essays in Sociological Theory*. New York (1. Aufl.): The Free Press.
Parsons, T. (1949). The Rise and Decline of Economic Man. In: *Journal of General Education*, *4*, 47-53.
Parsons, T. (1951). *The Social System*. London: Routledge & Kegan.
Parsons, T. & E.A. Shils (Eds.) (1951). *Toward a General Theory of Action*. Cambridge, Mass. (7. Aufl. 1976): Harvard University Press.
Parsons, T. (1953). Some Comments on the State of the General Theory of Action. In: *American Sociological Review*, *18*, 618-631.
Parsons, T., R.F. Bales & E.A. Shils (1953). *Working Papers in the Theory of Action*. New York: The Free Press.
Parsons, T. (1954). Psychology and Sociology. In: J. Gillin (Ed.), *For a Science of Social Man* (pp. 67-101). New York: Macmillan.
Parsons, T. (1954). The Problem of Controlled Institutional Change. In: *Essays in Sociological Theory*. New York (2. Aufl.): The Free Press.
Parsons, T. (1955). Die Stellung der Soziologie innerhalb der Sozialwissenschaften. In: W. Bernsdorf & G. Eisermann (Eds.), *Die Einheit der Sozialwissenschaften* (pp. 64-83). Stuttgart: Enke.
Parsons, T. & R.F. Bales (1956). *Family, Socialization and Interaction Process*. London: Routledge & Kegan.
Parsons, T. & N.J. Smelser (1956). *Economy and Society*. London: Routledge & Kegan.
Parsons, T. (1956). The Relation between the Small Group and the Larger Social System. In: R. Grinkler (Ed.), *Toward a Unified Theory of Behavior* (pp. 190-200). New York: Basic Books.

Parsons, T. (1958). Some Highlights of the General Theory of Action. In: R. Young (Ed.), Approaches to the Study of Politics (pp. 282-301). Evanston, Ill.: North Western University Press.
Parsons, T. (1959). An Approach to Psychological Theory in Terms of the Theory of Action. In: S. Koch (Ed.), Psychology: A Study of a Science (pp. 612-711). New York: McGraw Hill.
Parsons, T. (1959). General Theory in Sociology. In: R.K. Merton, L. Brown & L.S. Cottrell (Jr.) (Eds.), Sociology Today. Vol. I (pp. 3-38). New York: Harper & Row.

Parsons, T. (1960). Some Principal Characteristics of Industrial Societies. In: Structure and Process in Modern Societies. New York: The Free Press.
Parsons, T. (1961). An Outline of the Social System. In: T. Parsons, E.A. Shils, K.D. Naegele & J.R. Pitts (Eds.), The Theories of Society (pp. 30-79). New York: The Free Press.
Parsons, T. (1961). Some Considerations on the Theory of Social Change. In: Rural Sociology, 26, 219-239.
Parsons, T. (1961). Some Problems Confronting Sociology as a Profession. In: S.M. Lipset & N.J. Smelser (Eds.), Sociology: The Progress of a Decade (pp. 14-30). Englewood Cliffs, N.J.: Prentice Hall.
Parsons, T. (1961). The Point of View of the Author. In: M. Black (Ed.), The Social Theories of Talcott Parsons (pp. 311-363). New York: Prentice Hall.
Parsons, T. (1962). Individual Autonomy and Social Pressure: An Answer to Dennis H. Wrong. In: Psychoanalysis and Psychoanalytic Review, 49, 70-79.
Parsons, T. (1963). Rejoinder to Bauer and Coleman. In: Public Opinion Quarterly, 27, 87-92.
Parsons, T. (1964). A Revised Analytical Approach to the Theory of Social Stratification. In: Essays in Sociological Theory. New York: The Free Press.
Parsons, T. (1964). The School Class as a Social System. In: Social Structure and Personality. New York: The Free Press.
Parsons, T. (1967). Durkheim's Contribution to the Theory of Integration of Social Systems. In: Sociological Theory and Modern Society . New York: The Free Press.
Parsons, T. (1967). Pattern Variables Revisited: A Response to Robert Dubin. In: Sociological Theory and Modern Society. New York: The Free Press.
Parsons, T. (1968). Social Interaction. In: International Encyclopedia of the Social Sciences (ed. by D.L. Sills). New York: Macmillan.
Parsons, T. (1968). Social Systems. In: International Encyclopedia for the Social Sciences (ed. by D.L. Sills). New York: Macmillan.
Parsons, T. (1968). Vilfredo Pareto II: Contributions to Sociology. In: International Encyclopedia of the Social Sciences (ed. by D.L. Sills). New York: Macmillan.
Parsons, T. (1969). On the Concept of Value-Commitments. In: Politics and Social Structure. New York: The Free Press.
Parsons, T. (1969). On the Concept of Influence. In: Politics and Social Structure. New York: The Free Press.

Parsons, T. (1969). "Voting" and the Equilibrium of the American Political System. In: Politics and Social Structure. New York: The Free Press.
Parsons, T. (1969). On the Concept of Political Power. In: Politics and Social Structure. New York: The Free Press.
Parsons, T. (1969). Social Strains in America. In: Politics and Social Structure. New York: The Free Press.
Parsons, T. (1969). The Political Aspect of Social Structure and Process. In: Politics and Social Structure. New York: The Free Press.
Parsons, T. & W. White (1969). The Mass Media and the Structure of American Society. In: Politics and Social Structure. New York: The Free Press.

Parsons, T. (1971). Comparative Studies and Evolutionary Change. In: J. Vallier (Ed.), Comparative Methods in Sociology (pp. 97-139). Berkeley: University of California Press.
Parsons, T. (1971). Levels of Organization and the Mediation of Social Interaction. In: H. Turk & R.L. Simpson (Eds.), Institutions and Social Exchange. The Sociologies of Talcott Parsons and George C. Homans (pp. 23-35). Indianapolis: Bobbs-Merrill.
Parsons, T. (1972). Commentary on "Structural Functionalism, Exchange Theory and the New Political Economy" by Terry Clark. In: Sociological Inquiry, 42, 299-308.
Parsons, T. (1972). Das System moderner Gesellschaften. München: Juventa.
Parsons, T. & G.M. Platt (1973). The American University. Cambridge, Mass.: Harvard University Press.
Parsons, T. (1973). Die Motivierung des wirtschaftlichen Handelns (1940). In: Beiträge zur soziologischen Theorie (hrsg. von D. Rüschemeyer). Darmstadt & Neuwied: Luchterhand.
Parsons, T. (1973). Systematische Theorie in der Soziologie. Gegenwärtiger Stand und Ausblick. In: Beiträge zur soziologischen Theorie (hrsg. von D. Rüschemeyer). Darmstadt & Neuwied: Luchterhand.
Parsons, T. (1973). The Problem of Balancing Rational Efficiency with Communal Solidarity in Modern Society. In: International Symposium on "New Problems of Advanced Societies". Tokio: Japan Economic Research Institute.
Parsons, T. (1975). Die Entstehung der Theorie des sozialen Systems: Ein Bericht zur Person. In: E.A. Shils & P. Lazarsfeld, Soziologie - autobiographisch. Stuttgart: Enke.
Parsons, T. (1975). Gesellschaften. Evolutionäre und komparative Perspektiven. Frankfurt: Suhrkamp.
Parsons, T. (1975). The Present Status of "Structural Functional" Theory. In: L.A. Coser (Ed.), The Idea of Social Structure (pp. 67-83). New York: Harcourt Brace.
Parsons, T. (1976). A Few Considerations on the Place of Rationality in Modern Culture and Society. In: Revue européenne des sciences sociales et cahiers Vilfredo Pareto, 14, 443-450.
Parsons, T. (1977). Equality and Inequality in Modern Society, or Social Stratification Revisited. In: Social Systems and the Evolution of Action Theory. New York: The Free Press.

Parsons, T. (1977). Review of "Harold J. Bershady: Ideology and Social Knowledge. In: Social Systems and the Evolution of Action Theory. New York: The Free Press.
Parsons, T. (1977). Some Problems of General Theory in Sociology. In: Social Systems and the Evolution of Action Theory. New York: The Free Press.
Parsons, T. (1977). The Evolution of Societies (ed. and with introduction by J. Toby). Englewood Cliffs, N.J.: Prentice Hall.
Parsons, T. (1978). Action Theory and the Human Condition. New York: The Free Press.
Parsons, T. (1978). Soziale Struktur und die symbolischen Interaktionsmedien. In: P.M. Blau (Ed.), Theorien sozialer Strukturen (pp. 93-115). Opladen: Westdeutscher Verlag.
Parsons, T. (1978). The Sick Role and the Role of the Physician Reconsidered. In: Action Theory and the Human Condition. New York: The Free Press.
Parsons, T. (1979). Religious and Economic Symbolism in the Western World. In: H.M. Johnson (Ed.), Religious Change and Continuity. (Sociological Inquiry) (Vol. 49, pp. 1-48). San Francisco: Jossey Bass.
Parsons, T. (1980). Über den Begriff "Einfluß". In: Zur Theorie der sozialen Interaktionsmedien (hrsg. und eingel. v. S. Jensen). Opladen: Westdeutscher Verlag.
Parsons, T. (1982). Action, Symbols, and Cybernetic Control. In: I. Rossi (Ed.), Structural Sociology (pp. 49-65). New York: Columbia University Press.

Pearson, H. (1957). Parsons and Smelser on the Economy. In: K. Polanyi et al. (Ed.), Trade and Markets in the Early Empires (pp. 307-319). New York: The Free Press.
Pfister, J. (1981). Grundzüge einer "Soziotheorie" der Inflation. Berlin: Duncker & Humblot.
Polanyi, K. (1978). The Great Transformation (1944). Frankfurt: Suhrkamp.
Polanyi, K. (1979). Ökonomie und Gesellschaft. Frankfurt: Suhrkamp.
Polanyi, K., C.M. Arensberg & H.W. Pearson (Eds.) (1974). Trade and Markets in the Early Empires. New York: The Free Press.
Pu, S.S. (1946). A Note on Macroeconomics. In: Econometrica, 14, 299-302.
Pütz, T. (1974). Grundlagen der theoretischen Wirtschaftspolitik. Stuttgart (2. Aufl.): Gustav Fischer.

Recktenwald, H.C. (1965). Zur Lehre von den Marktformen. In: A.E. Ott (Ed.), Preistheorie (pp. 62-84). Köln: Kiepenheuer & Witsch.
Recktenwald, H.C. (1978). Würdigung des Werkes: Adam Smith, Der Wohlstand der Nationen. München: Deutscher Taschenbuch Verlag (DTV).
Recktenwald, H.C. (Ed.) (1970). Finanztheorie. Köln-Berlin: Kiepenheuer und Witsch.
Rettig, R. & D. Voggenreiter (1980). Makroökonomische Theorie. Düsseldorf (3.Aufl.): Werner.
Ricardo, D. (1980). Grundsätze der politischen Ökonomie und der Besteuerung (1817). Frankfurt: Europäische Verlagsanstalt.

Robbins, L. (1962). The Nature and Significance of Economic Science. London: Macmillan.
Rocher, G. (1974). Talcott Parsons and American Sociology. London: Nelson.
Rossi, I. (Ed.) (1982). Structural Sociology. New York: Columbia University Press.

Sahlins, M.D. (1969). Economic Anthropology and Anthropological Economics. In: Social Science Information, 8, 13-33.
Sahlins, M.D. (1981). Kultur und praktische Vernunft. Frankfurt: Suhrkamp.
Savage, S.P. (1981). The Theories of Talcott Parsons. The Social Relations of Action. London: Macmillan.
Schenk, K.E. (Ed.) (1978). Ökonomische Verfügungsrechte und Allokationsmechanismen in Wirtschaftssystemen. Berlin: Duncker & Humblot.
Schlicht, E. (1977). Grundlagen der ökonomischen Analyse. Reinbek bei Hamburg: Rowohlt.
Schmölders, G. (1966). Psychologie des Geldes. Reinbek bei Hamburg: Rowohlt.
Schmölders, G. (1968). Gutes und schlechtes Geld. Frankfurt: Knapp.
Schneider, H.K. & C. Watrin (Ed.) (1972). Macht und ökonomisches Gesetz. Berlin: Duncker & Humblot.
Schröder, W. (1978). Theoretische Grundstrukturen des Monetarismus. Baden-Baden: Nomos Verlagsgesellschaft.
Schumann, J. (1971). Grundzüge der mikroökonomischen Theorie. Berlin: Springer.
Schumpeter, J.A. (1952). Das Sozialprodukt und die Rechenpfennige. Glossen und Beiträge zur Geldtheorie von heute (1917/18). In: Aufsätze zur Ökonomischen Theorie. Tübingen: Mohr Siebeck.
Schumpeter, J.A. (1964). Theorie der wirtschaftlichen Entwicklung (1911). Berlin (6. Aufl.): Duncker & Humblot.
Schumpeter, J.A. (1965). Geschichte der ökonomischen Analyse. Göttingen (2 Bde): Vandenhoeck & Ruprecht.
Schumpeter, J.A. (1970). Das Wesen des Geldes. Göttingen: Vandenhoeck & Ruprecht.
Schumpeter, J.A. (1970). Das Wesen und der Hauptinhalt der theoretischen Nationalökonomie (1908). Berlin: Duncker & Humblot.
Schumpeter, J.A. (1975). Kapitalismus, Sozialismus und Demokratie. München (4. Aufl.): Francke (UTB).
Simmel, G. (1907). Philosophie des Geldes. Leipzig (2. Aufl.): Duncker & Humblot.
Simmel, G. (1968). Die Kreuzung sozialer Kreise (1908). In: Soziologie. Untersuchungen über die Formen der Vergesellschaftung. Berlin (5. Aufl.): Duncker & Humblot.
Simmel, G. (1983). Das Geld in der modernen Kultur (1896). In: Schriften zur Soziologie (hrsg. und eingel. v. H.J. Dahme & O. Rammstedt). Frankfurt: Suhrkamp.
Smelser, N.J. (1959). A Comparative View of Exchange Systems. In: Economic Development and Cultural Change, 7, 173-182.
Smelser, N.J. (1973). Epilogue: Social-Structural Dimensions of Higher Education. In: T. Parsons & G.M. Platt, The American University. Cambridge, Mass.: Harvard University Press.

Smelser, N.J. & R.S. Warner (1976). Sociological Theory. Historical and Formal. Morristown, N.J.: General Learning Press.
Smith, A. (1978). Der Wohlstand der Nationen (1789). (Vorwort und Würdigung von H.C. Recktenwald). München: Deutscher Taschenbuchverlag (DTV).
Sombart, W. (1930). Nationalökonomie und Soziologie. Kieler Vorträge Bd. 33. Jena: G. Fischer.
Sombart, W. (1967). Die drei Nationalökonomien (1930). Berlin (2. Aufl.): Duncker & Humblot.
Steinmann, G. (1979). Inflationstheorie. Paderborn: Schönigh (UTB).
Stigler, G.J. (1961). The Economics of Information. In: The Journal of Political Economy, 69, 213-225.
Stohler, J. (1967). Zur Methode und Technik der Cost-Benefit-Analyse. In: Kyklos, 20, 218-245.
Streissler, E. (1973). Die schleichende Inflation als Phänomen der politischen Ökonomie. (Basler Wirtschaftswissenschaftliche Vorträge, Nr. 8). Zürich: Schulthess.
Streit, M.E. (1982). Theorie der Wirtschaftspolitik. Düsseldorf (2. Aufl.): Werner.

Tönnies, F. (1981). Einführung in die Soziologie (1931). Stuttgart: Enke.
Toulmin, S. (1981). Voraussicht und Verstehen. Frankfurt: Suhrkamp.
Turk, H. & R.L. Simpson (Eds.) (1971). Institutions and Social Exchange (1964). New York: Bobbs-Merrill.
Turner, J.H. (1974). Parsons as a Symbolic Interactionist: A Comparison of Action and Interaction Theory. In: Sociological Inquiry, 44, 283-294.
Turner, J.H. (1978). The Structure of Sociological Theory. Homewood, Ill.: Dorsey Press.

Vallier, J. (Ed.) (1971). Comparative Methods in Sociology. Berkeley, Cal.: University of California Press.
Vanberg, V. (1975). Die zwei Soziologien. Individualismus und Kollektivismus in der Sozialtheorie. Tübingen: Mohr Siebeck.
Vanberg, V. (1978). Kollektive Güter und kollektives Handeln. Die Bedeutung neuerer ökonomischer Theorieentwicklungen für die Soziologie. In: Kölner Zeitschrift für Soziologie und Sozialpsychologie, 30, 652-679.
Vanberg, V. (1982). Markt und Organisation. Individualistische Sozialtheorie und das Problem des korporativen Handelns. Tübingen: Mohr Siebeck.
Viner, J. (Ed.) (1936). Explorations in Economics: Notes and Essays. Contributed in Honor of F.W. Taussig. New York: McGraw Hill.
Voss, T. (1985). Rationale Akteure und soziale Institutionen. Beitrag zu einer endogenen Theorie des sozialen Tausches. München: Oldenbourg.

Wagner, H.R.(1964). Displacement of Scope: A Problem in the Relation between Small Scale and Large Scale Sociological Theories. In: American Journal of Sociology, 69, 571-584.
Watzlawick, P. (1980). Wie wirklich ist die Wirklichkeit? München: Piper.

Watzlawick, P., J.H. Beavin & D.D. Jackson (1974). Menschliche Kommunikation. Bern: Huber.
Weber, M. (1972). Wirtschaft und Gesellschaft. Tübingen (5. Aufl.): Mohr Siebeck.
Weippert, G. (1953). Werner Sombarts Gestaltidee des Wirtschaftssystems. Göttingen: Vandenhoeck & Ruprecht.
Weippert, G. (1967). Wirtschaftslehre als Kulturtheorie. Aufsätze zur Wirtschaftslehre Bd. II. Göttingen: Vandenhoeck & Ruprecht.
Widmaier, H.P. (Ed.) (1974). Politische Ökonomie des Wohlfahrtsstaates. Frankfurt: Fischer Athenäum.
Williamson, O.E. (1981). The Economics of Organization: The Transaction Cost Approach. In: American Journal of Sociology, 87, 548-577.
Wrong, D.H. (1961). The Oversocialized Conception of Man in Modern Sociology. In: American Sociological Review, 26, 183-193.
Würgler, H. (1972). Inflation als Machtproblem. In: H.K. Schneider & C. Watrin (Eds.), Macht und ökonomisches Gesetz (pp. 697-720). Berlin: Duncker & Humblot.

Young, R.(Ed.) (1958). Approaches to the Study of Politics. Evanston, Ill.: North Western University Press.

www.ingramcontent.com/pod-product-compliance
Lightning Source LLC
LaVergne TN
LVHW050648051026
849532LV00002B/562
* 9 7 8 3 5 3 1 1 2 0 2 4 9 *